COLLOQUIA BALTICA 11
Beiträge zur Geschichte und Kultur
Ostmitteleuropas

Karsten Brüggemann (Hg.)

Europa der Regionen: Der Finnische Meerbusen

Esten, Deutsche und ihre Nachbarn

Martin Meidenbauer »

Die Deutsche Bibliothek verzeichnet diese Publikation in der Deutschen Nationalbibliografie; detaillierte bibliografische Daten sind im Internet über http://dnb.ddb.de abrufbar.

© 2007 Martin Meidenbauer
Verlagsbuchhandlung, München

Abbildung auf dem Umschlag: Blick auf die Hermannsfeste mit der Burg Ivangorod im Hintergrund. Foto: Karsten Brüggemann

Alle Rechte vorbehalten. Dieses Werk einschließlich aller seiner Teile ist urheberrechtlich geschützt. Jede Verwertung außerhalb der Grenzen des Urhebergesetzes ohne schriftliche Zustimmung des Verlages ist unzulässig und strafbar. Das gilt insbesondere für Nachdruck, auch auszugsweise, Reproduktion, Vervielfältigung, Übersetzung, Mikroverfilmung sowie Digitalisierung oder Einspeicherung und Verarbeitung auf Tonträgern und in elektronischen Systemen aller Art.

Gedruckt auf
chlorfrei gebleichtem, säurefreiem und alterungsbeständigem Papier (ISO 9706)

ISBN 978-3-89975-065-2

Verlagsverzeichnis schickt gern:
Martin Meidenbauer Verlagsbuchhandlung
Erhardtstr. 8
D-80469 München

www.m-verlag.net

Inhaltsverzeichnis

Christian Pletzing	Zum Geleit: Europa der Regionen	7
Karsten Brüggemann	Vorwort	9
Norbert Angermann	Die Hanse und der Finnische Meerbusen im Mittelalter	13
Ralph Tuchtenhagen	Von Schweden zu Rußland: Die Region im 17. und 18. Jahrhundert	31
Robert Schweitzer	Deutsche in Finnland, St. Petersburg und Estland: Überlegungen zur Identität der Deutschen in Nordosteuropa	53
Liina Lukas	Kulturelle Konflikte in Estland im Spiegel der öffentlichen Diskussionen zu Beginn des 20. Jahrhunderts	77
David Feest	Auf zwei Seiten der Front: Letten und Esten im sowjetischen und deutschen Dienst während des Zweiten Weltkriegs	89
Olivia Griese	Distanzierte Nachbarschaft im Schatten der Sowjetunion: Finnland und Estland im Kalten Krieg	101
Aron Buzogány	Westwärts auf der „Via Baltica": Transformation und Europäisierung der baltischen Staaten	119
Karsten Brüggemann	Narva – die „Perle des Ostsee-Barocks": Geschichte und Gegenwart einer Stadt mit einem „überspielten" historischen Gedächtnis	139
Zu den Autoren		163

Zum Geleit: Europa der Regionen

Rund um die Ostsee sind im Mittelalter und in der frühen Neuzeit Kulturlandschaften entstanden, die durch unterschiedliche Ethnien, Sprachen und Religionen ihre Prägung erhielten. Zu diesen Landschaften zählen Karelien zwischen Finnland und Rußland, Livland zwischen Lettland und Estland, Ostpreußen, das heute zu Polen, Rußland und Litauen zählt, das historische Großfürstentum Litauen, heute Teil Litauens und Weißrußlands, Pommern zwischen Polen und Deutschland, Schleswig zwischen Deutschland und Dänemark oder auch das früher dänische, heute zu Schweden gehörige Schonen. Viele, wenn nicht alle dieser Regionen entziehen sich exklusiven nationalen Besitzansprüchen. Sie waren im Zeitalter des Nationalismus umstritten und nicht selten umkämpft. Im 20. Jahrhundert war die Erinnerung an das vielfältige kulturelle Mit- und Gegeneinander in diesen Regionen zumeist unerwünscht.

Nach dem Fall des Eisernen Vorhangs entdeckte man im Osten Mitteleuropas die Geschichte und Traditionen, das kulturelle Erbe, kurz: das Gedächtnis dieser Regionen wieder. Dieser Prozeß vollzog sich nicht im Sinne einer ausschließlichen Inbesitznahme, sondern im Dialog und häufig auch in Zusammenarbeit mit den Nachbarn und den früheren Einwohnern.

In der Veranstaltungsreihe „Europa der Regionen" stellt die Academia Baltica historische Landschaften im Ostseeraum und im östlichen Mitteleuropa vor, die früher von kultureller Vielfalt geprägt wurden und heute an der Außengrenze der Europäischen Union nach alter Zusammengehörigkeit und neuer Identität suchen. Eröffnet wurde die Reihe „Europa der Regionen" mit der in diesem Band dokumentierten Tagung zu Esten, Deutschen und ihren Nachbarn am Finnischen Meerbusen. Auch für die Kulturlandschaften am Finnischen Meerbusen stellt sich die Frage, ob die Erweiterung der EU die Region durch neue Grenzen trennt oder ob es den Nachbarn an der Außengrenze des politischen Europa gelingen wird, an die fruchtbare wirtschaftliche und geistig-kulturelle Zusammenarbeit vergangener Epochen anzuknüpfen.

Lübeck, im Februar 2007 *Dr. Christian Pletzing*
Leiter der Academia Baltica

Vorwort

Die geographische Region des Finnischen Meerbusens lag zu Zeiten des Kalten Kriegs im Windschatten der Auseinandersetzungen zwischen den Blöcken, doch teilte sie das Schicksal der Ostsee insgesamt – sie war geteilt. Aber so einfach wie in manch einer anderen Gegend des vom Eisernen Vorhang geteilten Europas war es mit den üblichen Ost-West-Zuordnungen hier nicht. Zwar mochte Leningrad, das alte (und neue) St. Petersburg, das russische „Tor zum Westen", trotz seines barocken Flairs irgendwie „Osten" sein. Tallinn bzw. Таллин, das alte Reval, die Hauptstadt der Estnischen Sozialistischen Sowjetrepublik, galt den Sowjetbürgern hingegen als „unser Westen", wo man freier atmen und in einem der für sowjetische Verhältnisse zahlreichen kleinen Cafés und Restaurants, wo die Speisekarten nicht nur Dekoration waren, in Ruhe seinen Nachmittagskaffee genießen konnte.[1] Helsinki wiederum pflegte seine besonderen Beziehungen mit Moskau und stellte zumindest im politischen Kontext eine Grauzone im Weltkonflikt dar; kein Zufall, daß der Name der Stadt in den 1970er Jahren zum Synonym für Entspannungspolitik wurde. Ökonomisch, sozial und kulturell folgte Finnland ohnehin denselben Pfaden wie andere Staaten Westeuropas, obgleich es doch noch den deutsch-sowjetischen Paktierern im August 1939 zu den „baltischen Staaten" gehört hatte. Während nach dem Zweiten Weltkrieg die baltischen Sowjetrepubliken zum Westen des Ostens wurden, sahen vor allem die Esten ihre nördlichen Verwandten jenseits des Finnischen Meerbusens allmählich zu Skandinavien werden. Die kulturelle „finnische Brücke", die schon zu Beginn des 20. Jahrhunderts für viele Esten eine besondere Rolle auf dem Weg zur Nation gespielt hatte, behielt viel von ihrer Bedeutung zumal nach der Wiedereröffnung der Fährverbindung zwischen den beiden Hauptstädten 1965. Vor allem im Norden der Estnischen SSR wurde das Finnische Fernsehen zu einem virtuellen „Fenster zum Westen" – und die „Skandinavisierung" Estlands zu einem ebenso virtuellen Projekt der estnischen Eliten in der zweiten Hälfte der 1990er Jahre.

---

[1] Einige interessante Beiträge zur Rezeption Tallinns im russischen bzw. sowjetischen Blick finden sich in dem Band „Tallinskij tekst" v russkoj kul'ture. Sbornik v čest' prof. I.Z. Belobrovcevoj – k 60-letiju so dnja roždenija [Der „Tallinner Text" in der russischen Kultur. Sammelband zu Ehren von Prof. I.Z. Belobrovceva zum 60. Geburtstag]. Hrsg. von Sergej Docenko. Tallinn 2006 (= Baltijskij archiv. Russkaja kul'tura v Pribaltike. 11).

Karsten Brüggemann

Regionen sind unabhängig von Grenzen, sie sind Kulturräume, Kontaktzonen, gewachsen in der Geschichte. Auch wenn in diesem Band Ralph Tuchtenhagen begründete Zweifel daran anmeldet, den Finnischen Meerbusen – zumindest in der Frühen Neuzeit – als eine „Region" zu verstehen, sollte das verbindende Element dieser Wasserstraße betont werden, trafen hier doch so unterschiedliche Kulturen wie die der Esten und Finnen, aber auch der Russen und Deutschen bzw. Deutschbalten aufeinander. Man kann sich freilich hierüber so trefflich auslassen, daß der poetischen Inspiration womöglich die historische Genauigkeit zum Opfer fällt. So hieß es z. B. im Einladungstext zu der Konferenz, aus der dieser Sammelband hervorgegangen ist:

„Nach dem Ende des schwedischen „Dominium Maris Baltici" einte Zar Alexander I. die Region unter russischer Herrschaft, bis der Zusammenbruch des Russischen Reiches die Region in ein nationales und ideologisches Gegeneinander trennte".

Eine aufmerksame Leserin aus Estland vermutete hinter diesen Worten nicht ganz zu Unrecht eine Lobpreisung der *pax Russica*, die ihrem Geschichtsgefühl diametral widersprach. Gerade in bezug auf Rußland und sein immer noch primär von staatlichen Interessen dominiertes historisches Gedächtnis kann man kaum von einer Annäherung unter Nachbarn sprechen, wie es sich zuletzt in den Geschichtsdebatten um den 60. Jahrestag des sowjetischen Sieges im „Großen Vaterländischen Krieg" im Frühjahr 2005 gezeigt hat.[2] Die Region ist in ihrer Geschichte zweifellos Schauplatz von Auseinandersetzungen gewesen, die in den Jahren des Zweiten Weltkriegs ihren grausamen Höhepunkt fanden. Die Beiträge dieses Sammelbandes, verfaßt von Wissenschaftlerinnen und Wissenschaftlern aus Estland und Deutschland, bieten eine Einführung in die Geschichte dieser Region, wobei aber nicht nur diese Konflikte angesprochen werden, von denen die Geschichtsbücher in Ost und West weiterhin dominiert werden.

Die angesprochene Tagung in der Akademie Sankelmark fand vom 26.-28. November 2004 mit über 80 interessierten Teilnehmerinnen und Teilnehmern statt. Daß hierunter auch zahlreiche, meist jüngere Menschen aus Estland waren, die wohl erstmals auf ältere Deutschbalten trafen, die noch im „alten" Estland geboren worden waren, zählte zu den Besonderheiten

---

[2] Siehe 1945. gads: 8. maijs – Atbrīvošanas diena? 9. maijs – Uzvaras diena? 1945: 8. Mai – Tag der Befreiung? 9. Mai – Tag des Sieges? 1945 god: 8 maja – Den' Osvoboždenija? 9 maja – Den' Pobedy? Hrsg. v. Holger Böckmann, Jānis Keruss. Riga 2006.

dieser Veranstaltung. Dabei hat es mich als Tagungsleiter gefreut, daß auch drei meiner Studentinnen des Narva Kollegs der Universität Tartu/Estland, Katarina Korkiainen, Liina Semenkova und Natalija Galetskaja, dank der Unterstützung des Bundesinnenministeriums dabeisein konnten. Die lebhaften Diskussionen über die Vorträge bewiesen nachdrücklich das Interesse an einer Region, die in den deutschen Medien weiterhin primär als potentielles Konfliktgebiet rezipiert zu werden scheint.[3]

Leider konnten nicht alle auf der Tagung gehaltenen Vorträge für diese Publikation gesammelt werden. Der kontrovers diskutierte, erkenntnisreiche Beitrag von Dr. Kersti Lust (Tartu) bleibt einer Veröffentlichung an anderer Stelle vorbehalten. Dafür gelang es, Dr. David Feest (Berlin) davon zu überzeugen, daß sein im November 2004 ausgefallener Vortrag über den Zweiten Weltkrieg in einer aktualisierten, überarbeiteten Version Eingang in diesen Band der Reihe „Colloquia Baltica" finden mußte. An dieser Stelle sei noch einmal Frau Dr. Olivia Griese und Herrn Dr. Clas Abels dafür gedankt, daß sie spontan bereit waren, diese Lücke im Programm der Tagung mit Improvisationsgeschick zu füllen.

Abschließend bleibt mir die angenehme Pflicht, der Academia Baltica und Dr. Christian Pletzing für die Zusammenarbeit vor und während der Tagung sowie der Akademie Sankelmark bei Flensburg für die uns allen erwiesene Gastfreundschaft zu danken. Die Veröffentlichung wurde durch eine großzügige Spende von Frau Edda Fricke, Wietzendorf, ermöglicht. Außerdem darf ich mich bei der Aue-Stiftung in Helsinki bedanken, die es sich zum Ziel gesetzt hat, zur Förderung und Erforschung deutschsprachiger Kultur in Finnland und Nordosteuropa beizutragen. Herrn Dr. Robert Schweitzer sei an dieser Stelle für die Vermittlung gedankt.

Last, but not least seien einige private Reminiszenzen erlaubt. Just in den Tagen unserer Tagung konnte ich ein kleines persönliches Jubiläum feiern, da ich als Hamburger Abiturient bereits zwanzig Jahre zuvor, im Dezember 1984, erstmals Estland bereist hatte und durch die Melodie von „Oh du Fröhliche" in der altehrwürdigen Domkirche der Hauptstadt auf die Rolle der deutschen Kultur in diesem Teil der Sowjetunion aufmerksam gemacht worden war. Von diesem Erlebnis nicht unbeeindruckt, begann ich mein

---

[3] Brüggemann, Karsten: Estonia and her Escape from the East: The Relevance of the Past in Russian-Estonian Relations. In: Representations on the Margins of Europe. Cultural and Historical Identities in the Baltic and South Caucasian States. Hrsg. von Tsypylma Darieva, Wolfgang Kaschuba. Frankfurt/Main, New York 2007 (= Das Fremde und das Eigene. 3) (im Druck).

Geschichtsstudium an der Universität Hamburg, wo ich als langjähriger studentischer Mitarbeiter bei Prof. Dr. Norbert Angermann in die Geheimnisse der baltischen Geschichte eingeweiht wurde. Dabei gehörte es damals zu meinen rituellen Pflichten, Angermanns Vorlesungen zur russischen und baltischen Geschichte mit Hilfe eines Diaprojektors zu visualisieren. Diese Aufgabe in Sankelmark einmal mehr erfüllen zu dürfen bereitete mir daher eine besondere Freude.

Hamburg, im Januar 2007   Karsten Brüggemann

Die Hanse und der Finnische Meerbusen im Mittelalter

NORBERT ANGERMANN

Die Hanse war eine Gemeinschaft von Kaufleuten und Städten, die von der Mitte des 12. bis zur Mitte des 17. Jahrhunderts, also ein halbes Jahrtausend lang, existierte. Die östlichste der ca. 200 Hansestädte war Dorpat (Tartu) in Estland, die westlichsten lagen in den Niederlanden. Der Aktionsradius der Hansekaufleute reichte aber bereits im Mittelalter über dieses eigentliche Hansegebiet weit hinaus, im Westen bis nach Portugal, im Osten bis nach Rußland.[1]

Die Eigenbezeichnung des Städteverbandes lautete seit dem 14. Jahrhundert „Deutsche Hanse". In der Tat handelte es sich bei der Hanse nicht um eine internationale Organisation. In der Regel gehörten die Hansestädte zum Römisch-Deutschen Reich, und selbst bei Ausnahmen wie im Falle von Visby auf Gotland oder der polnischen Hauptstadt Krakau erklärt sich die Hansemitgliedschaft fast immer damit, daß die dortige Kaufmannschaft weitgehend aus Deutschen bestand. Vom kontinuierlichen Absatz und Bezug von Waren, den die Hanse ermöglichte, profitierten aber auch große Teile des sonstigen Europa.

Die wirtschaftlich wichtigste Verkehrslinie der Hanse bildete die Ost-West-Achse zwischen Novgorod und den Hansekontoren in Brügge und London. Und dieser Verkehr lief im Osten durch den Finnischen Meerbusen. Unser Thema „Die Hanse und der Finnische Meerbusen im Mittelalter" behandelt schon insofern ein beachtenswertes Phänomen. Relevanter ist aber, daß die gesamte Region um den Finnischen Meerbusen trotz ethnischer und politischer Zersplitterung in das Wirtschaftssystem der Hanse einbezogen wurde. Dabei spielte die dort gelegene Hansestadt Reval (Tallinn) eine entscheidende Rolle. Soweit es im gegebenen Rahmen möglich ist, sollen diese Tatsachen im folgenden deutlicher vor Augen geführt werden.

Wie bereits gesagt, beginnt die Geschichte der Hanse um die Mitte des 12. Jahrhunderts. Ein wichtiges Anfangsdatum bildet die Gründung Lübecks, der ersten deutschen Stadt an der Ostsee, 1143/1159. Von Lübeck aus gelangten die frühhansischen deutschen Kaufleute über Gotland sehr

---

[1] Vgl. Dollinger, Philippe: Die Hanse, 5. Aufl. Stuttgart 1998. Einen neuen Forschungsstand bietet Hammel-Kiesow, Rolf: Die Hanse. München 2000.

rasch nach Nordwestrußland, Estland und Finnland. Sie waren aber nicht die ersten, die auf diese Weise den Finnischen Meerbusen als internationale Handelsstraße benutzten. Ihre Vorgänger waren die Skandinavier, namentlich aus schwedischem Gebiet, die in der Wikingerzeit weite Fahrten nach Osten unternahmen.

Die Hauptlinie des skandinavischen Handels führte von Haithabu im Westen der Ostsee über Birka in der Nähe des späteren Stockholm und über Gotland durch den Finnischen Meerbusen, die Neva und den Ladogasee in den Volchovfluß. Nahe der Mündung des letzteren lag Ladoga, die älteste stadtähnliche Siedlung auf dem Gebiet des späteren Rußland. Ladoga ist archäologisch bereits seit der Mitte des 8. Jahrhunderts bezeugt,[2] und zwar als skandinavischer Stützpunkt. Von hier aus funktionierte seit dem 9. Jahrhundert die transkontinentale Verbindung auf dem Wolgaweg durch das Wolgabulgaren- und das Chazarenreich mit den Hauptstädten Bolgar und Itil nach Mittelasien, ja vereinzelt bis nach Bagdad. Durch den Volchov und danach den Dnepr führte auch der etwas jüngere Handelsweg nach Byzanz.

Die Wikinger holten aus dem Osten vor allem Silber in der Form arabischer Münzen, den Dirhems, und sie lieferten unter anderem fränkische Schwerter und Sklavinnen für die Harems der Muslime. Zu ihrem Angebot an die Araber und Byzantiner gehörten außerdem Pelze sowie Honig und Wachs, die letzteren als Produkte der osteuropäischen Waldbienenzucht.[3] Die weitreichenden Wikingerfahrten endeten aber, als die orientalischen Silberminen erschöpft waren, die Wikingermentalität durch Annahme des Christentums und die Durchsetzung der Königsherrschaft in Skandinavien zum Erliegen kam und das in Osteuropa im 10. Jahrhundert konsolidierte Reich von Kiev eigene Interessen zur Geltung brachte. Übrig blieb der Handel der Gotländer, die im 11. und 12. Jahrhundert die wichtigsten Träger des Verkehrs im Ostseeraum waren. Die gotländischen „Fahrmänner"

---

[2] Aufgrund des dendrochronologisch ermittelten Datums 753 wurde im Jahre 2003 in Rußland des 1250jährigen Jubiläums der „ersten Hauptstadt der Rus'" gedacht. Als Beispiel für Publikationen aus diesem Anlaß sei ein gehaltvoller Ausstellungskatalog genannt: Staraja Ladoga. Drevnjaja stolica Rusi [Alt-Ladoga. Die alte Hauptstadt der Rus']. St. Petersburg 2003.

[3] Vgl. u.a. Rolle, Renate: Archäologische Bemerkungen zum Warägerhandel. In: Bericht der Römisch-Germanischen Kommission 69 (1988), S. 472-529; Ambrosiani, Björn: Osten und Westen im Ostseehandel der Wikingerzeit. In: Haithabu und die frühe Stadtentwicklung im nördlichen Europa. Hrsg. von Klaus Brandt, Michael Müller-Wolle, Christian Radtke. Neumünster 2002 (= Schriften des archäologischen Landesmuseums. 8), S. 339-348.

zogen im Osten noch bis Novgorod, im Westen bildete die Stadt Schleswig, die Nachfolgerin Haithabus, einen ihrer Anlaufpunkte.[4]
Novgorod am Volchov, nahe bei dessen Ausfluß aus dem Ilmensee gelegen, war im 12. Jahrhundert im Zuge des Zerfalls des Reiches von Kiev zur politisch unabhängigen Hauptstadt eines riesigen Herrschaftsgebiets geworden. Für die Bedeutung dieser Stadt als Handelszentrum spricht, daß bereits aus dem 11./12. Jahrhundert auch Zeugnisse zur Novgoroder Schiffahrt über die Ostsee vorliegen. Beispielsweise heißt es in der sogenannten Ersten Novgoroder Chronik zum Jahre 1130:

„Im selben Jahr sanken sieben Schiffe, die von Übersee, von den Goten gekommen waren, sie gingen mit der Ware unter, und nur einige retteten sich, wenn auch nackt; aber aus Dänemark kamen sie wohlbehalten zurück."[5]

Mit „Dänemark" ist hier höchstwahrscheinlich die damals dänische Handelsstadt Schleswig gemeint. Über den frühen Novgoroder Seeverkehr vor allem nach Gotland liegt noch eine beträchtliche Zahl weiterer Quellen vor. Unter dem Druck der deutschen Konkurrenz ging dieser Verkehr zwar schon im Laufe des 13. Jahrhunderts zurück, doch wurde er im 15. Jahrhundert wieder lebhafter, vor allem als Küstenschiffahrt mit Reval und Narva als wichtigsten Zielen.[6]

Die deutschen Kaufleute nahmen die Ostseefahrt erst seit der Neugründung Lübecks (1159) in größerer Zahl auf. Ihr bedeutendstes Ziel war der etablierte Handelsmittelpunkt Gotland, von dem aus sie in verschiedener Richtung weiterreisten. Herzog Heinrich der Löwe von Sachsen, der Stadtherr Lübecks, vereinbarte bereits 1161 einen Frieden zwischen den Gotländern und den deutschen Kaufleuten, womit eine Kooperation zwischen den beiden Gruppen begründet wurde. Im Gefolge der gotländischen

---

[4] Yrving, Hugo Nilsson: Gotland under äldre medeltid. Studier i baltisk-hanseatisk historia. Lund 1940.
[5] Die erste Novgoroder Chronik nach ihrer ältesten Redaktion (Synodalhandschrift). 1016-1333/1352. Hrsg. von Joachim Dietze. München 1971, S. 57.
[6] Vgl. zu diesem bisher ungenügend beachteten Thema Schubert, Birte: Der Novgoroder Seehandel und der „freie Weg auf dem Meer". In: Beiträge zur Geschichte des Ostseeraumes. Vorträge der ersten und zweiten Konferenz der Ständigen Konferenz der Historiker des Ostseeraumes (SKHO), Katzow 1996/Greifswald 1998. Hrsg. von Horst Wernicke. Hamburg 2002, S. 35-52; Choroškevič, A[nna] L[eonidovna]: Bor'ba Rossii za sozdanie flota na Baltijskom more v konce XV - načale XVI v. [Rußlands Kampf um die Schaffung einer Ostseeflotte im späten 15. und frühen 16. Jahrhundert]. In: Voenno-istoričeskij žurnal 1974, Nr. 5, S. 82-86.

Norbert Angermann

„Fahrmänner" und der russischen Gotlandfahrer reisten dann die Hansen seit den 1160er Jahren kontinuierlich nach Novgorod, wo sie auf dem alten Handelshof der Gotländer wohnten, ehe sie um 1200 ihre eigene Niederlassung, den St. Peterhof, gründeten.[7] Die gotländischen Bauernkaufleute konnten jedoch der Konkurrenz der professionellen Hansen auf Dauer nicht standhalten, und so übernahmen letztere den Gotenhof im 14. Jahrhundert als Pachtbesitz. Beide Höfe zusammen bildeten das Territorium eines der vier großen Kontore der Hanse, wie es sie außer in Novgorod nur noch in Brügge, London und der norwegischen Hauptstadt Bergen gab.

Im Novgoroder Kontor hatten die Hansestädte Visby und Lübeck längere Zeit das Sagen, wobei aber Visby infolge seefahrttechnischer Neuerungen und der Gründung von Städten an der Südküste der Ostsee – darunter Reval – als Station auf dem Seewege nach Osten an Bedeutung verlor. Auf den Handel mit Novgorod, bei dem die Hanse eine monopolartige Stellung erlangte, werden wir im folgenden noch zurückkommen. Zunächst soll das bisher über den internationalen Handelsweg durch den Finnischen Meerbusen Gesagte durch ein Schema zusammengefasst werden.

(8.) 9.-10. Jh.	Haithabu – Birka – Ladoga – Bolgar/Itil/Bagdad – Byzanz
11.-12. Jh.	Schleswig – Gotland – Novgorod
12.-13. Jh.	Lübeck – Visby – Novgorod
13.-16. Jh.	Lübeck – Reval – Novgorod.

Schema 1: Ausgangpunkte, Stationen und Ziele des Handelsweges durch den Finnischen Meerbusen.

Nachdem wir bisher den Blick eher nach Osten gerichtet hatten, müssen wir nun beachten, daß im 12. und 13. Jahrhundert auch nördlich und südlich des Finnischen Meerbusens Entwicklungen einsetzten, die für das Schicksal dieser Region und damit auch für den Hansehandel grundlegend waren.

In frühgeschichtlicher Zeit war der gesamte Raum um den Finnischen Meerbusen von ostseefinnischen Völkern und Stämmen besiedelt. Im Norden lebten – von West nach Ost – die sogenannten „Eigentlichen Finnen",

---

[7] Vgl. (auch zum Folgenden) Goetz, Leopold Karl: Deutsch-russische Handelsgeschichte des Mittelalters. Lübeck 1922; Zeller, Anika: Der Handel deutscher Kaufleute im mittelalterlichen Novgorod. Hamburg 2002.

die Tavastländer und die Karelier, im Süden die Esten sowie östlich des Narvaflusses die Woten und die Ingrier. Im 11.-13. Jahrhundert gelangten die Woten, Ingrier und Karelier in ein Abhängigkeitsverhältnis oder wenigstens unter den Einfluß von Novgorod, ja dieses führte sogar Züge zwecks Tributerpressung nach Estland und ins mittelfinnische Tavastland durch.[8] Auf der anderen Seite hatten die Schweden in der Mitte des 12. Jahrhunderts einen ersten Kreuzzug nach Finnland unternommen und dasselbe als noch weitgehend heidnisches Gebiet in der Folgezeit missioniert, zunehmend ihrer Herrschaft unterworfen und im Süden besiedelt.[9] Dabei gerieten die Schweden naturgemäß in einen Gegensatz zu Novgorod. Dies zeigte sich besonders beim Bau der schwedischen Festungen Wiborg und Landskrona. Die erstere wurde 1293 in einer nordöstlichen Bucht des Finnischen Meerbusens errichtet, die zweite im Jahre 1300 direkt an der Neva. Die unmittelbare Bedrohung ihres Weges zur Ostsee durch Landskrona war für die Novgoroder unerträglich, und bereits 1301 gingen sie energisch gegen diese Festung vor und zerstören sie, was im Falle von Wiborg trotz entsprechender Versuche nicht gelang. Eine längerfristige Regelung des Verhältnisses zwischen Schweden und Novgorod erfolgte durch den Frieden von Nöteborg 1323, bei dem Karelien zwischen den beiden Mächten geteilt wurde. Am Abschluß dieses Friedens waren übrigens auch Hansekaufleute beteiligt, die mit dafür sorgten, daß der Vertrag die freie Schiffahrt durch die Neva zusicherte.[10]

In Finnland gab es im Mittelalter nur sechs Städte, von denen Wiborg (Viipuri) und Borgå (Porvoo) direkt am Finnischen Meerbusen lagen. Wiborg entstand bei der genannten Burg an der Stelle eines alten karelischen Handelsplatzes, und ähnlich kommt auch im Falle Borgås mit Saxby (Saksala) ein nahegelegener Treffpunkt von deutschen Kaufleuten mit Tavastländern als Vorgänger infrage. Die im 14. Jahrhundert aufsteigenden Zentren Wiborg und Borgå repräsentierten mit ihrer Ratsverfassung dann aber doch etwas völlig Neues, es waren Städte mit starker deutschrechtlicher

---

[8] Rjabinin, E[vgenij] A[leksandrovič]: Finno-ugorskie plemena v sostave Drevnej Rusi. K istorii slavjano-finskich ėtnokul'turnych svjazej. Istoriko-archeologičeskie očerki [Die finnischugrischen Stämme im Bestand der Alten Rus'. Zur Geschichte der slavisch-finnischen ethnokulturellen Beziehungen. Historisch-archäologische Studien]. St. Petersburg 1997, S. 16-81; Selart, Anti: Livland und die Rus' im 13. Jahrhundert. Köln 2007 (= Quellen und Studien zur baltischen Geschichte. 21).
[9] Jutikkala, Eino; Kauko Pirinen: Geschichte Finnlands. 2. Aufl. Stuttgart 1976, S. 24 ff.
[10] Pirinen, Kauko: Die finnisch-russische Grenze vor dem Frieden von Täyssinä (1595). In: Jahrbücher für Geschichte Osteuropas 16 (1968), S. 335-352, hier S. 338.

Prägung, und an ihrer Entwicklung und ihrem Handel hatten deutsche Zuwanderer einen sehr erheblichen Anteil.[11] Erwähnt sei, daß die Deutschen in Wiborg zeitweilig die Mehrzahl der Ratsherrenstellen besetzten. Die deutschen Bürger in Finnland stammten weitestgehend aus Reval und anderen Hansestädten. Trotz dieser Herkunft ist es m.E. aber nicht ganz präzise, wenn Rolf Dencker das deutsche Bürgertum in Finnland generell als „hansisches" bezeichnete,[12] denn Mitglied der Hanse wurde keine finnische Stadt.

Was den Raum südlich des Finnischen Meerbusens betrifft, war bereits in unser Blickfeld gelangt, daß das Land östlich des Narvaflusses zum Novgoroder Staatsgebiet gehörte. Daß Novgorod im Jahre 1478 dem expandierenden Großfürstentum Moskau einverleibt wurde, änderte an der Narva-Grenze nichts. Genau dort, gegenüber der Ordensburg von Narva, errichtete der Moskauer Großfürst Ivan III. 1492 die Festung Ivangorod. Bei dieser entstand rasch die erste russische Hafenstadt, in der sich Kaufleute aus Novgorod, Pleskau und Moskau niederließen.[13]

Das nordestnische Gebiet westlich der Narva war in derselben Zeit unter dänische Herrschaft gelangt, in der die Deutschen von der Dünamündung her erobernd und missionierend im sonstigen ostbaltischen Raum vordrangen.[14] König Waldemar II. von Dänemark war nämlich 1219 an der Stelle des späteren Reval gelandet und hatte Nordestland seinem Reich als Herzogtum angegliedert. Bei den dort belehnten Adligen und bei den aus dem Westen zugewanderten Städtern handelte es sich dann gleichwohl im wesentlichen um Norddeutsche. 1346 verkaufte König Waldemar IV. dieses Gebiet an den Deutschen Orden, der bis 1561 Landesherr blieb, als sich die Bürger und Ritter des nördlichen Estland unter den Bedingungen des

---

[11] Dencker, Rolf: Finnlands Städte und hansisches Bürgertum (bis 1471). In: Hansische Geschichtsblätter 77 (1959), S. 13-93, zu Wiborg und Borgå besonders S. 29-36; vgl. auch Schweitzer, Robert: Die Wiborger Deutschen. Helsinki 1993; Edren, Torsten, Carl Jacob Gardberg: Porvoon kaupungin historia. Bd. 1: Porvoon seudun esihistoria. Keskiaika ja 1500-luku [Geschichte der Stadt Porvoo. Bd. 1: Vorgeschichte der Region Porvoo. Mittelalter und 16. Jahrhundert]. Porvoo 1996.

[12] Dencker, Städte (wie Anm. 11), vgl. besonders S. 54 f.

[13] Kivimäe, Jüri: Narva und Ivangorod. Handel und Politik an der Schwelle der Frühneuzeit. In: Die Deutschen in der UdSSR in Geschichte und Gegenwart. Ein internationaler Beitrag zur deutsch-sowjetischen Verständigung. Hrsg. von Ingeborg Fleischhacker, Hugo H. Ledig. Baden-Baden 1990, S. 17-27.

[14] Vgl. (auch zum Folgenden) Mühlen, Heinz von zur: Livland von der Christianisierung bis zum Ende seiner Selbständigkeit (etwa 1180-1561). In: Deutsche Geschichte im Osten Europas. Baltische Länder. Hrsg. von Gert von Pistohlkors. Berlin 1994, S. 26-172.

vom Zaren Ivan IV. Groznyj entfesselten Livländischen Krieges (1558-1583) der Krone Schweden unterstellten. Was die Städte in Estland betrifft, bestätigt sich wie im Falle Finnlands die Tatsache, daß der Urbanisierungsgrad im Ostseeraum von West nach Ost deutlich abnimmt. Im Bereich der estländischen Südküste des Finnischen Meerbusens entstanden nur drei Städte: als älteste und stets bedeutendste Reval und als weitere Wesenberg (Rakvere) sowie an der Ostgrenze Narva. Wesenberg, etwa 20 km vom Meerbusen entfernt gelegen, aber mit Zugang zu einem Hafen, ist offenbar wegen seiner eng begrenzten Bedeutung für den Handel niemals eine Hansestadt geworden.[15] Letzteres gilt auch für Narva,[16] wobei in diesem Falle das Interesse Revals und Dorpats an der Niederhaltung dieser für den Rußlandhandel günstig gelegenen Stadt zur Geltung kam. Gleichwohl nahm die Bedeutung Narvas für den Osthandel im späten Mittelalter deutlich zu. Dabei spielte dort die Aktivität von auswärtigen Hansen, namentlich Revalensern eine große Rolle, denn Zeugnissen aus der ersten Hälfte des 16. Jahrhunderts zufolge lebten in Narva neben einer größeren Zahl von Esten und Woten nur etwa 30 deutsche Familien.[17]

Das Fehlen von ernsthaften Konkurrenten am Finnischen Meerbusen trug naturgemäß zur Entfaltung des dort zentral gelegenen Reval erheblich bei. Zu einem herausragenden Handelszentrum wurde Reval allerdings erst später, als man bis vor kurzem annahm. Als völlig abwegig erwies sich die Annahme, daß ein beim arabischen Geographen al-Idrisi 1154 genannter Ort bereits mit Reval zu identifizieren sei. Auch ist die Vermutung, daß es bereits im 11. bzw. 12. Jahrhundert im Bereich der Olaikirche Niederlassungen der gotländischen und der russischen Kaufleute gegeben hätte, in Anbetracht des Fehlens archäologischer Zeugnisse obsolet geworden. Vor der dänischen Eroberung von 1219 existierten auf dem Gebiet Revals nur die estnische Burg Lyndanise und ein saisonal genutzter Handelsplatz. Nicht dort, sondern auf Ösel (Saaremaa) waren aber die ersten deutschen Kaufleute anzutreffen, die sich im späten 12. Jahrhundert in Estland auf-

---

[15] Zu Wesenberg vgl. Mettig, Carl: Baltische Städte. Skizzen aus der Geschichte Liv-, Est- und Kurlands. 2. Aufl. Riga 1905, S. 226-236.
[16] Vgl. als neuesten, besonders feinen Beitrag Kivimäe, Jüri: Medieval Narva: Featuring a Small Town between East and West. In: Narva und die Ostseeregion. Beiträge der II. Internationalen Konferenz über die politischen und kulturellen Beziehungen zwischen Russland und der Ostseeregion (Narva, 1.-3. Mai 2003). Hrsg. von Karsten Brüggemann. Narva 2004 (= Studia humaniora et paedagogica Collegii Narovensis. 1), S. 17-27.
[17] Ebenda, S. 21.

hielten, und auch nach der Inbesitznahme von Lyndanise und der Errichtung einer neuen Burg durch die Dänen (der estnische Stadtname Tallinn bedeutet „Dänenburg") wurde nicht sofort eine Stadt aus dem Boden gestampft. In der bisherigen Literatur findet man 1230 als Jahr der Gründung durch den vorübergehend in Nordestland herrschenden Schwertbrüderorden angegeben, doch mangelt es auch dafür an einem stichhaltigen Beleg.[18] Gleichwohl entstand die Stadt in den 1220er-1230er Jahren und erhielt 1248 vom dänischen König Erik Plovpenning das Lübecker Recht. Später profitierte sie vom Niedergang Visbys und wurde dessen Nachfolgerin als nordosteuropäischer Handelsknotenpunkt. Bezeichnend ist, daß Reval neben Dorpat und Riga in der Mitte des 14. Jahrhunderts offiziell zum Mitverantwortlichen für das Novgoroder Hansekontor ernannt wurde[19] und Reval die Pachtzahlung für den von der Hanse genutzten Novgoroder Gotenhof übernahm.

Wenn man das spätmittelalterliche Reval angemessen als Handelsstadt charakterisieren wollte, müßte man viele Seiten füllen.[20] In der Stadt hatten die deutschen Kaufleute das Sagen, sie allein waren im Rat vertreten, der sich selbst durch Kooptation ergänzte. Zahlreiche Bewohner der Stadt – zumeist Esten – waren in Hilfsgewerben des Handels tätig, also als Fuhrleute, Träger usw. Den Bootsverkehr zwischen den auf Reede liegenden fremden Schiffen und den Hafenplätzen bewerkstelligten schwedische so-

---

[18] Vgl. die Korrekturen unseres bisherigen Bildes von der Vorgeschichte und den Anfängen Revals bei Sokolovskij, V.: Vozniknovenie Tallina (k 50-letiju archeologičeskich raskopok na Ratušnoj ploščadi) [Die Entstehung Revals. Zum 50jährigen Jubiläum der archäologischen Ausgrabungen auf dem Rathausplatz]. In: Pskov v rossijskoj i evropejskoj istorii (k 1100-letiju pervogo letopisnogo upominanija). Bd. 1. Moskau 2003, S. 244-253; Kui vana on Tallinn? [Wie alt ist Reval?]. Hrsg. von Tiina Kala. Tallinn 2004; Tarvel, Enn: Idrisi und Reval. In: Aus der Geschichte Alt-Livlands. Festschrift für Heinz von zur Mühlen zum 90. Geburtstag. Hrsg. von Bernhart Jähnig, Klaus Militzer. Münster 2004 (= Schriften der Baltischen Historischen Kommission. 12), S. 1-9; Leimus, Ivar: Wann und woher ist der deutsche Kaufmann nach Livland gekommen? Eine numismatische Studie. In: Delectat et docet. Festschrift zum 100jährigen Bestehen des Vereins der Münzenfreunde in Hamburg. Hrsg. von Manfred Mehl. Hamburg 2004, S. 317-332.

[19] Groth, Eckhard: Das Verhältnis der livländischen Städte zum Novgoroder Hansekontor im 14. Jahrhundert. Hamburg 1999.

[20] Vgl. (auch zum Folgenden) Johansen, Paul; Heinz von zur Mühlen: Deutsch und Undeutsch im mittelalterlichen und frühneuzeitlichen Reval. Köln, Wien 1973 (= Ostmitteleuropa in Vergangenheit und Gegenwart. 15); Istorija Tallina (do 60-ch godov XIX veka) [Geschichte Revals bis zu den sechziger Jahren des 19. Jahrhunderts]. Hrsg. von Raimo Pullat. Tallinn 1983; Reval. Handel und Wandel vom 13. bis zum 20. Jahrhundert. Hrsg. von Norbert Angermann, Wilhelm Lenz. Lüneburg 1997 (= Schriften der Baltischen Historischen Kommission. 8).

genannte Mündriche. In der Stadt selbst konnte man zahlreiche auswärtige Kaufleute und Kaufgesellen antreffen – die deutschen waren in der Kompanie der Schwarzenhäupter organisiert, die russischen hatten einen eigenen Handelshof mit einer orthodoxen Kirche zur Verfügung. Reval nahm ständig an den livländischen Städtetagen teil, die im wesentlichen Handelsfragen gewidmet waren, und neben Riga und Dorpat war es die dritte livländische Stadt, die auch zu den vor allem in Lübeck abgehaltenen Hansetagen reiste. Mit dem Ausbruch des Livländischen Krieges (1558) endete jedoch die Blüte der Handelsmetropole.

Die große Bedeutung des mittelalterlichen Reval für die Region wird erkennbar, wenn man sich über die schon oben nachgezeichneten großen Linien des europäischen und transkontinentalen Ost-West-Handels hinaus einmal genauer das feine Netz des Verkehrs über den Finnischen Meerbusen anschaut. Daß die estländische Stadt am weitgreifenden Fernhandel mit dem Westen teilhatte und ihre Kaufleute nicht nur nach Brügge segelten, sondern die größten Schiffe der Hanse über eine Strecke von ca. 4.000 km auch Salz aus Portugal zur Revaler Bucht brachten,[21] sei schon im voraus bemerkt.

Was den Handel mit Rußland betrifft, funktionierte das ganze Mittelalter hindurch die Schiffahrt zwischen Reval und Novgorod über den Finnischen Meerbusen und durch die Narva in den Volchovfluß. Dabei lud man die westlichen Güter aus größeren Schiffen in kleinere um, die auch die Stromschnellen des Volchov bewältigen konnten. Dieses Umladen geschah teils schon in Reval, in der Frühzeit aber auch erst an der Nevamündung oder gar bei Ladoga, wobei im Novgoroder Land russische Kleinschiffe – die sogenannten Lodjen – zum Einsatz kamen.[22] Mit solchen Schiffen fuhren ebenso die Novgoroder Kaufleute an der Südküste des Finnischen Meerbusens entlang nach Narva und Reval. Das letztere war auch das Hauptziel der Ivangoroder, die seit den zwanziger Jahren des 16. Jahrhunderts eine lebhafte Küstenfahrt entfalteten, aber über keine Hochseeschiffe verfügten.

Neben dem Weg durch den Finnischen Meerbusen wurden Landwege und Land-Fluß-Wege zwischen Livland und Rußland benutzt; solche Wege sind auf der beigegebenen Kartenskizze markiert (Abbildung 1). Im Novgoroder Hansekontor unterschied man demgemäß die Gruppen der „Landfah-

---

[21] Vgl. Wolf, Thomas: Tragfähigkeiten, Ladungen und Maße im Schiffsverkehr der Hanse vornehmlich im Spiegel Revaler Quellen. Köln, Wien 1986 (= Quellen und Darstellungen zur hansischen Geschichte. N.F. 31).
[22] Goetz, Handelsgeschichte (wie Anm. 7), S. 195 ff.

rer" und der „Wasserfahrer". Der zunehmende Gebrauch der Landwege minderte zwar die Bedeutung des Weges durch den Finnischen Meerbusen, ersetzte ihn aber nicht. Freilich nahm der Besuch Novgorods durch deutsche Kaufleute im 15. Jahrhundert generell ab, doch dafür wurde von russischen Kaufleuten neben den Landwegen nach Livland auch der Weg durch die Neva verstärkt benutzt. Abgesehen von dieser Verlagerung des Handels aus Novgorod nach Reval und Narva ist zu beachten, daß es nach wie vor einen Handel an den Verkehrswegen, namentlich am Ufer und von Schiff zu Schiff auf der Neva gab. Besonders war es der Mündungsbereich der Neva, in dem sich Deutsche, Russen, Karelier, Ingrier und Esten – die letzteren als Schiffer – trafen, um Waren auszutauschen.[23] Auch für diesen Handel nimmt die Häufigkeit der Quellenbezeugungen im 15. Jahrhundert zu.

Die Kontaktmöglichkeiten an der Neva boten den deutschen und den russischen Kaufleuten oft einen Ausweg, wenn die Hanse in Konfliktsfällen ein Verbot der Fahrt nach Novgorod ausgesprochen hatte. Als Treffpunkte deutscher Blockadebrecher mit russischen Händlern dienten außerdem Wiborg und Narva, die ja nicht zur Hanse gehörten, so daß der Städtebund dort auch keine Handelsverbote durchsetzen konnte. Der Rußlandhandel Wiborgs war an sich recht gering, in Zeiten hansischer Verbote blühte er aber zum starken Ärger namentlich der Revalenser kräftig auf.

Überwiegend verliefen aber die Beziehungen Revals zu den Städten Finnlands ohne erhebliche Störungen. Besonders groß war die Rolle der estländischen Hansestadt als Partner von Borgå, das mit Åbo (Turku) und Wiborg, den beiden wichtigsten Handelszentren Finnlands, bezeichnenderweise kaum wirtschaftliche Verbindungen hatte. Aus den Handelsbüchern der Revaler Kaufleute geht übrigens hervor, daß zu ihren Geschäftspartnern nicht nur Stadtbürger und Schloßhauptleute Finnlands gehörten, sondern auch viele dortige Bauern.[24] Dabei reisten die Lieferanten

---

[23] In unseren hansischen Quellen wird die Neva nach skandinavischem Vorbild als *Nu* bezeichnet, und im Zusammenhang mit der Handelsfahrt in den Fluß verwenden sie wiederholt den Ausdruck *portus Nu*. Gemäß mittelalterlichem Sprachgebrauch ist damit die Mündung der Neva gemeint, nicht aber ein bestimmter Ort namens Nu (oder Nyen), den einige Historiker dort zu erkennen glauben. Unabhängig davon wurde im 17. Jahrhundert am Unterlauf der Neva die schwedische Stadt Nyen gegründet. Vgl. Küng, Enn: Die Entwicklung der Stadt Nyen im zweiten Viertel des 17. Jahrhunderts. In: Forschungen zur baltischen Geschichte 1 (2006), S. 82-107.

[24] Kerkkonen, Gunvor: Bondesegel på Finska viken. Kustborshandel och sjöfart under medeltid och äldsta Wasatid. Borgå 1959; dieselbe: Finnland – natürliches nördliches Hinterland Revals durch die Jahrhunderte. In: Wirtschaftliche und soziale Strukturen im säkularen Wandel. Festschrift für Wilhelm Abel zum 70. Geburtstag. Bd. 2. Hannover 1974, S. 518-543.

Die Hanse und der Finnische Meerbusen

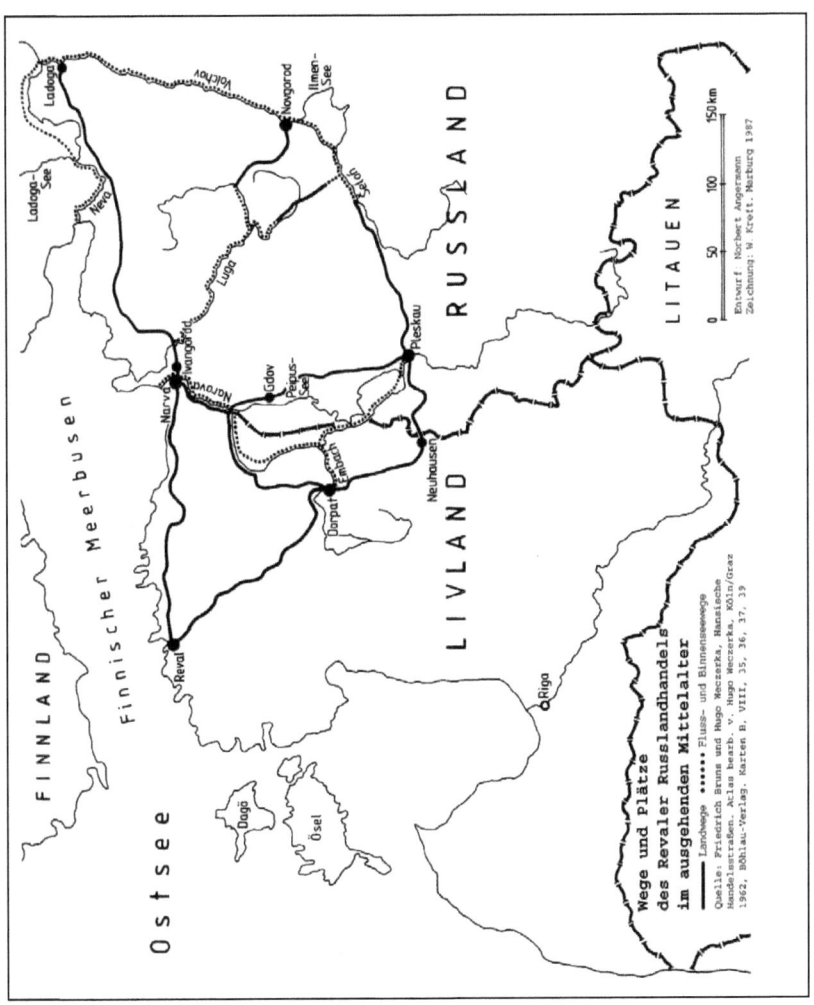

Abbildung 1: Wege und Plätze des Revaler Rußlandhandels.

und Abnehmer aus dem Norden viel öfter nach Reval als die Revalenser nach Finnland und Schweden. Auf der beiliegenden Kartenskizze wird dafür der Ausdruck „Passivhandel" gebraucht. Die Schuten, mit denen die finnischen Bauern vor allem nach Reval segelten, waren von ihnen selbst gebaut, größere Schiffe wurden auch von bäuerlichen Gruppen gechartert. Nach dem Gesagten kann es nicht mehr überraschen, daß für den Süden Finnlands ein intensiver Gebrauch von Revaler Münzen sogar für den internen Verkehr bezeugt ist.[25] Obwohl auch die Hansemetropolen Danzig und Lübeck sowie Stockholm enge Beziehungen zu Finnland unterhielten,[26] kann man Reval durchaus als dessen „wirtschaftliche Hauptstadt" betrachten.[27]

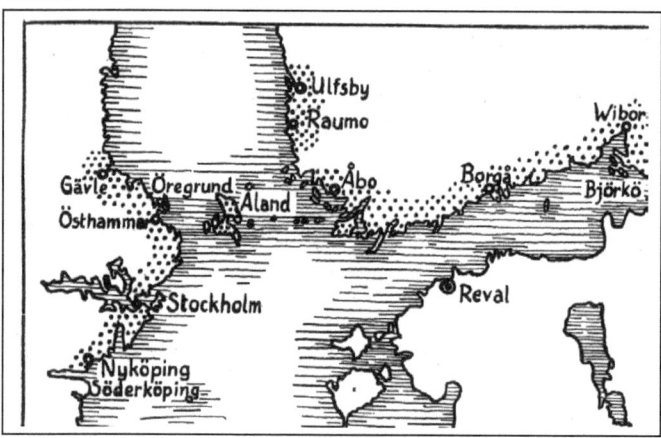

Abbildung 2: Das Gebiet des Revaler Passivhandels mit Finnland und Schweden (nach G. Mickwitz). *Quelle*: **Johansen, Paul: Nordische Mission. Revals Gründung und die Schwedensiedlung in Estland. Stockholm 1951, S. 17.**

Welche Güter wurden durch diesen Verkehr vermittelt? Aus dem gesamten in unserem Blickfeld befindlichen Raum gelangten Pelze in den Ost-West-Handel, vor allem aber aus Novgorod, wo Pelze und Felle in größter Men-

---

[25] Johansen, Paul: Nordische Mission, Revals Gründung und die Schwedensiedlung in Estland. Stockholm 1951, S. 16.
[26] Vgl. Friedland, Klaus: Finnland – Partner der Hanse. In: Lübeckische Blätter 125 (1965), S. 157-164; Schelzel, Manfred: Hanseschiffahrt auf Finnland, Turku o.J.
[27] Vgl. die Formulierung bei Johansen (wie Anm. 25), S. 13.

ge angeboten wurden, von teuren Zobeln bis zu billigen Eichhörnchenfellen. Zum Novgoroder Angebot gehörten einmalig dichte Pelze aus den kältesten Gegenden Europas. Das zweite Produkt, bei dem Lieferungen aus Rußland dominierten, bildete Wachs, gewonnen durch Waldbienenzucht. Während sich der westliche Pelzbedarf aus Moden und Prestigebedürfnissen ergab, wurden Kerzen aus Wachs in der katholischen Welt in riesigen Mengen für kirchliche Zwecke – so für Messen und Prozessionen – verwendet, außerdem diente Wachs zur Herstellung von Siegeln, Salben und Schreibtafeln. Die Novgoroder erhielten diese Waren als bäuerliche Abgaben an die in der Stadt lebenden Grundherren, als Tribute von abhängigen finnisch-ugrischen Stämmen in Nordosteuropa und durch den Handel mit anderen russischen Fürstentümern. Pelze und Wachs waren lange Zeit fast die einzigen Güter, die aus Nordwestrußland in den Handel gelangten, bis um 1500 landwirtschaftliche Erzeugnisse hinzukamen – Flachs und Hanf unter anderem für die Segel und Taue der entstehenden großen Flotten der westeuropäischen Mächte, ferner Häute und Talg.[28]

Aus Finnland wurden ebenfalls Produkte der Wald- und Landwirtschaft und außerdem solche des Fischfangs nach Reval geliefert. Neben Pelzen, Brenn- und Bauholz sowie Teer gehörten dazu Häute, Butter, Fleisch, getrocknete Hechte, Pökellachs, Robbenspeck und Tran.[29] Diese Waren gelangten zum Teil in den internationalen Handel, dienten aber teilweise auch der Versorgung Revals.

Das estnische Hinterland Revals lieferte seit je Getreide für die Ausfuhr nach Westeuropa, Schweden und Finnland, längere Zeit aber nur in kleineren Mengen, zumal die europäischen Pestwellen seit der Mitte des 14. Jahrhunderts eine Verminderung der Bevölkerungszahlen, d.h. auch des Bedarfs an Getreide zur Folge hatten. Seit der Zeit um 1500 stieg der Revaler Roggenexport gen Westen aber stark an und erreichte um die Mitte des 16. Jahrhunderts einen Umfang von jährlich um 10.000 Last (1 Last = 30,51 Hektoliter).[30] In derselben Spätzeit nahm auch der zuvor nur relativ geringe Export von livländischem Flachs und Hanf zu. Mit Kabelgarn, einem Halbfabrikat aus Hanf, und bearbeiteten Steinen (unter anderem Fliesen

---

[28] Zur Warenstruktur des Novgoroder Exports vgl. besonders Goetz (wie Anm. 7), S. 248-278; Choroškevič, A[nna] L[eonidovna]: Torgovlja Velikogo Novgoroda s Pribaltikoj i Zapadnoj Evropoj v XIV-XV vekach [Der Handel Groß-Novgorods mit dem Baltikum und Westeuropa im 14. und 15. Jahrhundert]. Moskau 1963, S. 45-159.
[29] Kerkkonen (wie Anm. 24).
[30] Ahvenainen, Jorma: Der Getreidehandel Livlands im Mittelalter. Helsinki 1963; speziell zur Ausfuhr von livländischem Getreide nach Finnland ebenda S. 36-44.

und Beischlagsteinen) verfügte Reval – in allerdings geringem Umfang – auch über eigene gewerbliche Erzeugnisse, die zur Ausfuhr kamen.[31]

Das Sortiment an westlichen Waren, die über Reval als Transitgüter nach Rußland und Finnland weitervermittelt wurden oder die auf den estländischen Markt gelangten, war vielfältiger als die osteuropäischen Lieferungen, zumal dazu die verschiedenartigsten gewerblichen Erzeugnisse gehörten. Aber auch unter diesen westlichen Gütern ragten einige wenige stark hervor. Dies waren Salz, das für Speisen und als Konservierungsmittel für Fleisch und andere Viktualien benötigt wurde, sowie Tuche aus Flandern, England und Deutschland. Da es in unserer Region – auch in Rußland – im Mittelalter keine Edel- und Buntmetallgewinnung gab, gehörten Silber, Kupfer und Blei ebenfalls zu den meistgehandelten Waren aus dem Westen bzw. namentlich im Falle des Kupfers auch aus Schweden. Heringe waren als besonders gut haltbare und zugleich schmackhafte Fastenspeise überall willkommen. Was über Brügge bezogene Südfrüchte betrifft, ragten im Revaler Transithandel Feigen hervor, während die führende Position unter den Gewürzen dem Pfeffer zukam. Mit Weinen, Schmuck und mancher anderen Ware ließe sich diese Liste fortführen. Die genannten Waren gehörten nicht nur zum intensiv untersuchten Export nach Novgorod,[32] sondern auch zu den Lieferungen nach Estland und Finnland. Insbesondere in quantitativer Hinsicht ist aber auch mit Unterschieden zu rechnen. So dürfte der Bedarf an Buntmetallen in Estland und besonders in Finnland geringer gewesen sein, weil es dort keine so umfangreiche gewerbliche Produktion gab wie in Novgorod.

Bei der Betrachtung der hansischen Beziehungen einer Stadt oder Region sollte auch die kulturelle Ebene einbezogen werden. Im Falle Nordestlands und Südfinnlands ist insofern von vornherein mit einer besonders großen Vermittlerrolle der Hanse im Bereich der Kultur – von der hier in einem weiteren Sinne des Wortes gesprochen wird – zu rechnen, als es dort vor der skandinavisch-deutschen Expansion keine Hochkultur gab. Letzteres erklärt sich mit der sehr geringen Bevölkerungsdichte und einer entsprechend geringen sozialen Differenzierung, so daß hier anders als in der Rus'

---

[31] Stieda, Wilhelm: Aus der Revaler Handelsgeschichte. Reval 1910.
[32] Dazu Goetz (wie Anm. 7), S. 278-335; Choroškevič, Torgovlja (wie Anm. 28), S. 160-336; Harder-Gersdorff, Elisabeth: Hansische Handelsgüter auf dem Großmarkt Novgorod (13.-17. Jh.): Grundstrukturen und Forschungsfragen. In: Novgorod. Markt und Kontor der Hanse. Hrsg. von Norbert Angermann, Klaus Friedland. Köln, Weimar, Wien 2002 (= Quellen und Darstellungen zur hansischen Geschichte. N.F. 53), S. 133-151.

keine machtvollen Herrscher existierten, die das Christentum und damit die christliche Kultur hätten einführen wollen und können. Da nun die Hansekaufleute bereits im 13. Jahrhundert in unserer Region sehr stark präsent waren, kam ihnen eine große Rolle beim Aufbau des dortigen Städtewesens zu. Sowohl in Reval als auch später in Wiborg, Borgå, Narva und Wesenberg wurde die Ratsverfassung eingeführt, wie es sie im Ostseeraum zuerst in Lübeck gegeben hatte, und die deutschen Bürger brachten ihre Sozialisations-, Lebens- und Handelsformen mit. Daß in der Kunst – besonders auffällig in der gotischen Architektur – Estland und Finnland vielfältige Anregungen aus den Hansestädten im westlichen Ostseebereich erhielten und aufgrund des intensiven Handels auch manches über den Finnischen Meerbusen hinüber vermittelt wurde, läßt sich an vielen Beispielen verdeutlichen.[33] Für den Bereich des Handels mit Kunstwerken sei nur als besonders sinnfällig erwähnt, daß nach einer Hochrechnung von Jan von Bonsdorff im 15. Jahrhundert mindestens 600 Altarschränke und Heiligenfiguren von Lübeck nach Reval geliefert wurden, von denen ein Teil nach Finnland gelangte.[34]

In Rußland war mit der Übernahme der orthodoxen Glaubensform die byzantinische Variante der europäischen Hochkultur zur Entfaltung gekommen. Zusammen mit dem konfessionellen Gegensatz erschwerte dies kulturelle Kontakte mit dem Westen. Die festen russischen Rechtstraditionen ließen keinerlei Einfluß etwa des deutschen Stadtrechts zu. Gleichwohl konnte der intensive Hansehandel mit Novgorod auch zu einer kulturellen Bereicherung führen. Es kam beispielsweise zu gegenseitigen Wortentlehnungen und zu einer Rezeption romanischer und gotischer Formen in der Novgoroder Architektur und im Novgoroder Kunsthandwerk,[35] wobei frei-

---

[33] Vgl. Angermann, Norbert: Die Bedeutung der Hanse für die Kultur des mittelalterlichen Livland. In: Buch und Bildung im Baltikum. Festschrift für Paul Kaegbein zum 80. Geburtstag. Hrsg. von Heinrich Bosse, Otto-Heinrich Elias, Robert Schweitzer. Münster 2005 (= Schriften der Baltischen Historischen Kommission. 13), S. 41-58; Dencker, Rolf: Die Kultur Finnlands. Frankfurt am Main [1973], S. 12-17; Gardberg, C. J.: Über die Bedeutung der Kunst Estlands für Finnland. In: Kunst des Mittelalters in Nord- und Nordost-Europa heute. Zweites „Homburger Gespräch". Hrsg. von Erich Böckler. Bad Homburg [1980], S. 125-139.
[34] Bonsdorff, Jan von: Kunstproduktion und Kunstverbreitung im Ostseeraum des Spätmittelalters. Helsinki 1993 (= Suomen Muinaismuistoyhdistyksen aikakauskirja. 99), S. 82 f.
[35] Vgl. Angermann, Norbert: Die hansisch-russische kulturelle Begegnung im mittelalterlichen Novgorod. In: Norwegen und die Hanse. Wirtschaftliche und kulturelle Aspekte im europäischen Vergleich. Hrsg. von Volker Henn, Arnved Nedkvitne. Frankfurt am Main 1994 (= Kieler Werkstücke. Reihe A, Beiträge zur schleswig-holsteinischen und skandinavischen Geschichte. 11), S. 191-214; Ders.: Livländisch-russische Kulturbeziehungen unter dem Vor-

lich der Anteil Revals nicht genau bestimmbar ist. Doch sind es gerade Revaler Bürgerhäuser des 15. und 16. Jahrhunderts, die ein Beispiel der Rezeption auf hansischer Seite bieten. Die hohen Giebel dieser Häuser zeigen Nischen in genau der speziellen Form, die schon vorher bei Kirchen der Stadt am Volchov anzutreffen war, so bei der hier abgebildeten, unter den Novgoroder Beispielen relativ späten Peter-und-Paul-Kirche in Koševniki. Dabei handelt es sich um drei Blendnischen, deren mittlere mit einem Dreibogen abschließt, während die Nebenblenden je die Hälfte eines solchen bilden.

Abbildung 3: Novgorod, Peter-und-Paul-Kirche in Koševniki (1406).

zeichen des Handels. In: Die Kontinuität der Hanse im baltischen Raum. Hrsg. von Jürgen Sarnowsky, Burghart Schmidt (im Druck).

Die Hanse und der Finnische Meerbusen

Abbildung 4: Talliner Altstadt, Haus Kinga-Straße Nr. 10.

Auch wenn die Meinung der Forscher über die Revaler oder Novgoroder Priorität nicht einhellig ist,36 liegt die Annahme nahe, daß Revaler Kaufleuten diese Fassaden in Novgorod so gut gefallen hatten, daß sie solche für ihre Häuser in Auftrag gaben. Die Übernahme russischer Formen durch die Livländer blieb freilich eine Seltenheit. So bedeutend die kulturelle Wirkung der Hanse für Estland und Finnland war, stieß sie also an der innereuropäischen Kulturscheide zwischen Ost und West an eine nur zum Teil durchlässige Grenze. In wirtschaftlicher Hinsicht hat unser Überblick aber doch wohl bestätigt, daß die gesamte betrachtete Region in das hansische Handelssystem stark eingebunden war.

---

[36] Vaga, Vol'demar: Srednevekovaja architektura Èstonii [Die mittelalterliche Architektur Estlands]. Diss. Masch. Tartu 1964, S. 369 f.; Raam, Villem: Über die Sondergotik im spätmittelalterlichen Estland. In: Kunst des Mittelalters (wie Anm. 33), S. 158-173, hier S. 172 (zugunsten Revals).

Von Schweden zu Rußland: Die Region im 17. und 18. Jahrhundert

RALPH TUCHTENHAGEN

Wer sich mit der Region um den Finnischen Meerbusen in der frühen Neuzeit beschäftigt, kommt an einer Darstellung der beiden Hegemonialmächte dieser Epoche, Schweden und Rußland, nicht vorbei. Der finnische Meerbusen bildete seit dem 12. Jahrhundert eine Nahtstelle der beiderseitigen Einflussbereiche, er fungierte als politische Grenze, militärisches Streitobjekt, Wirtschafts- und Handelsraum, als kulturelle Oszillationszone, aber auch als Schlachtfeld zwischen West- und Ostkirche, zwischen abend- und morgenländischer Kultur und Lebensweise.

Das Schwanken zwischen Kooperation und Konfrontation der Großmächte Schweden und Rußland wirft die Frage auf, ob es sich bei den Gebieten rund um den Finnischen Meerbusen in der frühen Neuzeit überhaupt um eine „Region" gehandelt hat. Lassen sich gemeinsame Merkmale finden, die eine „Region" Finnischer Meerbusen von anderen Regionen unterscheiden? Gehört es nicht zur Definition von Regionen, daß Kooperationsmuster überwiegen, daß sich geographische und soziale Strukturen finden lassen, die sich fundamental von den entsprechenden Verhältnissen in der Nachbarschaft unterscheiden? Sind Konflikte nicht ungeeignet, eine Region zu konstituieren? Die Beantwortung solcher Fragen hängt sicherlich vom Betrachter, vom wissenschaftlichen Blickwinkel und vom Forschungsinteresse ab. Interpretiert man die Geschichte der Länder und Städte rund um den Finnischen Meerbusen unter dem Gesichtspunkt staatlicher Herrschaftsbildung, so zerfällt das Gebiet auf den ersten Blick in mehrere Teilterritorien, die aber im Rahmen der schwedischen und russischen Herrschaftsbildung partiell zu größeren Einheiten zusammengeschweißt wurden. Dieser Vorgang ist im folgenden zu betrachten.

Historische Voraussetzungen und Rahmenbedingungen

Eine der entscheidenden Triebkräfte menschlicher Interaktion im Ostseeraum seit dem Beginn der historischen Zeit waren der Handel und der Erwerb materieller Ressourcen. Politisches Handeln, die Ausbildung von Herrschaftsräumen und territoriale Expansion erscheinen demgegenüber oft als sekundäre Entwicklungen. Handelsaktivitäten lassen sich archäologisch schon für vorgeschichtliche Perioden nachweisen. Dokumentarisch belegt sind sie aber erst seit der Wikingerzeit (ca. 800-1050). Die wikingischen Handelsaktivitäten führten zur Ausbildung von Stammesherrschaften in Skandinavien und zur Gründung von Handelsstützpunkten und Herrschaftszentren entlang der großen Flußsysteme Osteuropas, die man spätestens seit dem 10. Jahrhundert zusammenfassend als Rus' bezeichnete.[1]

Nach dem Ende der Wikingerzeit und im Gleichtakt mit dem Ausgreifen des Christentums und der christlichen Mächte in die Räume Nord- und Osteuropas seit dem 12. Jahrhundert bildeten sich zwei neue Ostseemächte heraus. Die eine war Dänemark, das unter den Valdemar-Königen in der zweiten Hälfte des 12. und zu Beginn des 13. Jahrhunderts ein Ostseeimperium errichtete, das sich zunächst vom dänischen Kernland über das heutige Südschweden und Pommern bis nach Estland erstreckte und mit der Errichtung der Kalmarer Union nebst Norwegen, Teilen der britischen Inseln, Island und Grönland auch Schweden und das heutige Finnland unter seine Oberherrschaft brachte.[2] Die andere bildete das informelle Reich der Hanse, die zunächst als Kaufmannsvereinigung, ab dem 14. Jahrhundert dann auch als Städtebund den weitaus größten Teil des Ostseehandels in ihren Händen vereinigte, bis zu Beginn des 16. Jahrhunderts eine neue Mächtekonstellation zum Niedergang sowohl Dänemarks als auch der Hanse führte.[3] Sowohl die dänische Monarchie als auch die Hanse fungier-

---

[1] Vgl. Hermann, Joachim: Wikinger und Slawen. Zur Frühgeschichte der Ostseevölker. Berlin 1982. Ellmers, Detlef: Frühmittelalterliche Handelsschiffahrt in Mittel- und Nordeuropa. Neumünster 1972. Jansson, J.: Skandinavien, Baltikum och Rus' under vikingatiden. In: Norden og Baltikum. Oslo 1994 (= Det 22. nordiske historikermøte, Oslo 13.-18. august 1994), S. 5-25. Ders.: Rus' and the Varangians. In: Vikingi i slavjane. Učennye, politiki, diplomaty o russko-skandinavskich otnošenijach. Sankt-Peterburg 1998, S. 19-30.

[2] Vgl. Sawyer, Birgit; Peter Sawyer: Medieval Scandinavia. From Conversion to Reformation circa 800-1500. Minneapolis, London 1993 (= The Nordic Series. 17); Wille-Jørgensen, Dorthe: Das Ostseeimperium der Waldemaren. Dänische Expansion 1160-1227. In: Dänen in Lübeck 1203-2003. Hrsg. von Manfred Gläser, Doris Mührenberg, Palle Birk Hansen. Lübeck 2003, S. 26-35; Larsson, Lars-Olof: Kalmarunionens tid. Från drottning Margareta til Kristian II. Stockholm 1997; Zernack, Klaus: Probleme des Königtums in Nordosteuropa im Zeitalter der Union von Kalmar (1397-1521). In: Ders.: Nordosteuropa. Skizzen und Beiträge zu einer Geschichte der Ostseeländer. Lüneburg 1993, S. 59-80.

[3] Siehe folgende Überblicksdarstellungen: Dollinger, Philippe: Die Hanse. Stuttgart ^{4}1989; Wernicke, Horst: Die Städtehanse 1280-1418. Genesis – Strukturen – Funktionen. Weimar 1983; Autonomie, Wirtschaft und Kultur der Hansestädte. Hrsg. von Konrad Fritze (u.a.). Weimar 1984. Zur Organisationsstruktur vgl. mehrere Beiträge in: Die Hanse – Lebenswirklichkeit und Mythos. Hrsg. von Jörgen Bracker. Hamburg 1999.

ten neben ihren handels- und territorialpolitischen Aktivitäten als Verbreitungs-, Konsolidierungs- und Schutzmacht der Westkirche im Ostseeraum. Auch der Finnische Meerbusen geriet seit dem 12. Jahrhundert in den Fokus der beiden großen Ostseemächte. Daneben spielte ein dritter Machtfaktor eine Rolle: Im Osten und Südosten stießen Dänemark und die Hanse auf einen bedeutenden Nachfolger des Rus'-Reiches: das seit spätestens 1136 von der übrigen Rus' fast völlig unabhängig agierende Fürstentum Novgorod. Es hatte während des 14. Jahrhunderts die Fürstenherrschaft weitgehend abgeschüttelt und nannte sich seit 1392 selbstbewußt „Groß-Novgorod" – nicht zuletzt auch deshalb, weil sein Herrschaftsanspruch sich nicht nur auf die nähere Umgebung der Stadt Novgorod, sondern bis weit nach Osten und Norden bis hin zum Eismeer erstreckte.[4] Das Unionsreich von Kalmar unter dänischer Führung und Groß-Novgorod waren auf diese Weise während des 15. Jahrhunderts direkte Nachbarn, und die Grenze zwischen beiden Reichen verlief mitten durch den Finnischen Meerbusen. So zumindest erscheint es dem Betrachter in einer Großeinstellung der historischen Kamera. Bei einer Nahaufnahme wird man feststellen, daß die Gebiete rund um den Finnischen Meerbusen aus finnischsprachigen Stammesherrschaften bestanden, die einerseits von Schweden und Dänen im Zuge der nordosteuropäischen Kreuzzüge des 12. und 13. Jahrhunderts, andererseits von den novgorodischen Fürsten zwischen dem 9. und 12. Jahrhundert unterworfen worden waren.

Diese Konstellation erfuhr im Spätmittelalter entscheidende Veränderungen. Schon 1227 lösten der Schwertbrüderorden und nach seiner Auflösung (1237) der Deutsche Orden die dänische Krone als Oberherrn in Estland ab. 1478 verlor Novgorod mit der Inkorporierung in das Moskauer Reich seine politische Eigenständigkeit. Und 1523 schließlich scherte Schweden (einschl. Finnland) aus der Kalmarer Union aus.[5] Auf diese Wei-

---

[4] Vgl. Goehrke, Carsten: Groß-Novgorod und Pskov/Pleskau. In: Handbuch der Geschichte Rußlands. Bd. 1: Bis 1613. Von der Kiever Reichsbildung bis zum Moskauer Zartum. Hrsg. von Manfred Hellmann. Stuttgart 1981, S. 431-482; Birnbaum, Henrik: Lord Novgorod the Great. Essays in the History and Culture of a Medieval City-State. Columbus/Ohio 1981; Rom und Byzanz im Norden. Mission und Glaubenswechsel im Ostseeraum während des 8.-14. Jahrhunderts. Bd. 1. Internationale Fachkonferenz der Deutschen Forschungsgemeinschaft in Verbindung mit der Akademie der Wissenschaften und der Literatur, Mainz, Kiel, 18.-25. September 1994. Stuttgart 1998 (= Abhandlungen der Geistes- und sozialwissenschaftlichen Klasse 1997. 3/1).
[5] Vgl. Christiansen, Eric: The Northern Crusades. London ²1997; Die Rolle der Ritterorden in der Christianisierung und Kolonisierung des Ostseegebietes. Hrsg. von Zenon Hubert Nowak. Toruń 1983. Rebane, Peter: Denmark, the Papacy and the Christianization of Estonia. In: Gli

se erschienen um die Wende vom 15. zum 16. Jahrhundert nach Wikingern, Hanse, Dänen, Ordensleuten und Novgorod zwei neue Ostseemächte, die ihre Legitimität und Durchsetzungsfähigkeit gegenüber den früheren Herrschern aber erst noch unter Beweis stellen mußten.

In Schweden regierte seit dem Abfall aus der Kalmarer Union eine eigene Königsdynastie, die Vasa. Diese hatte im 16. Jahrhundert vornehmlich mit der Sicherung ihrer Herrschaft zu tun, die gleich mehrfach gefährdet schien. Zum einen führten die Vasas einen zähen, bis ins 18. Jahrhundert anhaltenden Kampf gegen den Erzrivalen Dänemark. Zum anderen versuchten sie, sich aus der Abhängigkeit Lübecks und der Hanse loszureißen. Lübeck hatte beim Abfall Schwedens von der Kalmarer Union Mittel zur Kriegführung gegen Dänemark bereitgestellt und trat nach 1523 als finanzieller und politischer Gläubiger Schwedens auf. Eine dritte Gefährdung erwuchs in Polen, als einer der Söhne des Dynastiegründers Gustav Vasa, Johan III. (1569-1592), 1562 die polnische Prinzessin Katarina Jagiellonica heiratete, deren Sohn, Sigismund, 1576 den polnischen Thron bestieg und nach dem Tod Johans III. Erbansprüche gegenüber Schweden geltend machte. Daraus entstand ein fast das ganze 17. Jahrhundert schwelender Konflikt mit Polen. Auch im Inneren war die neue Dynastie anfangs gefährdet. Verschiedene Adelsparteien stritten um den schwedischen Thron, bis sich die Vasas Mitte des 16. Jahrhundert endgültig gegen ihre Rivalen durchsetzen konnten. Eines der wichtigeren Machtmittel waren dabei die im Rahmen der gleichzeitig mit der neuen Dynastie eingeführten Reformation zahlreich eingezogenen Kirchengüter.[6]

Die südöstlichen Grenzgebiete des Vasa-Reiches in Finnland blieben in den ersten Jahrzehnten nach der Reichsgründung wegen der Konflikte Schwedens mit Dänemark und der Hanse von kriegerischen Ausein-

---

inizi des christianesimo in Livonia-Lettonia. Città del Vaticano 1989, S. 171-201; Anderson, Edgar: Early Danish Missionaries in the Baltic Countries. In: ebd., S. 245-275; Lehtinen, Erkki: Suomen varhaishistorian ja ristiretkikauden kuvasta uskonpuhdistus- ja suurvalta-aikana [Über Auffassungen von der Frühgeschichte und der Kreuzzugsperiode zur Reformations- und Großmachtszeit]. Jyväskylä 1968 (= Historiallinen tutkimuksia. 75); Kring korstågen till Finland. Ett urval uppsatser tillägnat Jarl Gallén på hans sextioårsdag den 23 maj 1968. Hrsg. von Kaj Mikander. Helsingfors 1968.
[6] Vgl. Roberts, Michael: The Early Vasas. A History of Sweden, 1523-1611. Cambridge 1968; Larsson, Lars-Olof: Gustav Vasa. Landsfader eller tyrann, Stockholm 2002; Kirby, David: Northern Europe in the Early Modern Period. Vol. I. The Baltic World 1492-1772. London 1990, S. 15-180; Niedergang oder Übergang? Zur Spätzeit der Hanse im 16. und 17. Jahrhundert. Hrsg. von Antjekathrin Graßmann. Köln u.a. 1998 (= Quellen und Darstellungen zur hansischen Geschichte. N.F. 44).

andersetzungen weitgehend verschont. Erstmals tobte in den Jahren 1555-1557 ein Grenzkrieg mit dem Moskauer Reich, dessen Anlaß und Hintergrund jedoch ungeklärt sind. Für die schwedische Seite lässt sich aus den Kriegshandlungen jedoch immerhin das Bestreben herauslesen, die ursprünglich schwedische Festung Nöteborg (finn. Pähkinasaari) zurückzuerobern, möglicherweise auch Moskau ganz von der Ostsee auszuschließen. Sollten dies die Gründe gewesen sein, so wären schon für diese frühe Zeit schwedische Expansionsbestrebungen festzustellen, die dann in den späteren militärischen Auseinandersetzungen mit dem Moskauer Reich im Fünfundzwanzigjährigen Krieg (1570-1595), im De La Gardie-Feldzug von 1609/10 und im Ingermanländischen Krieg (1610-1617) klarer zu Tage treten.[7]

Der Aufstieg Moskaus und das Ausgreifen des Moskauer Reiches in die Gebiete um den Finnischen Meerbusen ist ein komplizierter Prozess, der hier nur stark verkürzt dargestellt werden kann. Hintergrund des Erstarkens des Moskauer Reiches seit Beginn des 14. Jahrhunderts war die Übertragung des russischen Großfürstentitels auf Moskau in der ersten Hälfte des 14. Jahrhunderts, die „Sammlung des russischen Landes", d.h. die Wiedervereinigung der Territorien der ehemaligen Rus' unter Moskauer Führung, während des 14. und 15. Jahrhunderts und der damit verbundene nachlassende politische Einfluss der Tataren auf die Rus'-Länder bis hin zu deren vernichtender Niederlage gegen Moskau in der Schlacht auf dem Schnepfenfeld (1380). Der Moskauer „Sammlung des russischen Landes" fiel auch die Autonomie Novgorods zum Opfer, das 1478 in das Moskauer Reich inkorporiert wurde und mit der Schließung des Novgoroder Hansekontors (1494) einen wichtigen Stützpunkt für den Westhandel verlor. In der Folgezeit versuchte Moskau, seine „Sammlung" bis zur Ostsee hin zu komplettieren. Dabei wurden auch Gebiete erfaßt, die nie zum Herrschaftsbereich der Rus' gehört hatten und gleichzeitig von den Nachbarmächten (Schweden, Polen, Litauen) beansprucht wurden. In diesem territorialen Interessenkonflikt, der mit der Herrschaft über wichtige Handelsplätze verbunden war, lagen unter anderem die Gründe für die militärischen Konflikte Moskaus und Schwedens im Gebiet um den Finnischen Meerbusen während des 16. und 17. Jahrhunderts.[8]

---

[7] Vgl. Tidander, G.T.: Kriget mellan Sverge och Ryssland åren 1555-1557. Vesterås 1888. Viljanti, Arvo: Gustav Vasas ryska krig 1554-1557. Stockholm 1957.
[8] Vgl. Fennell, John L.I.: Ivan the Great of Moscow. London 1961; Raba, Joel: The Fate of the Novgorodian Republic. In: Slavic and East European Review 45 (1967), S. 307-323; Skrynnikov,

Die militärischen Auseinandersetzungen erhielten zusätzliche Nahrung durch die Auflösung der livländischen Konföderation, in der der Deutsche Orden seit dem 13. Jahrhundert eine Hauptrolle gespielt hatte. Mitte des 16. Jahrhunderts war er jedoch nicht mehr in der Lage, seine Stellung gegen die Nachbarmächte zu behaupten und die Zerfallserscheinungen zwischen den Konföderierten (Bischöfe, Städte, Adelskorporationen, Orden u.a.) in den Griff zu bekommen. Hintergründe des Zerfallsprozesses waren die Reformation und die damit verbundene Konfessionalisierung, die zur Schwächung des Katholizismus und des Bischofs führten, aber auch die Autorität des in der katholischen Kreuzzugsidee wurzelnden Ordens in Frage stellten. 1525 unterstellte sich der preußische Ordensmeister der Lehnshoheit der Krone Polens. Damit fiel der preußische Zweig als Schutzmacht des livländischen Zweiges des Deutschen Ordens weg. Außerdem brachte die Reformation den großen Städten einen Zuwachs an Autonomie gegenüber dem Orden und verlieh den Bürgerschaften, wie auch im übrigen Ostseeraum, ein eigenkirchliches Selbstbewusstsein und eine eigene städtisch-konfessionelle Identität.[9]

Die Schwäche der livländischen Konföderation nutzten Nachbarmächte sofort aus. Seit dem Angriff Zar Ivans IV. (des „Schrecklichen") auf Livland (1558) prägten zahlreiche militärische Konflikte den schwedisch-moskauischen Grenzraum rund um den Finnischen Meerbusen. Ein erstes Ergebnis dieser Auseinandersetzungen war die Unterstellung der Stadt Reval und der Ritterschaften der Landschaften Harrien, Wierland und Järven unter

---

Ruslan G.: Tragedija Novgoroda [Die Tragödie Novgorods]. Moskau 1994; Choroškevič, Anna L.: Torgovlja Velikogo Novgoroda s Pribaltikoj i Zapadnoj Evropoj v XIV-XV vekach [Der Handel Groß-Novgorods mit dem Baltikum und Westeuropa im 14-15. Jahrhundert]. Moskau 1963.

[9] Vgl Arbusow, Leonid: Die Einführung der Reformation in Liv-, Est- Kurland. Leipzig 1921 (Nachdruck 1964); Schmidt, Christoph: Auf Felsen gesät. Die Reformation in Polen und Livland, Göttingen 2000; Heyde, Jürgen: „Das Wort Gottes und das Heilige Evangelium so zu predigen ..., daß daraus Liebe, Eintracht, Friede und kein Aufruhr erwachse". Städtische Reformation und Landesherrschaft in Livland. In: Aspekte der Reformation im Ostseeraum. Hrsg. von Ralph Tuchtenhagen. Lüneburg 2005 (= Nordost-Archiv 13 [2004]), S. 267-287. Zur Einordnung in den Kontext der städtischen Reformation im Ostseeraum vgl. Schilling, Heinz: The Reformation in the Hanseatic Cities. In: The Sixteenth Century Journal 14 (1983), S. 443-456; Postel, Rainer: Motive städtischer Reformation in Norddeutschland. In: Jahrbuch für Regionalgeschichte 15 (1988), S. 92-107; Müller, Michael G.: Zweite Reformation und städtische Autonomie im königlichen Preußen. Danzig, Elbing und Thorn in der Epoche der Konfessionalisierung (1557-1560). Berlin 1997; Tuchtenhagen, Ralph: Stadt, Land, Fluss – und die Reformation. War die Ostsee ein protestantisches Meer? In: Die Hanse in Geschichte und Gegenwart. Hrsg. von Burkhart Schmidt, Jürgen Sarnowsky. Hamburg 2007 (im Druck).

schwedische Oberhoheit im Jahre 1561 und die Errichtung eines Herzogtums bzw. einer Statthalterschaft Estland 1584.[10] Die vorläufig letzten dieser Konflikte – dann schon auf dem Hintergrund der russischen „Zeit der Wirren" und der militärischen Schwäche Moskaus – waren der bereits erwähnte De La Gardie'sche Feldzug und der Ingermanländische Krieg, deren ausdrückliche Zielsetzung eine schwedische territoriale Expansion nach Osten und eine endgültige Regelung der Grenzen mit Moskau waren. Dabei standen aus schwedischer Sicht drei Optionen in Form einer Wunsch- und Prioritätenliste zur Wahl: 1. einen schwedischen Kandidaten auf den Moskauer Thron zu setzen und Moskaus Territorien den Ländern der Vasa-Dynastie zu inkorporieren; 2. Novgorod zu einem Satellitenstaat Schwedens zu machen und sich Moskau auf diese Weise vom Leib zu halten; 3. eine Pufferzone rund um den Finnischen Meerbusen zu errichten, um Angriffe Moskaus in Zukunft zu erschweren. Hintergrund dieser Politik war das Ziel, den gesamten Rußland-Handel unter schwedische Kontrolle zu bringen. Dazu galt es im übrigen nicht nur, die Städte um den Finnischen Meerbusen zu erobern und zu sichern, sondern auch einen anderen großen moskauischen Handelsplatz, das 1584 gegründete Archangel'sk im Weißen Meer, zu besetzen.[11]

Das letztgenannte Ziel konnte trotz verheißungsvoller Versuche nicht erreicht werden.[12] Und auch der Friede von Stolbovo (1617), der den Ingermanländischen Krieg beendete, stellte aus schwedischer Sicht nur einen Teilerfolg dar. Einen Vasa-Zaren sollte es nicht geben. Novgorod als Satellitenstaat blieb eine unbestimmte Hoffnung. Stattdessen einigten sich

---

[10] Vgl. Angermann, Norbert: Studien zur Livlandpolitik Ivan Groznyjs. Marburg/Lahn 1972 (= Marburger Ostforschungen. 32); Frost, Robert I.: The Northern Wars. War, State and Society in Northeastern Europe, 1558-1721. Harlow (u.a.) 2000, S. 74-81.
[11] Vgl. Forsten, Georgij V.: Politika Švecii v smutnoe vremja [Die Politik Schwedens in der Zeit der Wirren]. In: Žurnal ministerstva narodnogo prosveščenija 1889 (fevr.), S. 325-349, (oktj.), S. 185-213; Almquist, Helge: Die Carenwahl des Jahres 1613. Die schwedische Thronkandidatur und ihre Vorgeschichte. In: Zeitschrift für osteuropäische Geschichte 3 (1913), S. 161-202; Ahnlund, Nils: „Kejsardömet Skandinavien". In: Historisk tidskrift (S) 54 (1934), S. 266-271; Frost, Northern Wars (wie Anm. 10), S. 81-101.
[12] Vgl. Holm, N.F.: Kampen om ryska ishavsvägen på Karl XII:s tid. In: Forum navale 9 (1948), S. 15-29; Attman, Arthur: Freden i Stolbovo. En aspekt. In: Scandia 10 (1949), S. 36-47; Šaskol'skij, Igor' P.: Stolbovskij mir 1617 g. i torgovye otnošenija Rossii so švedskim gosudarstvom [Der Frieden von Stolbovo 1617 und die russischen Handelsbeziehungen mit dem schwedischen Staat]. Moskau, Leningrad 1964; Troebst, Stefan: Handelskontrolle, „Derivation", Eindämmung. Schwedische Moskaupolitik 1617-1661. Wiesbaden 1997 (= Veröffentlichungen des Osteuropa-Institutes München. Forschungen zur Geschichte des Ostseeraums. 2).

Schweden und Moskau – seit 1613 von der neuen Dynastie der Romanovs regiert – auf folgende Punkte:[13]
1. Schweden erhält die russische Festung Korela (schwed. Kexholm) in Karelien, außerdem die ingermanländischen russischen Festungen Jam, Kopor'e und Ivangorod mit ihrem jeweiligen Umland.
2. Ladoga- und Peipussee werden zu schwedisch-moskauischen Grenzgewässern.
3. Schweden erkennt Michail Fedorovič Romanov als Großfürsten von Moskau und Zaren von Rußland an.

Die Unterwerfungsverträge der estländischen Stände und der Friedensvertrag von Stolbovo 1617 stellten die entscheidende zwischenstaatliche Rechtsgrundlage der Gebiete um den Finnischen Meerbusen während des 17. Jahrhunderts dar. Sie wurden 1645 durch den Friedensvertrag von Brömsebro zwischen Schweden und Dänemark ergänzt, der die Herrschaft über die bis dahin von Dänemark verwaltete Insel Ösel (estn. Saaremaa) an Schweden übertrug.[14] In den nach dem Zweiten Nordischen Krieg (1655-1661) geschlossenen Frieden von Kardis (1661) zwischen Schweden und Moskau wurden die Bestimmungen von Stolbovo und Brömsebro bestätigt.[15] Aus ihnen ergab sich für die Gebiete um den Finnischen Meerbusen, daß Moskau im 17. Jahrhundert von der Ostsee abgeschnitten blieb und ein russischer Handel mit den westeuropäischen Ländern nur unter schwedischer Kontrolle möglich war. Schweden selbst konnte mit Hilfe der Städte am Finnischen Meerbusen (Viborg, Nyen, Ivangorod, Narva) den russisch-westeuropäischen-Handel weitgehend monopolisieren.[16]

---

[13] Vgl. Lyžin, N.P.: Stolbovskij dogovor i peregovory emu predšestvovavšie [Der Vertrag von Stolbovo und die ihm vorangegangenen Verhandlungen]. St. Petersburg 1857; Kleinmanns, Hans-Heiner: Russisch-schwedische Beziehungen 1608-1616. Die Verträge von Wiborg und Stolbovo. Ungedruckte M.A.-Arbeit Heidelberg 1987 (im Besitz des Autors).
[14] Vgl. Blumfeldt, Evald: Om Ösels upptagande i det svenska väldet höchsten 1645. In: Svio-Estonica 1949, S. 74-90; Helk, Vello: Øsel under dansk styre – historiske og arkivaliske problemer. In: Arkiv 10 (1985), S. 257-268; Jonsson, Stig: Krig och fred i Brömsebro. Visby 1995.
[15] Vgl. Nordvall, John E.: Svensk-ryska underhandlingar före freden i Kardis (1558-1561). Uppsala 1890.
[16] Vgl. Troebst, Handelskontrolle (wie Anm. 12).

Unter schwedischer Herrschaft[17]

Neben der Handels-, Grenz- und zwischenstaatlichen Politik musste sich die schwedische Regierung mit der Frage auseinandersetzen, ob und wie die neu erworbenen Gebiete im Bereich des Finnischen Meerbusens in das schwedische Reichssystem integriert werden sollten. Dabei wurden je nach Territorium unterschiedliche Antworten formuliert und in die Tat umgesetzt. Die finnländischen Territorien waren bereits seit 1523, als die Vasa-Dynastie das neuzeitliche Schweden schuf, integrale Teile des Reiches. Die Stände des Herzogtums Estland hatten sich 1561 und 1584 freiwillig der schwedischen Krone unterstellt. Ihre Privilegien und Rechtsgewohnheiten waren von der schwedischen Krone zu respektieren. Bei dem Küstenstreifen zwischen den Flüssen Narva und Neva mit den Festungen Ivangorod, Jam und Kopor'e (*Ingermanland*) und den Gebieten zwischen Ladogasee und Ostsee (*Kexholms län*) handelte es sich dagegen um erobertes Land, mit dem die schwedische Regierung mehr oder weniger willkürlich verfahren konnte.

Die schwedische Regierung differenzierte in ihrem politischen Handeln gegenüber den Territorien um den Finnischen Meerbusen aber nicht nur hinsichtlich der Erwerbsgeschichte, sondern auch nach unterschiedlichen Politikfeldern. Entsprechend entwickelte der seit den großen schwedischen Verwaltungsreformen in der ersten Hälfte des 17. Jahrhunderts nach Ressorts differenzierte Stockholmer Regierungsapparat in der Verwaltungs-, Rechts-, Militär-, Kirchen-, Bildungs-, Wirtschafts- und Sozialpolitik unterschiedliche Strategien.

In der Verwaltungspolitik erstrebte die königliche Regierung auf lange Sicht eine Inkorporation der neu erworbenen (Rand)Gebiete in das Kernreich. Dabei musste sie wegen der sensiblen außenpolitischen und militärischen Position der neuen Territorien jedoch schrittweise und jeweils abhängig von den politischen und wirtschaftlichen Beziehungen zum Moskauer Reich, besonders zum Novgoroder Wojewoden, einerseits und dem Verhältnis zwischen dem Stockholmer Zentralstaat und den randprovinzialen Ständen andererseits vorgehen. Auf diesem Hintergrund blieb in Finnland das kernschwedische Verwaltungssystem erhalten, das eine Territorialgliederung in Provinzen/Länder (*län*) vorsah, die jeweils von einem Lan-

---

[17] Für Quellen und Literaturhinweise zu den folgenden Abschnitten („Unter schwedischer Herrschaft", „Großer Nordischer Krieg", „Unter russischer Herrschaft") verweise ich auf Tuchtenhagen, Ralph: Zentralstaat und Provinz im frühneuzeitlichen Nordosteuropa. Wiesbaden 2007 (= Veröffentlichungen des Nordost-Instituts. 5) (im Druck).

deshauptmann (*landshövding*) regiert wurden, der die Funktionen und Interessen des Königs und des königlichen Zentralstaates gegenüber den schwedischen Ständen (Adel, Geistlichkeit, Städte, Bauern) auf *län*-Ebene wahrnahm. Die *län* waren ihrerseits in administrative Einheiten unterteilt, in denen verschiedene Funktionsträger der schwedischen Krone amtierten. Auf der untersten, der Kirchspielebene, existierte eine weitgehende lokale Selbstverwaltung aus Pastoren und Gemeinderäten, in die die königliche Regierung nur in Einzelfällen eingriff.

Die Provinz Estland wurde abweichend vom kernschwedischen Verwaltungssystem zunächst von schwedischen Statthaltern, seit 1629 von Gouverneuren regiert, deren Kompetenzen ähnlich, aber weiter gefaßt waren als diejenigen der Landeshauptmänner im Kernreich. Ein Hauptunterschied zu den Landeshauptmännern bestand z.B. darin, daß sie in Kriegszeiten als oberste Befehlshaber ihrer Provinz fungierten. Die Territorialgliederung Estlands beruhte auf einer in vorschwedischer Zeit entstandenen Kreiseinteilung, die aber von der schwedischen Krone bei der Einsetzung königlicher Amtsträger wie ein schwedisches *län* aufgefasst wurde. Unterhalb der Kreisebene existierte eine weitgehend sich selbst überlassene, vom lokalen Adel ausgeübte ständische Selbstverwaltung, in deren Belange der schwedische Staat entscheidend erst ab den 1680er Jahren eingreifen sollte.

Die Gebiete in Ingermanland und Kexholms län unterlagen zwischen 1617 und 1642 wechselnden territorialadministrativen Zuständigkeiten. 1642 schuf die schwedische Regierung ein Generalgouvernement Ingermanland/Kexholms län, das sämtliche 1617 von Moskau erworbenen Territorien unter einem Generalgouverneur vereinigte. Unterhalb der Generalgouverneursebene behielt die schwedische Regierung zunächst die dörfliche Selbstverwaltung aus novgorodisch-moskauischer Zeit bei. Da die Krone die ingermanländisch-kexholmschen Gebiete jedoch als königliche Domänen auffasste, fühlte sie sich frei, Teile ihres Landes an verdiente schwedische Adlige als Dienstgüter zu vergeben. Diese sogenannten „Donationen" unterlagen dann der Gutsverwaltung und waren damit sowohl der staatlichen als auch der traditionellen dörflichen Selbstverwaltung entzogen. Im Gleichschritt mit der Gutsverwaltung zogen schwedische Verwaltungspraktiken in Ingermanland/Kexholms län ein.

Von der Territorialverwaltung getrennt war die Justiz. Den verschiedenen Reichsteilen gemeinsam war, ähnlich wie in der Verwaltung, ein Dualismus von Stände- und Staatsgerichtsbarkeit nach Maßgabe der Rechte der jeweiligen Stände. So stand die königliche Gerichtsbarkeit in Finnland auf verschiedenen justizadministrativen Ebenen den korporativen Gerichtsbarkeiten des Adels, des Militärs, der Kirche, der Städte und der Kirchspiele gegenüber. In Estland hingegen fungierte das königliche Hofgericht in Stockholm (*Svea hovrätt*) als höchste und zugleich einzige staatliche Gerichtsinstanz, während unterhalb dieser Ebene das gesamte Gerichtswesen ständisch und auf die korporativen Gerichte des Adels und der Städte beschränkt blieb. Die Geistlichkeit und die Bauern unterstanden ihren jeweiligen Patronen (Gutsbesitzer, Städte) als Gerichtsherren. Ingermanland/ Kexholms län bildet hier einen interessanten Fall insofern, als in der Rechts- und Justizpolitik schon bald die Inkorporierungsabsichten der schwedischen Regierung offenbar wurden. Gehörten die Gebiete, nach einer Experimentierphase mit verschiedenen Zuständigkeiten zwischen 1617 und 1629, seit 1629 in die Zuständigkeit des königlichen Dorpater Hofgerichts, einer Dependence des *Svea hovrätt*, so wurden sie 1642 diesem direkt unterstellt. Diese Maßnahme war die logische Folge einer Politik, die mit der Ansiedlung finnischer Bauern, der Einsetzung schwedischer Pastoren und der Vergabe von Donationsländern an schwedische Adlige eine schleichende Schwedisierung der Provinz betrieb und notwendigerweise zum Einsickern schwedischer Rechtstraditionen und des schwedischen Rechtssystem in die Provinz führte.[18]

Die schwedische Militärpolitik verwandelte die Gebiete um den Finnischen Meerbusen in einen einzigen großen Festungswall gegenüber Moskau. Mit der Kontrolle über die Küsten- und Binnengewässer (Saimaa-, Ladoga-, und Peipusee sowie Neva- und Narvamündung) hatte sie eine Art natürlichen Festungsgraben in der Hand, auf dem regelmäßig schwedische Flotteneinheiten operierten. Überall entlang der schwedisch-moskauischen Grenze existierten oder entstanden Festungen und befestigte Städte mit einquartierten schwedischen Truppen, die in der Mehrzahl in Finnland ausgehoben wurden. Die Stationierung schwedischer Soldaten in den Randprovinzen zog eine Militärkolonisation nach sich, die, wie die Verwaltung und Justiz, eine allmähliche Schwedisierung der Randprovinzen implizierte. Sie war allerdings in Ingermand/Kexholms län stärker spürbar als in Finnland und Estland, wo Adelsfahnen, Bauernaufgebote und Bürgermilizen die

---

[18] Tuchtenhagen, Ralph: Das Dorpater Hofgericht als Bestandteil der schwedischen Politik gegenüber den Ostseeprovinzen (1629-1710). In: Die baltischen Länder und der Norden. Festschrift für Helmut Piirimäe zum 75. Geburtstag. Hrsg. von Mati Laur, Enn Küng, Stig Örjan Ohlsson. Tartu 2005 (= Nordistica Tartuensia. 13), S. 114-151.

schwedischen Truppen ergänzten und die militärische Besetzung nur in Kriegszeiten besonders sichtbar war.

Auch in der Kirchenpolitik betrieb die schwedische Regierung eine Besatzungspolitik gegen provinzialständische Zuständigkeiten. Finnland war seit der Reformation im 16. Jahrhundert ohnehin ein integraler Bestandteil der schwedisch-lutherischen Kirchenorganisation mit einem eigenen Bistum in Åbo (finn. Turku). Nach dem Frieden von Stolbovo schuf die schwedische Kirche 1618 ein Bistum Viborg, das außer dem östlichen Teil Finnlands auch Ingermanland und Kexholms län umfasste. Die Lutherische Kirche der neuen Gebiete war somit in kirchlicher Hinsicht der schwedisch-lutherischen Kirchenverwaltung inkorporiert. Den russisch-orthodoxen Gläubigen in Ingermanland und Kexholms län wurden ein eigener Metropolit mit Sitz in Ivangorod und eigene Priester zugestanden. Hierdurch sollten die Ordination russisch-orthodoxer Geistlicher durch den Metropoliten von Novgorod und damit mögliche politische Einmischungen verhindert werden. Eine russischsprachige Schule mit orthodoxem Religionsunterricht wurde in Viborg eingerichtet, eine Druckerei für russische Bücher entstand in Stockholm. Diese ersten Schritte zu einer Kontrolle der orthodoxen Angelegenheiten fanden ihren Abschluss 1641, als Ingermanland einen eigenen schwedisch-lutherischen Superintendenten erhielt, der das Ordinationsrecht gegenüber den russisch-orthodoxen Priestern besaß und dem die russisch-orthodoxen Gemeinden in kirchenadministrativer Hinsicht unterstanden. Eine Massenflucht der russisch-orthodoxen Bevölkerung war die Folge. Gleichzeitig wurden in den 1660er und 1670er Jahren von russischer Seite heimlich orthodoxe Priester heimlich nach Ingermanland geschleust.

Estland behielt formal seine aus der vorschwedischen Zeit stammende Kirchenorganisation, doch versuchte die schwedische Kirche durch die Einsetzung schwedischer Superintendenten und Kirchenvisitationen, durch sogenannte „Hausverhöre" (Gewissens- und Katechismusprüfungen), die Besetzung der Pastorate mit schwedischen Geistlichen und die Übertragung der schwedischen Kirchenordnungen in der zweiten Hälfte des 17. Jahrhunderts, die estländischen Guts- und Stadtkirchen unter ihre Kontrolle zu bringen und sie mehr und mehr zu einem integralen Bestandteil des schwedischen Reichskirchensystems zu machen.

Eng mit der Kirchenpolitik verbunden war die Bildungspolitik der schwedischen Regierung. Da die Bildungsaufgaben traditionell eine Domäne der Kirche waren, basierten die Bildungsanstrengungen der schwedischen Regierung im 17. Jahrhundert immer noch wesentlich auf dem Bildungssystem der schwedischen Kirche. Allerdings kamen nun mehr und mehr auch staatliche Bildungseinrichtungen zum Zug, die wie andere staatliche Institutionen vornehmlich der Gewissens- und Sozialkontrolle der lokalen Bevölkerung, gleichzeitig aber auch der Ausbildung und Vorbereitung geeigneter Staatsdiener galten. Zentrale staatliche Bildungseinrichtungen waren die Universitäten Dorpat (gegr. 1632) und Åbo (gegr. 1640), die neben der Universität Uppsala (gegr. 1477) zu den ersten und bis dahin einzigen Universitäten des Reiches überhaupt gehörten (1648 und 1668 kamen die Universitäten Lund und Greifswald hinzu). Seit den 1640er Jahren betrieb die schwedische Regierung eine intensive reichsweite Schulreform. So verwandelte sie die in kirchlicher Hand befindlichen Domschulen u.a. in Finnland und Estland in Gymnasien. Ingermanland und Kexholms län besaßen keine Bistümer und Domschulen und erhielten infolgedessen auch keine Gymnasien. Sie konnten nur auf die Gymnasien in Narva (Estland) und Viborg (Finnland) zurückgreifen. Gleichzeitig entstanden sogenannte „Trivialschulen" oder „Halbgymnasien", in denen im Gegensatz zu den humanistisch ausgerichteten Gymnasien eher praktische Kenntnisse und Fertigkeiten vermittelt wurden. Gleiches galt auch für die parallel entstehenden städtischen „Rechenschulen", deren Bildungsanspruch etwas niedriger lag als in den „Trivialschulen". Auf dem Land waren Bemühungen um ein reichsweites Netz von Volksschulen bereits seit den 1620er Jahren im Gange. Dabei konnte in Finnland in der ersten Hälfte des 17. Jahrhunderts eine verhältnismäßig hohe Dichte von Volksschulen erreicht werden. In Estland und Ingermanland/Kexholms län stellten sich entsprechende Erfolge erst ab den 1680er Jahren ein.

Die schwedische Wirtschaftspolitik rund um den finnischen Meerbusen beschränkte sich weitgehend auf die Förderung des städtischen Außenhandels, der über Zölle, Akzisen und andere Abgaben auf die Umsätze im städtischen Handel dem Staat zu Profiten verhelfen und die chronisch klamme Staatskasse auffüllen sollte. Im Rahmen eines noch nicht theoretisch fundierten, in der Praxis aber bestehenden Merkantilismus teilte die schwedische Regierung die vorhandenen Städte in solche mit Außenhandelsrechten („Stapelstädte") und solchen ohne solche Privilegien. In den Stapelstädten akzeptierte sie die traditionellen Stadtrechte, erstrebte jedoch auch hier eine langsame Schwedisierung. Dabei unterstanden die Stapelstädte in Finnland (Åbo, Viborg) ohnehin dem traditionellen, aus dem 14. Jahrhundert stammenden schwedischen Stadtrecht. Narva wurde nach 1617, als Außenhandelsstadt der Provinz Ingermanland, von einer deutschrechtlichen in eine schwedischrechtliche Stadt verwandelt. Gleiches galt zeitweise (1617-1649) für die Stadt Ivangorod vis à vis Narva. Mit der Schaffung der unierten Provinz Ingermanland/Kexholms län erhob die schwedische Regierung 1642 die um die Festung Nyenskans an der Nevamündung entstandene Siedlung Nyen zur schwedischrechtlichen Stapelstadt, die zugleich als Hauptstadt für die neue Provinz fungierte. Die Stapelstädte in Estland – Reval (estn. Tallinn), Pernau (estn. Pärnu), Hapsal (estn. Haapsalu), für kurze Zeit auch Dorpat (estn. Tartu, 1646-1647) – behielten ihre angestammten Rechte. Diese wurden jedoch durch Maßnahmen der schwedischen Regierung zur Vereinheitlichung der ökonomischen Codes zwischen den Stapelstädten teilweise unterlaufen: Mit der Einführung eines staatlichen Rechnungswesens und staatlicher Syndici, der Fixierung der Höhe der städtischen Abgaben an den Staat, dem Versuch, die lokalen Gewichte, Maße und Währungen zu vereinheitlichen und an die reichsweiten Standards anzugleichen, mit einer Politik des ökonomischen Ausgleichs zwischen den Stapelstädten u.a.m. ging eine schleichende Schwedisierung der estländischen Stadtrechte einher. Dabei waren nicht alle Maßnahmen der schwedischen Regierung erfolgreich. Dennoch war die Tendenz zur Zentralisierung und Vereinheitlichung der stadtökonomischen Strukturen deutlich.

Im Gegensatz zu den Städten blieb der Agrarsektor lange Zeit unverändert. Nicht nur, daß der schwedische und estländische Adel auf seinen Gütern völlig autonom und von staatlichen Einmischungsversuchen unbehelligt wirtschaften konnte – auch die schwedische Krone setzte auf ihren Domänen bis ins letzte Drittel des 17. Jahrhunderts auf traditionelle Subsistenzwirtschaft, ohne Anspruch auf einen Ausbau der landwirtschaftlichen Produktion und die Veränderung der Produktionsmethoden. Erst die sogenannte „Reduktion" (s.u.) brachte einen deutlichen Wechsel in der Agrarpolitik. Ähnliches galt auch für die wichtige Waldwirtschaft.

Mit der konservativen Agrarpolitik eng verbunden war die Sozialpolitik der schwedischen Regierung. Diese setzte bei ihrer Herrschaftsausübung und ihren Bemühungen um die Integration der finnländischen, ingermanländisch-kexholmschen und estländischen Gebiete auf die subsidiäre Mitwirkung der Grundbesitzer (Adel und Bürgertum) und des Militärs, die, wie bereits erwähnt, vor allem in Ingermanland/Kexholms län Züge einer Kolonialpolitik annahm. Auf die Entwicklung der Sozialstruktur wirkte sie sich so aus, daß in Finnland das schwedische Fünf-Stände-System, in Ingermanland/Kexholms län und Estland hingegen zunächst ein nach Stadt und Land getrenntes Ein-Stände-System (Bürgertum bzw. Adel) erhalten blieb.

In Ingermanland/Kexholms län und Estland setzte jedoch ein langsamer Wandel in Richtung des schwedischen Ständesystems ein, indem die schwedische Regierung zunächst die Geistlichkeit und das Bürgertum gegenüber dem ansässigen Adel in Stellung brachte und schließlich – ab den 1680er Jahren – versuchte, die Rechte der Bauern gegenüber den Grundherren auszubauen und zu verbessern. Tatsächlich aber haben die Geistlichkeit, das Bürgertum und die Bauern bis zum Ende der schwedischen Herrschaft niemals eine ähnlich starke Stellung gegenüber dem Adel erreicht, wie dies im schwedischen Kernland bzw. Finnland der Fall war. Dennoch ist ein gewisser Integrationserfolg der schwedischen Regierung gegenüber Ingermanland/Kexholms län und Estland nicht zu übersehen.

Die Aufwertung der nichtadligen Stände erreichte paradoxerweise ihren Kulminationspunkt in den 1680er Jahren, als mit dem Durchbruch des schwedischen Absolutismus die Mitwirkung der Stände weitgehend ausgeschaltet und besonders der Adel eines Großteils seiner Machtinstrumente beraubt wurde. Mit der „Reduktion", der Einziehung sämtlicher Donationsländerein und weiterer Güter des Adels, der Degradierung der estländischen Adelsversammlung, des Landtags, zum Erfüllungsgehilfen der schwedischen Krone, der Übertragung der schwedischen Kirchen-, Schul- und Stadtordnungen auf Estland und der Einführung von Bauernverordnungen zur Stärkung der bäuerlichen Rechte befanden sich die nichtfinnländischen Gebiete um den finnischen Meerbusen auf dem besten Weg zu einer vollständigen Integration in das schwedische Kernland.

Der Große Nordische Krieg

Der Große Nordische Krieg (der „große Unfrieden", 1700-1721) zwischen dem Moskauer Reich und Schweden bereitete dieser relativen Erfolgsgeschichte ein jähes Ende. 1702/03 eroberten russische Truppen Ingermanland und Kexholms län, 1710 Finnland und Estland. Der schwedisch-russische Friede zu Nystad (1721) legte unter internationaler Anerkennung fest, daß Ingermanland, Kexholms län, Estland und die südöstlichen Gebiete Finnlands um die Stadt Viborg zu Rußland gehören sollten. Ein schwedisch-russischer Revanchekrieg zwischen 1741 und 1743, der „Kleine Unfrieden", brachte Schweden weitere Verluste: Im Frieden von Åbo (1743) verlor Schweden nun auch noch die südostfinnländischen Gebiete um die Stadt Frederikshamn (finn. Hamina).

Die Abmachungen zwischen dem Zaren und den Ständevertretungen in Estland und Finnland von 1710 sowie die beiden Friedensschlüsse von

1721 und 1743 sahen vor, daß die ständischen Privilegien und Rechte von der rußländischen Regierung zu respektieren seien, jedoch sollte der unter Schweden entmachtete Adel in Estland in seine früheren Rechte wieder eingesetzt werden. Ähnliche Vereinbarungen für die südostfinnländischen und ingermanländisch-kexholmschen Gebiete existierten nicht. Vielmehr sah der Zar diese Territorien als potentielle Donationsländereien der Krone an. Entsprechend wurden hier in den kommenden Jahrzehnten mehr und mehr verdiente Vertreter des rußländischen Adels angesetzt.

Unter russischer Herrschaft

In der Integrationspolitik war die rußländische Regierung weitgehend mit denselben Fragen beschäftigt wie die schwedische. Die rußländische Verwaltung übernahm sowohl auf zentraler wie provinzialer Ebene das schwedische Modell – manchmal mit einer Konsequenz, die zu absurden Ergebnissen führte, weil die Elemente des schwedischen Verwaltungssystems auf bestimmten ökonomischen, sozialen und kulturellen Voraussetzungen fußten, die in Rußland nicht vorhanden waren. So war etwa der Versuch, das estländisch-schwedische Stadtrecht auf die Städte des rußländischen Kernreiches zu übertragen, von vornherein zum Scheitern verurteilt, weil Rußland keine freien Stadtbürger und autonome Stadtverwaltungen kannte und eine solche Maßnahme als Freikarte für städtische Willkürherrschaft mißverstanden werden konnte. Auch die nach schwedischem Vorbild eingeführten Wirtschaftsordnungen brauchten Jahrzehnte, bis sie zu Erfolgen führten.

In anderen Politikbereichen war die rußländische Regierung jedoch durchaus erfolgreich – mit entsprechenden Folgen für die Provinzen rund um den Finnischen Meerbusen. In den 1720er Jahren wurde im europäischen Rußland und in den Ostseeprovinzen ein dem schwedischen Vorbild nahe kommendes Gouvernementssystem eingeführt, wobei Estland ein eigenes, mit Sonderrechten ausgestattetes Gouvernement bildete, jedoch im Unterschied zur schwedischen Herrschaft Stadt und Umland von Narva nun Teil dieses Gouvernements wurden. Die finnländischen Gebiete wurden zunächst – wie Ingermanland und Kexholms län – in administrative Untereinheiten (*provincii*) des Gouvernements St. Petersburg ohne Sonderrechte verwandelt; nach dem „Kleinen Unfrieden" bildeten die Gebiete um die Städte Viborg und Fredrikshamn jedoch ein privilegiertes finnländisches Gouvernement, während Ingermanland und die Gebiete der ehemaligen schwedischen Teilprovinz Kexholms län (Ladogakarelien) beim Gouvernement St. Petersburg verblieben.

Die Militärpolitik brachte wie schon unter Schweden einen dauerhaften Besatzungszustand mit sich, an dem sich die provinzialen Militäreinheiten (Fahnen, Aufgebote) beteiligten – allerdings mit der Abweichung, daß die finnländischen Gebiete keine ständischen Aufgebote zur Verfügung stellten und die Gebiete Ingermanland und Kexholms län als integrale Bestandteile des Gouvernements St. Petersburg und damit des rußländischen Kernreiches als reguläre Aushebungsgebiete genutzt wurden, in diesem Sinne also auch nicht als besetzt gelten konnten, weil sie keinen provinzialen Sonderstatus genossen.

Die ständischen Rechte in Estland und Russisch-Finnland wurden geachtet, teilweise sogar erweitert, besonders in bezug auf die Rechte des lokalen Adels in Estland. Dies traf in einem gewissen Sinne auch für die finnländischen Gebiete zu, die mit fortschreitender Zeit immer mehr zu Donationsländereien nicht nur des russischen, sondern auch des estländischen Adels wurden. Einzig die Bevölkerung der ehemaligen schwedischen Provinz Ingermanland und Kexholms län verlor alle ihre schwedisch-ständischen Rechte und unterlag nun russischen Rechtsnormen, wo besondere Ständerechte unbekannt waren und sich im Laufe des 18. Jahrhunderts unter Einfluß westlicher ständischer Rechtsvorstellungen erst entwickelten.

Auch das Gerichtswesen aus schwedischer Zeit wurde – mit Ausnahme von Ingermanland/Kexholms län – von der rußländischen Regierung kaum angetastet. Wie unter Schweden besaßen die estländischen und finnländischen Stände im „Justizkollegium der liv-, est- und finnländischen Angelegenheiten" in St. Petersburg eine Art Hofgericht, an das sie sich in allen letztinstanzlichen Angelegenheiten wenden konnten, das fast ausschließlich von liv- und estländischen Adligen besetzt war und oftmals sogar als Staat im Staate wirkte, wenn es um wichtige, die Ostseeprovinzen betreffende Rechtsentscheidungen ging.

In der Wirtschaftspolitik folgte die zarische Regierung ebenfalls dem schwedischen Muster merkantilistischer Stadtpolitik, scheiterte damit jedoch bereits in den ersten Jahrzehnten ihrer Herrschaft. Die Zerstörungen und Handelsverluste aus der Zeit des „Großen" und „Kleinen Unfriedens" machten einen mit Hilfe der Städte in den Ostseeprovinzen für den Staat profitablen Außenhandel vorderhand unmöglich. Ein erfolgreicher merkantilistischer Neuanfang konnte erst in den 1780er Jahren unternommen werden. Und hier gelang es der rußländischen Regierung aufgrund einer zeitweise günstigen Weltkonjunktur (Handel mit den USA) und einer damit verbesserten Argumentationsgrundlage sogar weit besser als der schwedischen, eine Vereinheitlichung der ökonomischen Codes und Stadtordnungen herbeizuführen. Insgesamt blieb der wirtschaftliche Erfolg allerdings bescheiden. Langfristig kam der rußländische Staat über das schwedische Profitniveau während des 17. Jahrhunderts kaum hinaus. Die rußländische Agrarpolitik folgte den Traditionen der russischen und estländischen Gutswirtschaft, die mit einer zunehmenden Verfestigung der Leibeigenschaft in den Gouvernements Estland und St. Petersburg einherging. Diese Entwicklung hatte auch Auswirkungen auf die Agrarpolitik in den finnländischen Gebieten, wo die Leibeigenschaft traditionell unbekannt war, jedoch mit der Vergabe von Donationsländereien an den russischen, liv- und estländischen Adel drohte Einzug zu halten.

Entsprechend den rechtlichen und wirtschaftlichen Gegebenheiten verloren die Bauern – und außer ihnen auch die Geistlichkeit – ihre unter Schweden ausgebauten Rechte. Der große Gewinner zarischer politischer Maßnahmen in den Ostseeprovinzen war der Adel, der auf seinen Gütern mehr oder weniger autokratisch sowohl über seine leibeigenen Bauern wie über die Gutsgeistlichkeit gebot. Dies hatte, da eine zentrale lutherische Staatskircheninstanz wie unter Schweden fehlte, die Entstehung von Partikularkirchen (Guts- und Stadtkirchen) und den Wegfall einer potentiellen antiaristokratischen Kirchenopposition zur Folge. Allein die großen Städte und ihre Bürgerschaft genossen aufgrund des merkantilistischen Interesses der rußländischen Regierung weiterhin eine große Unabhängigkeit vom Adel.

Abgesehen von ihrer Guts- bzw. Stadtuntertänigkeit blieben die Kirche und der ganze Bildungssektor der Ostseeprovinzen vom rußländischen Zentralstaat unabhängige Sphären. Die lutherische Identität der est- und finnländischen Gebiete konnte so bewahrt werden, und die Kirche ihren edukativen und kulturellen Aufgaben ungestört nachgehen. In den ingermanländischen und kexholmschen Gebieten wirkte sich der kirchliche Partikularismus freilich so aus, daß nun die Orthodoxe Kirche die Oberhand gewann und alle früheren lutherischen Konversionen rückgängig machte: Damit wurden die St. Petersburger Ostseegebiete wieder (wie vor 1617) ein Teil der russischen Kirchen- und Kultursphäre.

In den 1780er Jahren versuchte die rußländische Regierung, die Bildungspolitik teilweise an sich zu reißen und sie von der Lutherischen Kirche abzukoppeln – ein Vorgang, der aus der Zeit der schwedischen Herrschaft bekannt ist, nun aber nicht von schwedischen Vorbildern, sondern von zeitgenössischen Bildungsideen der europäischen Aufklärung inspiriert war. Zarin Katharina II. (1762-1796) wollte ein reichsweites Bildungssystem schaffen, in das auch die Ostseeprovinzen mit einbezogen werden sollten. Ein wesentlicher Erfolg war ihr damit nicht beschieden. Zu einer durchgreifenden Reform des Bildungswesens unter integraler Miteinbeziehung der Ostseeprovinzen kam es erst unter Zar Alexander I. (1801-1825). Sie sah ein hierarchisch strukturiertes Bildungssystem von der Volksschule über das Gymnasium bis zur Universität vor und hob Rußland damit auf das Bildungsniveau der größeren europäischen Staaten.

Die Entwicklung in Schwedisch-Finnland

Die nach dem Großen Nordischen Krieg nicht an Rußland abgetretenen Teile Finnlands wurden wie schon früher von Stockholm aus regiert – mit leichten Modifikationen auf den verschiedenen politischen Feldern, aber im Großen und Ganzen in der Kontinuität des 17. Jahrhunderts. Dies führte im 18. Jahrhundert jedoch zu einer zunehmenden Desintegration zwischen dem schwedischen Kernreich und den finnländischen Gebieten. 1718, noch während des Großen Nordischen Krieges, war Karl XII. (1697-1718) bei einem schwedischen Feldzug gegen Dänemark-Norwegen umgekommen. Damit brach in Schweden der Absolutismus als Regierungssystem zusammen. Ersetzt wurde er durch eine Herrschaft der Stände, welche die sogenannte „Freiheitszeit", eine Zeit der Freiheit der Stände gegenüber der Krone, begründete. Die Vorherrschaft der Stände führte nun aufgrund von Parteienbildung innerhalb und zwischen den Ständen nicht allein zur Zersplitterung der politischen Macht in den schwedischen Regierungsgremien, sondern – als Folge davon – auch zur Dezentralisierung der Macht zwischen den einzeln Reichsteilen. Diese auch für Schwedisch-Finnland zu beobachtende Tendenz wurde während des „Kleinen Unfriedens" daran sichtbar, daß die schwedische Regierung nicht in der Lage war, Finnland ausreichend gegen den Einfall russischer Truppen zu verteidigen. Die Folge war ein Manifest Zarin Elisabeths I. (1741-1761) aus dem Jahre 1742, in dem sie vorschlug, Finnland zu einem eigenständigen „Fürstentum" zu machen und es aus dem schwedischen Reichsverband herauszulösen. Soweit kam es nicht. Der Schock der schwedischen Regierung über eine solche Möglichkeit saß jedoch tief. Seit 1747 unternahm Schweden erhebliche Anstrengungen, um die Verteidigungsfähigkeit Finnlands gegenüber Rußland zu erhöhen. Neben zahlreichen militärischen Einrichtungen entlang der schwedisch-russischen Grenze am Kymi-Fluß entstand im Rahmen dieser Anstrengungen auch das „nordische Gibraltar", die vor Helsingfors (finn. Helsinki) erbaute Seefestung Sveaborg (finn. Suomenlinna). Diese Vorkehrungen beruhigten die Gemüter in Finnland vorerst.

Als jedoch in den 1780er Jahren unter dem schwedischen König Gustav III. (1772-1792) neue Spannungen zwischen Schweden und Rußland entstanden, kam eine bis dahin unscheinbare, aber bis in die 1760er Jahre zurückzuverfolgende finnländische Unabhängigkeitsbewegung zum Vorschein, die während des schwedisch-rußländischen Krieges 1788-1790 in einer Meuterei finnländischer Offiziere kulminierte. Die Offiziere verlangten von Katharina II. für einen Separatfrieden zwischen Finnland und Rußland, die russisch-finnländischen Gebiete zurückzugeben und sie mit einem unabhängigen, rußlandfreundlichen Finnland zu vereinigen. Die schwedische Regierung konnte die Revolte zwar für dieses Mal noch niederschlagen. Von hier war es aber nur noch ein kleiner Schritt bis zur Abtretung ganz Finnlands an Rußland im schwedisch-rußländischen Krieg 1808-1809, in dem Schweden militärisch und diplomatisch völlig versagte und Finnland erneut nicht den Schutz bieten konnte, den es von der Stockholmer Regierung verlangte.[19]

Vom 18. zum 19. Jahrhundert

Das Zeitalter der napoleonischen Kriege, in dem diese Ereignisse stattfanden, stellte auch für die rußländischen Ostseeprovinzen eine Umbruchsperiode dar. Die Abtretung ganz Finnlands an Rußland (1809) führte schon bald (1812) zur Vereinigung der Viborger und Fredrikshamner Gebiete mit dem neu geschaffenen, autonomen und nur in zarischer Personalunion mit Rußland verbundenen „Großfürstentum Finnland" (1812). Dieser Schritt entzog der St. Petersburger Regierung die finnländischen Angelegenheiten fast völlig.

In Estland führten Agrarreformen zu veränderten sozioökonomischen Voraussetzungen. Angestachelt durch eine entsprechende livländische Verordnung von 1804 verabschiedete der estländische Landtag 1816 eine Bauernverordnung, die die persönliche Freiheit und Freizügigkeit der Bauern

---

[19] Zur Geschichte Schwedisch-Finnlands im 18. Jahrhundert vgl. Paloposki, Toivo J.; Yrjö Blomstedt: Vapauden aika. Kustavilainen aika [Die Freiheitszeit. Die Gustavische Zeit]. Espoo 1986 (= Suomen historia. 4); Fagerlund, Rainer; Kurt Jern; Nils Erik Villstrand: Finlands historia 2. Esbo 1993. Eine deutschsprachige Darstellung sei auch vermerkt: Jutikkala, Eino; Kauko Pirinen: Geschichte Finnlands. Stuttgart 1976, S. 190-241.

vorsah. Der Boden blieb dabei Eigentum der Grundherren. Die Bodennutzung sollte der freien Vereinbarung zwischen Gutsherren und Bauern unterliegen. Dadurch verloren die Bauern ihr erbliches Nutzungsrecht an den Höfen. An die Stelle des patiarchalischen Bauernschutzes trat der freie Vertrag zwischen Arbeitnehmer und Arbeitgeber. Vielerorts waren die Bauern nun rechtlich frei, stürzten dafür aber in ökonomische Abhängigkeiten. 1832 wurde ein Kirchengesetz für alle lutherischen und reformierten Gemeinden Rußlands erlassen. Es stellte die Antwort des rußländischen Staates auf die Frage nach einer zentralen kirchlichen Instanz für die evangelischen Gläubigen dar und beendete gleichzeitig den Kirchenpartikularismus des 18. Jahrhunderts. Diese Veränderungen waren die ersten Anzeichen für eine Neugestaltung der Beziehungen zwischen den Ostseeprovinzen und der rußländischen Regierung, die sich in der zweiten Hälfte des 19. Jahrhunderts weiter verdichten sollten. Allerdings erreichte die St. Petersburger Regierung erst gegen Ende des 19. Jahrhunderts eine Kontrolldichte über die Ostseeprovinzen, die derjenigen der schwedischen Herrschaft am Ende des 17. Jahrhunderts vergleichbar war.[20]

Der finnische Meerbusen als Region?

Stellt man auf dem Hintergrund des bisher Dargestellten am Ende noch einmal die Frage, ob es sich bei den Gebieten rund um den finnischen Meerbusen tatsächlich um eine historische Region handelt, ist Skepsis angebracht. Es besteht kein Zweifel, daß sowohl die schwedische wie auch die rußländische Regierung versucht haben, im Rahmen von Zentralisierungs-, Vereinheitlichungs- und Kontrollmaßnahmen die finnländischen, ladogakarelischen und estländischen Territorien zu einem integralen Bestandteil des Reiches zu machen. Diese Politik war, in unterschiedlich langen Zeiträumen, auch mehr und weniger erfolgreich. Dennoch führte die Vereinheitlichung der genannten Gebiete untereinander nicht zu einer gleichzeitigen Abgrenzung von den übrigen Reichsgebieten, um eine eigenständige Region auszumachen. Allenfalls ließe sich hier ins Feld führen, daß der liv- und estländische Adel unter russischer Herrschaft versuchte, die Gebiete südlich und nördlich des finnischen Meerbusens unter seine Kontrolle zu bringen und auf diese Weise eine Sonderstellung der Ostseeprovinzen, zumindest in sozioökonomischer und politischer Hinsicht, begründete. Auch die Stadtpolitik, die besonders auf die Abschöpfung der Ge-

---

[20] Vgl. wiederum Tuchtenhagen, Zentralstaat und Provinz (wie Anm. 17).

winne aus dem Rußlandhandel abgestimmt war und die Städtelandschaft um den finnischen Meerbusen zu einer Art Sonderwirtschaftsgebiet verband, könnte hier genannt werden. Sie spielte freilich nur unter Schweden eine Rolle. Für die russische Herrschaftsperiode lässt sich dieses Argument nicht anbringen. Jenseits der sozioökonomischen Aspekte handelt es sich, besonders was die kirchlichen, konfessionellen, kulturellen und sprachlichen Strukturen angeht, um ein in der frühen Neuzeit recht heterogenes, kaum auf einen Nenner zu bringendes Gebiet. Für diese historische Periode ist deshalb ein deutliches Fragezeichen hinter den Begriff der „Region" zu setzen.

Deutsche in Finnland, St. Petersburg und Estland: Überlegungen zur Identität der Deutschen in Nordosteuropa

ROBERT SCHWEITZER

Vorbemerkung

Einleitend möchte ich zu meiner Interpretation des mir vorgeschlagenen Themas zwei Bemerkungen machen. Erstens: Da noch andere Beiträge dieses Sammelbands die Deutschen Estlands thematisieren, habe ich mich stark auf die wohl am wenigsten bekannte Gruppe, die Deutschen Finnlands, konzentriert, und die St. Petersburger Deutschen und Deutschbalten lediglich kontrastierend mit einbezogen. Zweitens habe ich Wanderungsbewegungen, Bevölkerungsanteile und Familien nur soweit thematisiert, als sie zum Verständnis bei der Behandlung meiner eigentlichen Fragestellung nötig sind – der Frage nach der Identität der Deutschen im Nordosten Europas.

Allgemeines zu den Deutschen in Nordosteuropa

Die Deutschen sind auf zwei verschiedenen Wegen nach Nordosteuropa gekommen Da ist zunächst der allgemein bekannte Weg entlang der Südküste der Ostsee, den die deutsche Ostkolonisation bis nach Pommern und Ostpreußen verfolgte. Er setzte sich in den historischen Baltischen Ländern Estland und Livland mit den Zentren Riga und Reval (estn.: Tallinn) fort, wo die Deutschen aber keine flächendeckende Besiedelung mehr erreichten, sondern lediglich die Oberschicht der Städte und den landbesitzenden Adel stellten. Mit der Einbeziehung eben dieser Baltischen Länder in das Russische Reich im Großen Nordischen Krieg 1710 und der Gründung St. Petersburgs 1703 verlängerte sich diese Wanderungslinie bis in die neue russische Hauptstadt.

Der andere Weg ist weniger bekannt und auch weniger begangen. Er führt an der Nordwestseite der Ostsee entlang, und die wichtigsten Stationen an ihm sind die schwedische Hauptstadt Stockholm, das alte Zentrum Finnlands, Turku (schwed. Åbo), die schwedische Grenzfestung Wiborg (finn. Viipuri, schwed. Viborg, russ. Vyborg) – und als Zielpunkt dieses Weges in der Neuzeit ebenfalls St. Petersburg.

Robert Schweitzer

Migration zur Hansezeit

Die deutsche Präsenz in dieser Gegend wird normalerweise mit der Hanse verbunden. Dabei übersieht man aber meist, daß die Wanderungsbewegung der Deutschen sich fortsetzte und sogar verstärkte, nachdem die Hanse ihre Vormachtstellung spätestens im 16. Jahrhundert verloren hatte. Diese Fehleinschätzung hat ihren Grund in zwei sich einander ergänzenden Konzeptionen in der nationalen Geschichtsschreibung Schwedens und Deutschlands. Im schwedischen Geschichtsbild wurde lange betont, daß König Gustav Wasa im 16. Jahrhundert Schweden und die westliche Ostseewelt von der Vormachtstellung der Deutschen befreit habe. In Deutschland wurde der Niedergang der Hanse umgekehrt als einschneidender Verlust dargestellt, um die Wiedererrichtung eines einheitlichen Deutschland durch Preußen desto großartiger erscheinen zu lassen. Diese Art Geschichtsschreibung ignorierte die deutsche Präsenz außerhalb der Baltischen Länder, wohl weil sie dort nicht mehr die Präsenz als dominierende Nationalität war.[1]

Durchgängige Existenz eines Migrationskontinuums

Umgekehrt wurde daher die Rolle der Deutschen in Estland und Livland besonders betont – gerade bei den Historikern, die den Untergang der Hanse so dramatisiert hatten. Zu nennen wäre hier z.B. Dietrich Schäfer, ein deutschbaltischer Immigrant im Kaiserreich, der sich sowohl mit Hanse- als auch preußischer Geschichte besonders beschäftigt hatte.[2] In dieser Sichtweise wurde die deutsche Präsenz in den Baltischen Ländern als der einzige bedeutungsvolle, aber sträflich vernachlässigte Versuch einer deutschen Kolonialreichsbildung eingestuft. Bemerkenswerterweise bildete sich diese Tendenz genau in der Zeit heraus, in der die russische Regierung – etwa ab 1880 – ernsthafte Schritte unternahm, um die Vormachtstellung der Deutschen in Estland und Livland zu beseitigen.[3] Die Deutschbalten versuchten mit dieser Geschichtssicht, die traditionell rußlandfreundliche

---

[1] Zu den neuen Entwicklungen des Hansebildes vgl. Hill, Thomas: Die „neue Hanse": Rückblick eines Historikers auf einen Mythos. In: Mare Balticum 1996, S. 15-22; weiterhin Hackmann, Jörg: Not only „Hansa": Images of History in the Baltic Sea Region. Ebenda, S. 23-35.
[2] Vgl. beispielhaft Schäfer, Dietrich: Die Hanse. Bielefeld, Leipzig 1903, sowie in gedrängter Form seinen Vortrag von 1885: Die Hanse und ihre Handelspolitik. In: Ders.: Vorträge und Reden. Bd. 1. Jena 1913, S. 168-195.
[3] Hierzu grundlegend Haltzel, Michael: Der Abbau der deutschen ständischen Selbstverwaltung in den Ostseeprovinzen Rußlands 1855-1905. Marburg 1977.

Politik Preußen-Deutschlands zu einer Wende zu bewegen, um die „bedrohte Kolonie" zu retten.[4] Dies war letztlich sogar erfolgreich.
Die Deutschen in St. Petersburg wurden von der allgemeinen Geschichtsschreibung noch später entdeckt. Dies geschah insbesondere in wissenschaftlich-populären Werken vom Typ „Ost minus West gleich Null". In diesen wurde der Anteil von Ausländern, insbesondere Deutschen an der Modernisierung des russischen Zarenreichs in den Mittelpunkt gestellt, und damit kamen die St. Petersburger und Moskauer Deutschen ins Bild. Ein Buch wie Ingeborg Fleischhauers „Deutsche im Zarenreich" beschränkte sich jedoch weitgehend auf die Aufzählung deutscher Namen auf den oberen Ebenen der Hierarchie des russischen Kaiserreiches, wobei oft Personen aufgeführt wurden, die außer dem ererbten deutschen Familiennamen keinerlei Bindung an Deutschland oder das Deutschtum mehr hatten.[5]

Seit der Wende in Osteuropa haben sich jedoch Lokal- und Regionalhistoriker in Rußland voller Energie auf dieses Thema gestürzt, wobei durchaus nicht alle einen deutschrussischen Hintergrund haben. Die Freiheit, diese Fragen zu stellen und die Archivalien zu benutzen, hat zusammen mit der Neugierde auf ein immer ausgeklammertes Thema eine gewaltige Menge an Literatur entstehen lassen,[6] so unter anderem ein vollständiges Verzeichnis der Lutherischen Kirchen Rußlands.

---

[4] Dazu zuerst Pistohlkors, Gert von: Führende Schicht oder nationale Minderheit? In: Zeitschrift für Ostforschung 21 (1972), S. 601-618; Ders.: Zielkonflikte deutschbaltischer Politik nach der revolutionären Krise von 1905. In: Die baltischen Provinzen Rußlands zwischen den Revolutionen von 1905 und 1917. Hrsg. von Dems., Andrew Ezergailis. Köln, Wien 1982 (= Quellen und Studien zur baltischen Geschichte. 4), S. 125-154. Über erste Bemühungen in dieser Richtung vgl. auch Schweitzer, Robert: Finnland im politischen Denken der Deutschbalten von der Jahrhundertwende bis zum Ersten Weltkrieg – am Beispiel Theodor Schiemanns. In: The Baltic Countries 1900-1914, Bd. 2. Hrsg. von Aleksander Loit. Stockholm 1990 (= Acta Universitatis Stockholmiensis. Studia Baltica Stockholmiensia. 5:2), S. 213-226.
[5] Fleischhauer, Ingeborg: Die Deutschen im Zarenreich. Stuttgart 1986. – Kritische Hinweise zu diesem Buch verdanke ich Erik Amburger.
[6] In St. Petersburg haben sich z.b. zwei Zentren herausgebildet. Für das Museum für Anthropologie und Ethnographie (Kunstkammer) gibt Tat'jana Šrader das Jahrbuch „Nemcy v Sankt-Peterburge" [Deutsche in St. Petersburg] heraus: vyp. 1 (2003); vyp. 2 (2002). Unter der Ägide des Instituts für die Geschichte der Naturwissenschaften und der Technik der St. Petersburger Filiale der Russischen Akademie der Wissenschaften erscheint die ungezählte Sammelbandreihe „Nemcy v Rossii" [Deutsche in Rußland] (bisher mit den Untertiteln: Peterburgskie nemcy [Die Petersburger Deutschen]. 1999; Russko-nemeckie naučnye i kul'turnye svjazi [Russisch-deutsche wissenschaftliche und kulturelle Kontakte]. 2000; Rossijsko-nemeckij dialog [Rußländisch-deutscher Dialog]. 2001; Tri veka naučnogo sotrudničestva [Drei Jahrhunderte wis-

Aber man braucht sich nur einige individuelle oder kollektive Biographien vor Augen zu führen, dann sieht man, daß St. Petersburg und die baltischen Provinzen untrennbar mit Schweden/Finnland verbunden sind. Sie bilden zusammen das, was ich gern ein „Migrationskontinuum" nenne.[7] So gab es z.B. an der Wende zum 18. Jahrhundert den Sohn eines schwedischen Pfarrers am Dom in Reval, Nikolaus Bergius, der dann in Deutschland studierte, der Französischen Evangelischen Kirche in Stockholm als Pfarrer diente und zuletzt Generalsuperintendent Livlands und Pfarrer der Deutschen Gemeinde in Pernau (estn. Pärnu) wurde: Ein Schwede, der sich über eine Zwischenstation in einer französischen Gemeinde zu einem baltischen Deutschen wandelte![8]

Zur selben Zeit floh die Familie Donner, die immer noch Spitzen des Kulturlebens Finnlands hervorbringt, aber ursprünglich aus Lübeck stammt, aus dem eroberten Nyen, auf dessen Ruinen 1703 St. Petersburg entstehen sollte, nach Wiborg in Finnland.

Der erste Buchhändler Wiborgs, Christoph Suppius, war in Brandenburg geboren und erhielt seine Ausbildung in Stralsund (damals ein Teil Schwedens). Dann reiste er nach St. Petersburg und wurde dort in die Zunftrolle als Meister aufgenommen. Später heiratete er eine Deutsche aus Göteborg und ließ sich dann in Wiborg nieder.[9]

Während diese drei Beispiele die engen Verbindungen im deutschen Element Schwedens/Finnlands, St. Petersburgs und der Baltischen Provinzen zeigen, muß man festhalten, daß sich die Lebensbedingungen für Deutsche in den miteinander verknüpften Regionen des Migrationskontinuums sehr voneinander unterschieden.

---

senschaftlicher Zusammenarbeit]. 2003); im Zusammenhang hiermit ist auch zu nennen: Nemcy Sankt-Peterburga: nauka, kul'tura, obrazovanie [Die Deutschen St. Petersburgs: Wissenschaft, Kultur, Bildung]. Hrsg. von Galina Smagina. Sankt-Peterburg 2005.
[7] Am eindrucksvollsten belegt ist dieser Tatbestand durch Engman, Max: Finland och S:t Petersburg. Helsingfors 1983, insbesondere durch die Karten der Migrationsströme, die u.a. belegen, daß Stockholm als Quellort für die Migration nach St. Petersburg zeitweise bedeutender als Finnland insgesamt war, und daß alle finnischen Küstenstädte in irgendeiner Weise als Zwischenstationen dieser Migrationsbewegung fungierten.
[8] Zu diesem und weiteren Beispielen siehe Schweitzer, Robert: Rörelse och förflyttningar: tyska nätverk. In: Gränsländer: östersjön i ny gestalt. Hrsg. von Janis Kreslins, Steven A. Mansbach, Robert Schweitzer. Stockholm 2003, S. 147-162, mit weiteren Belegen S. 308f.
[9] Savon Maakunta-arkisto [Provinzialarchiv] Mikkeli: Viipurin kaupunginarkisto [Stadtarchiv Wiborg], D 20, Bl. 22.

Deutschbalten

In den Hansestädten Riga und Reval stellten die Deutschen einen bedeutenden Anteil der Bewohnerschaft und hatten den ausschließlichen Zugang zur Beteiligung an politischer Macht und vollem Bürgerrecht. Die Stadtprivilegien, die die Territorialfürsten – etwa der Erzbischof von Riga – erteilt hatten, ermöglichten ihnen auch, die Esten und Letten, die sogenannten Undeutschen, von allen außer den niedrigsten Zünften in der Stadt fernzuhalten. Mit dem Wachstum dieser Städte potenzierte sich das Mißverhältnis zwischen dem jeweiligen Anteil an der Einwohnerschaft und der politischen Macht.[10]

Im Jahre 1800 waren 43 % der etwa 30.000 Einwohner Rigas Deutsche; ihr Anteil sank zwischen 1867 und 1913 auf 13,8 %, aber als die russische Regierung 1877 in den baltischen Provinzen die neue Städteordnung einführte, war der Wahlzensus so hoch, daß dort die Deutschen fast überall bis zum Ersten Weltkrieg ihre herrschende Stellung behaupten konnten. In den kleineren Städten war der Anteil der Deutschen im Verhältnis ähnlich hoch, aber sank nicht so schnell, weil sie sich weniger dynamisch entwickelten.

Der deutschbaltische Adel, der aus den Rittern und Vasallen des Livländischen Ordens hervorgegangen war, bildete eine noch exklusivere Schicht. Im Jahre 1782 standen 2.430 deutsche Adlige, ungefähr 5 % der Bevölkerung, 465.000 lettischen und estnischen Bauern gegenüber. Diese geringe Prozentzahl markiert trotzdem die größte Präsenz der Deutschen auf dem Lande in Nordosteuropa, denn in Finnland und der Region St. Petersburg gab es praktisch keine Deutschen, die außerhalb der Städte lebten. Lediglich während der Oberhoheit Schwedens über die Baltischen Länder versuchte der Territorialherr, schwedische Adlige aus dem Kerngebiet des Reiches in den Provinzen ansässig zu machen. Aber auch diese schätzten mehr die privilegiertere Stellung der baltischen Adligen und begannen, sich ihnen anzupassen, anstatt etwa dem in Schweden geltenden Freibauerntum dort Raum zu verschaffen. Das Petrinische Rußland vollendete dann nach der Eroberung der Provinzen 1710 die vollständige Schollenbindung der Bau-

---

[10] Als Spezialstudie dazu immer noch grundlegend Johansen, Paul; Heinz von zur Mühlen: Deutsch und undeutsch im mittelalterlichen und frühneuzeitlichen Reval. Köln, Wien 1973 (= Ostmitteleuropa in Vergangenheit und Gegenwart. 15); allgemein Wittram, Reinhard: Baltische Geschichte. München 1954, sowie jetzt: Deutsche Geschichte im Osten Europas: Baltische Länder. Hrsg. von Gert von Pistohlkors. Berlin 1994; Garleff, Michael: Die Baltischen Länder. Estland, Lettland, Litauen vom Mittelalter bis zur Gegenwart. Regensburg 2001.

ern und ermöglichte dem Adel, seine Reihen abzuschließen. Für Jahrzehnte gab es keine neuen Standeserhebungen, insbesondere nicht für Nichtdeutsche.

Trotzdem ist nicht zu vergessen, daß diese geschlossene Gesellschaft zwar rechtliche Privilegien bot, zugleich aber sehr eingeengte Möglichkeiten im Land selbst. Jüngere Adlige hatten daher keine Wahl, als das deutsche Element in den Kanzleien und Ministerien St. Petersburgs und in der russischen Armee zu verstärken. Ebenso mußten die Angehörigen überproportional starker Handwerksberufe mit einer begrenzten Zahl von Meistern auswandern – nach Narva, nach dem eben erwähnten Nyen und natürlich in das 1703 gegründete und schnell wachsende St. Petersburg. Selbst in finnische Küstenstädte wie Wiborg, Helsinki (schwed. Helsingfors) oder Loviisa (schwed. Lovisa) wanderte man aus.[11]

In St. Petersburg überflügelten die Deutschen bald nach der Gründung der Stadt den Ausländeranteil der Holländer und Briten und stellten die größte Gruppe. Diese Position verloren sie erst an die Polen nach der Wende zum 20. Jahrhundert. Im Jahre 1789 hatten die Deutschen einen Anteil von etwa 8 %, der allmählich – aber erst nach 1860 – auf 2,6 % 1910 absank. Wir werden uns daran zu erinnern haben, daß diese gesamte Entwicklung den mobilen Teil der „Hungrigen Deutschen" nach Rußland und St. Petersburg brachte, wenn wir über deren Identität sprechen.[12]

St. Petersburger Deutsche

Die Deutschen in Rußland waren keineswegs so homogen wie die Deutschbalten.[13] Sie erfreuten sich keines speziellen Rechtsstatus als Stände in ihrer Gesamtheit. Es gab Ansiedlungen von privilegierten Bauern mit Religionsfreiheit und der Freiheit von Leibeigenschaft – nicht nur in den bekannten Wolgagebieten, sondern auch im Gouvernement St. Petersburg. In bezug auf die städtischen Deutschen jedoch folgte die neue Hauptstadt der Tradition Moskaus – ja eigentlich schon Novgorods –, verschiedenen

---

[11] Vgl. Aminoff, Torsten G.: Borgerskapet i Narva och Nyen 1640. In: Genealogiska samfundets i Finland årsskrift 41 (1979), S. 121-194 (mit Herkunftsangaben); Narvaer Bürger- und Einwohnerbuch 1581-1704. Hrsg. von Dirk-Gerd Erpenbeck, Enn Küng. Dortmund 2000; Schweitzer, Robert: Deutschbalten und Finnland. In: Finnland-Studien [1]. Hrsg. von Edgar Hösch. Wiesbaden 1990 (= Veröffentlichungen des Osteuropa-Institutes München. Reihe Geschichte. 59), S. 85-111.
[12] Busch, Margarete: Deutsche in St. Petersburg 1865-1914. Essen 1995, insbes. S. 19-30.
[13] Vgl. Deutsche Geschichte im Osten Europas: Rußland. Hrsg. von Gerd Stricker. Berlin 1997.

Kategorien von Spezialisten (Handwerkern, Kaufleuten), die in besonderen Vierteln angesiedelt waren, Freiheiten zu gewähren.

Die Religionsfreiheit zog ein gewisses Recht der Selbstorganisation auf Gemeindebene nach sich – nicht einmal dies war unbedingt typisch für Rußland. Die Schule der Deutschen St. Petri-Gemeinde in St. Petersburg wurde von Katharina der Großen privilegiert, weil sie sie zu einer Modellschule für alle deutschen Schulen im Reich machen wollte. Führt man sich vor Augen, daß deutsche Erziehung in Rußland als adäquat für alle nicht slawischen Nationalitäten betrachtet wurde, wird die Ausdehnung der deutsch-russischen Symbiose sehr klar.

Im Hinblick auf die Integration ins Russische Reich waren Deutschbalten zwangsläufig daran interessiert, von Entwicklungen im russischen Gesamtreich ausgenommen zu werden. Ihre Erfahrung lehrte, daß eine Integration selbst in ein Rußland der fortschrittlichsten Reformen für sie eine Reduktion ihres privilegierten Status bedeutete.[14]

Die städtischen Deutschen Rußlands hingegen standen immer auf der Seite der Reformautokratie, weil sie ihre soziale Stellung der Notwendigkeit verdankten, daß an Modernisierung interessierte Herrscher innovative ausländische Elemente durch Privilegierung in das Reich locken mußten.

Deutsche im Schwedischen Reich

Wenn wir uns nun der Westküste der Ostsee zuwenden, begegnen wir einer völlig anderen Entwicklung. Sicher waren die schwedischen Könige – genauso wie die norwegischen Könige oder die Fürsten von Novgorod – dazu bereit, als Gegenleistung für einen Zugang zum Weltmarkt Handelsprivilegien an deutsche Kaufleute zu vergeben. Aber die Schwedenkönige verbanden diese Privilegien niemals mit einer Exemtion in rechtlicher Hinsicht. Schon im 13. Jahrhundert entwickelte der schwedische Reichsverweser Birger Jarl die Formel, daß jeder, der auf Dauer in Schweden blieb, als Schwede betrachtet werden solle.[15] Das bedeutete, daß er den Gesetzen Schwedens und der Jurisdiktion des Königs von Schweden unterworfen war und z.B. kein Recht hatte, gegen eine Gerichtsentscheidung an den

---

[14] In der publizistischen Schlacht zwischen dem russischen slawophilen Reformer Jurij Samarin („Okrainy Rossii") und dem Dorpater Professor Carl Schirren („Livländische Antwort") 1869 brachte es letzterer auf die Formel, die Provinzen hätten das Recht, „zu bleiben was sie sind." Vgl. zusammenfassend Haltzel (wie Anm. 3), S. 36-39.

[15] Zuletzt zum Folgenden zusammenfassend Dahlbäck, Göran: Invandring – särskilt tysk – till Sverige under medeltiden. In: Invandrarna och lokalsamhället. Hrsg. von Lars Nilsson, Sven Lilja. Stockholm 1998, S. 11-30, zu Birger Jarl S. 20.

Lübecker Rat zu appellieren. In der Regel war dies in den Hansestädten der Fall. Bekannt ist die – modern gesprochen – Rechtsmittelbelehrung eines Revaler Ratsurteils: „Wem dat nit behaget, der schelde to Lübecke" (Wer mit dem Urteil nicht einverstanden ist, kann nach Lübeck appellieren).[16] Während also Deutsche in Bergen oder in Novgorod – oder im Königlich Polnischen Danzig – in einem speziellen Rechtsbereich unter deutschem Recht und deutscher Obrigkeit lebten, war dies in Schweden nicht der Fall. Diese weitblickende Anwendung des *ius soli* (des Prinzips, daß der Boden und nicht die Herkunft den Rechtsstatus bestimmt) hatte bedeutsame Folgen. Gewiß hatten die Könige einen Anteil von Deutschen in den Ratsstuben der Städte von bis zu 50 % der Sitze zu akzeptieren, und in Wirklichkeit waren sogar noch weitere Ratsherrn Deutsche nach Geburt oder Hintergrund. Aber dieses Übergewicht wurde mit der Bereitschaft bezahlt, rechtlich ein Schwede zu sein. So sehr eine Stadt wie Stockholm oder Kalmar in sozialer Hinsicht an eine Hansestadt erinnern mochte, so sehr auch der deutsche Einfluß anwachsen mochte – dies hatte keine Aufwertung des Rechtsstatus eines Deutschen oder eine Abwertung des Rechtsstatus eines Schweden zur Folge.

Das hatte aber auch umgekehrte Konsequenzen. Nach dem großen Sieg der nationalschwedischen Partei über den König der Kalmarer Union im Jahre 1471 wurden die Deutschen als deren präsumtive Parteigänger aus den Ratsstuben entfernt. *De facto* finden sich unter den Amtsträgern weiterhin in großer Zahl Deutsche, da sie als schwedische Bürger ja diesem Verdikt nicht unterworfen waren. Einer der Gründe für die Bereitschaft Schwede zu werden, lag in der Tatsache, daß das schwedische Recht wirkungsvoll die Rechte des gemeinen Manns festschrieb, die Macht des Königs und der Kronsbehörden einschränkte und sogar Elemente eines fairen Prozeßverfahrens garantierte. All dieses waren Positionen, die andernorts – z.B. in Rußland – nur durch rechtliche Privilegien für eine bestimmte Gruppe erzielt werden konnten, weil sie keine Elemente des rechtlichen Systems des gesamten Staates waren.

Nach dem Gesagten ist es nicht verwunderlich, daß Stockholm eine zahlreiche und mächtige Schicht von Deutschen beherbergte. Einige For-

---

[16] Kürzlich dazu Simon, Ulrich: Appellationen von Reval nach Lübeck. In: Die Stadt im europäischen Nordosten. Hrsg. von Robert Schweitzer, Waltraud Bastman-Bühner. Helsinki, Lübeck 2001, S. 47-63.

scher haben es für die Zeit bis 1436 schlicht eine deutsche Stadt genannt,[17] und selbst um 1580 stellten die Deutschen noch 12 % der Einwohner.[18] Diese Zahl gewinnt ihr eigentliches Gewicht vor dem Hintergrund eines halben Jahrhunderts seit König Gustav Wasa planmäßig die Binnenwanderung von Schweden in die Hauptstadt forcierte. Andere Städte mit starken deutschen Minderheiten waren Kalmar, Norrköping und später Göteborg und Karlskrona – beides neuzeitliche Königsgründungen. Dort gab es zeitweilig deutsche Kirchengemeinden; in Stockholm besteht die deutsche St. Gertrudsgemeinde durchgängig bis heute.[19]

Deutsche in Finnland

Aber in Finnland, dem abgelegensten Teil des Schwedischen Reiches, war der Anteil der der Deutschen zeitweilig noch höher.[20]

Turku

Für Turku, die älteste Stadt Finnlands, belegt der von dem finnischen Mediävisten Carl Jakob Gardberg ermittelte deutsche Anteil von 78 % der in den mittelalterlichen Urkunden belegten Namen die herausragende Rolle der Deutschen für die Stadtentwicklung. Die meisten Einwanderer stammten aus Lübeck, Danzig und Westfalen, aber auch eine Binnenwanderung Stockholmer und Revaler Deutscher nach Turku fand statt.[21]

Nach dem Aufstieg Gustav Wasas und besonders in der Großmachtzeit Schwedens im 17. Jahrhundert, die mit Gustav II. Adolf begann, war Turku mit seinem Schloß und seiner Universität der Kristallisationspunkt sowohl der schwedischen Herrschaft als auch des regionalen Sonderbewußtseins in Finnland.[22] Für viele Deutsche war damals Schweden das Land der neuen

---

[17] So Weinauge, Erich: Die deutsche Bevölkerung im mittelalterlichen Stockholm. Kiel 1942, S. 38.
[18] Lager, Birgitta: Stockholms befolkning på Johan III:s tid. Stockholm 1962, m. S. 123.
[19] Schieche, Emil: Geschichte der Deutschen St. Gertrudsgemeinde zu Stockholm. Bd. 1. Münster, Köln 1962.
[20] Am detailliertesten zum Gesamtthema Beyer-Thoma, Hermann: Deutsche in Finnland während des Mittelalters. In: Der Finnische Meerbusen als Brennpunkt. Hrsg. von Robert Schweitzer, Waltraud Bastman-Bühner. Helsinki 1998, S. 43-87; Schweitzer, Robert: Die deutsch-finnischen Beziehungen in der Neuzeit bis zum Jahre 1900. In: 50 Jahre Deutsch-Finnische Gesellschaft. Fellbach 2001, S. 79-114.
[21] Gardberg, Carl Jakob: Åbo stads historia från mitten av 1100-talet till år 1366. Åbo 1973, insbes. S. 189.
[22] Ranta, Raimo: Turun kaupungin historia 1600-1721 [Die Handelsgeschichte Turkus 1600-1721]. Bd. 1. Turku 1975, S. 161-166.

Chancens: Sie kamen nach dem Dreißigjährigen Krieg aus einem zerstörten Deutschland in eine prestigebewußte Gesellschaft, die zahlungskräftiger Abnehmer ihrer Handelsgüter und Handwerksprodukte war.

In den folgenden Jahren wurde jedoch das östliche Finnland – und danach Helsinki – anziehender für das deutsche Element. So siedelten sich z.B. deutsche Familien aus Turku in der neugegründeten Festung Hamina (schwed. Fredrikshamn) an.[23]

Helsinki

In Helsinki verlief die Entwicklung umgekehrt.[24] Die Stadt war spät – 1550 unter Gustav Wasa – gegründet worden und blieb klein wie das benachbarte – mittelalterliche – Porvoo und die im 18. Jahrhundert entstandene Festungsstadt Loviisa. Diese Städte sollten eigentlich Reval Konkurrenz machen, aber bis zur Erhebung Helsinkis zur Landeshauptstadt im Jahre 1812 zogen sie eher geflohene estnische Leibeigene als wohlhabende baltische Deutsche an. Es war eher so, daß ihre Führungsschichten nach Süden über den Finnischen Meerbusen in die nunmehr russischen baltischen Provinzen abwanderten.

Als aber nach 1809 beide Küsten des Finnischen Meerbusens gemeinsam unter russischer Herrschaft standen, wanderten nun auch Deutschbalten nach Norden – bisweilen auf dem Umweg über St. Petersburg. Sie waren aber ausschließlich Regierungsbeamte und Angehörige traditioneller Handwerksberufe.[25] Das dynamische Element der Deutschen in Finnland waren die Handelsagenten, die direkt aus Deutschland, meist aus Lübeck kamen. Wir begegnen also einer Einwanderung aus den alten Hansezentren Jahrhunderte nach Blüte und Niedergang der Hanse.[26] Die Stabilität des autochthonen deutschen Elements in Finnland wird jedoch daran deutlich, daß die Neumitglieder der Deutschen Gemeinde Helsinki konstant zu zwei Dritteln im Land geborene waren. Die 562 Deutschen der 1870 ca. 30.000 Einwohner zählenden Stadt machten einen Anteil von 1,8 % aus. Durch den rapiden Einwohnerzuwachs fiel ihr Anteil trotz absoluter Verdoppelung bis 1910 unter 1 %.[27]

---

[23] Nordenstreng, Sigurd: Fredrikshamns stads historia. Bd. 1. Fredrikshamn 1908, S. 131 f.
[24] Allgemein hierzu Helsingfors stads historia. Bde. 2-4. Helsingfors 1950-1956.
[25] Schweitzer, Deutschbalten (wie Anm. 11), S. 95-103, 110.
[26] Schweitzer, Robert: Lübecker in Finnland. Helsinki 1991. In erweiterter Fassung erschienen in: Zeitschrift des Vereins für Lübeckische Geschichte und Altertumskunde 71 (1991), S. 125-220).
[27] Helsingfors stads historia (wie Anm. 24), Bd. 4.2. Helsingfors 1965, S. 33.

Hamina

Die weiter östlich gelegene kleine Festungsstadt Hamina zog ebenfalls Deutsche vom Kontinent und aus dem Baltikum an; dazu kamen die Flüchtlinge aus dem zerstörten Nyen. Aber anders als in Turku bildeten die Bruun oder Steven auf das deutsche Element begrenzte Heiratskreise, da von dem Konnubium mit den ansässigen schwedischsprachigen Kleinbürgern nichts zu gewinnen war. Außerdem war Hamina für viele nur ein Sprungbrett nach größeren finnischen Städten oder gar nach St. Petersburg.[28]

Wiborg

Wiborg war die deutscheste Stadt Finnlands. Schon nach der Gründung der Burg 1293 versuchten die schwedischen Könige, deutsche Kaufleute zur Besiedlung einer Stadt heranzuholen.[29] Die Russischen Chroniken erwähnen für 1322 eine „deutsche" Siedlung – wobei altruss. *nemec* natürlich auch „Schwede" bedeuten kann. Die deutschen Namen in den erhaltenen Urkunden belaufen sich bis 1534 auf ca. 60 %. Ein bedeutsamer Unterschied gegenüber Turku lag darin, daß die Wiborger Schloßhauptleute fast selbständige Vasallen waren. Sie unterstützten die frühmerkantilistischen Versuche der Könige, eine einheimische Kaufmannsschicht heranzuziehen, nur halbherzig und warben lieber Deutsche an, die das Know-how hatten, um Kontakte mit dem russischen und kontinentalen Markt herzustellen. Der aus den Steuernaturalien so geschöpfte Reichtum erlaubte ein richtiggehendes deutsches Hofleben auf dem Schloß, bis Gustav Wasa 1539 seinen dort residierenden Schwager absetzte.

Aber die Ansicht, daß man die Deutschen brauche, weil sie allein etwas vom Rußlandhandel verstünden, vertraten auch die späteren Schloßhauptleute. So dauerte die Einwanderung – besonders aus Lübeck – an, auch wenn die Neuankömmlinge keine reichen Kaufleute sondern ehrgeizige junge Kaufgesellen waren, die ihre Möglichkeiten außerhalb der niedergehenden hansischen Welt suchten.

Erst mit der Gründung des Gymnasiums 1641 verdichteten sich die Bindungen an die schwedische Kultur. Außerdem war Wiborg nicht mehr so

---

[28] Nordenstreng (wie Anm. 23), Bd. 2. Fredrikshamn 1909, S. 423-430.
[29] Zum Folgenden Schweitzer, Robert: Die Wiborger Deutschen. Helsinki 1993; allgemein: Viipurin kaupungin historia [Wiborger Stadtgeschichte]. Bde. 1-5. Lappeenranta 1974-1982. Die Zahlenangaben ebenda, Bd. 1, S. 146. Immer noch nützlich: Ruuth, Johan Wilhelm: Viborg stads historia. Bd. 1-2. Wiborg 1906.

attraktiv für Einwanderer, weil es in der Großmachtzeit nicht mehr direkt an Rußland angrenzte und das Teerexportmonopol in Turku konzentriert war.

Nationale Reibereien in der Stadt scheinen mehr vorgeschobene Argumente im tieferen Konflikt zwischen Alteingesessenen und Neuankömmlingen gewesen zu sein. So konnte es geschehen, daß ein Johann Croell, Sohn eines deutschen Einwanderers, gegen die sogenannte deutsche Partei zum Bürgermeister gewählt wurde. Im Amt aber entdeckte er seine Sympathie für die Finnen und polemisierte gegen „Schweden", die aber auch nur Wiborger Deutsche der zweiten Generation waren wie er selbst. Als einmal eine Schlägerei ein gerichtliches Nachspiel hatte, fragte der Richter die Beteiligten, ob der auslösende Streit auf deutsch, schwedisch oder finnisch geführt worden war.

Nach der Eroberung Wiborgs durch die Russen 1710 war die schwedische Oberschicht geflohen oder umgekommen. Die Neueinwanderung von Kontinentaldeutschen in die entvölkerten baltischen Provinzen hatte aber auch einen positiven Nebeneffekt für Wiborg – besonders, weil das abgetretene Gebiet um die Stadt, später Altfinnland genannt, eine der baltischen Autonomie entfernt vergleichbare Selbstverwaltung erreichen konnte. Da das Deutsche als Amtssprache gegenüber der Sprache des geschlagenen Gegners Schweden gefördert wurde,[30] kamen immer mehr deutsche Beamte und Offiziere ins Land – zumal der Bedarf an Verwaltungspersonal durch die Reformen Katharinas der Großen steil anstieg. Diese Ernennungspolitik, von der sogar ein späterer König von Württemberg profitierte, erhöhte das Sozialprestige der Deutschen so sehr, daß die Weckrooths, die reichste schwedische Familie der Stadt, eine Tochter an den deutschen Gouverneur verheiratete und zur deutschen Gemeinde übertrat.

So ist es keine Überraschung, daß die Deutschen im Jahre der Wiedervereinigung Finnlands 1812 ein Achtel oder 12,5 % der Wiborger stellten. Ihr Anteil sank wegen der Urbanisierung auf 4,5 % in 1870, obwohl ihre absolute Zahl sich verdoppelt hatte und über der der Deutschen in Helsinki lag. Diese 4,5 % Deutschen stellten aber fast die Hälfte der Oberschicht und gehörten ihr zu zwei Dritteln an![31] Neben alteingesessenen Unternehmerfamilien wie den Thesleff und Hackmann – den Firmennamen gibt es

---

[30] Vgl. Kuujo, Erkki: Deutsch als Amtssprache in Altfinnland. In: Finnland-Studien II. Hrsg. von Edgar Hösch, Hermann Beyer-Thoma. Wiesbaden 1993 (= Veröffentlichungen des Osteuropa-Institutes München. Reihe Geschichte. 63), S. 27-32.
[31] Schweitzer: Wiborger (wie Anm. 29), S. 73, 76.

noch heute – kamen dynamische Innovatoren wie der Lübecker Bandholtz, der die Gasbeleuchtung Wiborgs einen Tag schneller ans Netz brachte, als dies in Helsinki erreicht wurde. Kulturell blieben die Deutschen noch bis zur Räumung der Stadt im Zweiten Weltkrieg führend, und noch heute, in der sowjetischen und nunmehr russischen Stadt gedenkt man nostalgisch der Zeit, als galt: „I gamla Wiborg taltes fyra språk" – im alten Wiborg sprach man vier Sprachen; diese schmücken alle vier ein 1993 eingeweihtes Kriegsopferdenkmal.[32]

Deutsche Identitäten: Allgemeine und besondere Faktoren
Quellen der Heterogenität und Elemente der Integration

Rechtliche Privilegien vs. gesicherte Rechte in einer offenen Gesellschaft

Eine offene Gesellschaft, die sozusagen alle ihre Mitglieder durch einen gewissen Grad von politischen Beteiligungsrechten und Bürgerrechten privilegieren kann, bietet einen hohen Anreiz für die Integration heterogener Elemente. Sobald eine Gesellschaft das nicht bieten kann und trotzdem Fremde anwerben oder neu erworbene Gebiete friedlich integrieren will, ohne deren Potential durch ein unproduktives Knechtschaftsverhältnis zu verspielen, wird sie den Status des Fremden an sich schon mit Privilegien und Garantien verbinden müssen oder auch den von Einwohnern eines neu erworbenen Gebiets wie z.B. der baltischen Provinzen. Damit aber wird aber Nichtintegration eine Voraussetzung für einen gesicherten Rechtsstatus. Das war im Grundsatz die Basis der Situation der Deutschen im Russischen Reich.

Die Situation der Deutschen in Finnland hingegen war komplizierter. Rußland bot ihnen – wie allen Deutschen – im Gesamtreich eine Reihe „weicher" Privilegien an, die mit ihrem Status als Deutscher verbunden waren. Finnland hingegen genoß als Territorium Garantien, die Rußland ihm im Außenverhältnis gegeben hatte, und konnte durch das von Schweden ererbte und in Kraft erhaltene Rechtssystem nach innen politische Partizipation und Bürgerrechte allen Bürgern Finnlands anbieten. Somit hatten die Deutschen in Finnland vor 1811 – je nachdem ob sie im schwedischen oder russischen Teil Finnlands lebten – zwei Alternativen mit jeweils verschiedenen Ergebnissen.

---

[32] Zur Identität des heutigen Wiborg vgl. Schweitzer, Robert: Hansetradition jenseits der Hanse? Das Bild der Hanse in Schweden und Finnland mit einer Fallstudie zum heute russischen Wiborg. In: Mitteilungen der Geographischen Gesellschaft zu Lübeck 59 (1999), S. 159-188.

Robert Schweitzer

Der sozioökonomische Status als integrationsförderndes Element
In Turku war es die Regel, daß erfolgreiche deutsche Einwanderer nach einflußreichen Posten in der schwedischen Reichshierarchie strebten und auch Abgeordnete im Stockholmer Reichstag wurden. Gleichzeitig aber versuchten sie, Heiratskreise zu etablieren, die einflußreiche örtliche Kaufleute einschlossen. Sehr oft hatten allerdings auch diese Familien noch deutsche Wurzeln und waren erst seit ein oder zwei Generationen schwedisiert. So können wir in Turku einen andauernden Selbsterneuerungsprozeß einer schwedisch gesinnten städtischen Oberschicht mit einem zugleich starken deutschen Einschlag beobachten. Die Führungsschicht war geschlossen, aber zur gleichen Zeit offen für deutsche Neuankömmlinge.

Sprache und Kultur als Identifikationsquellen
Es ist allgemein akzeptiert, daß Unterschiede in Sprache und Kultur einen besonderen Identitätsfaktor darstellen. Trotzdem gibt es zahlreiche Beispiele, daß sich Menschen, die die gleiche Sprache sprechen, als verschiedene Nationen ansehen und umgekehrt. Anhand der Deutschen Kirchengemeinden im Schwedischen Reich und im russischen Finnland läßt sich beobachten, daß selbst ein Bevölkerungsteil, der sich leicht in drei Sprachen unterhalten konnte, sich selbst als Angehöriger einer besonderen Sprachgemeinschaft ansah, die das Recht hatte, Gott in ihrer eigenen Sprache anzubeten. Natürlich konnten die winzigen Minderheiten wie die Deutschen in Finnland oder St. Petersburg nicht ohne eine Bandbreite weiterer Sprachen auskommen, und selbst Deutschbalten akzeptierten, daß man Deutsch zu seinen Pferden, Estnisch zu seinen Bauern, Russisch zu seinen Soldaten und Französisch zu den Damen sprechen sollte.

Der Unterschied liegt dabei aber in zwei Punkten. Erstens: In welchem Maße strebten die Deutschen nach Perfektion in diesen zweiten Sprachen? Zweitens: in welchem Maße fühlten sie sich diskriminiert, wenn sie gezwungen waren, diese dauernd zu benutzen? Darüber könnte man eine weitere Vorlesung halten, aber ich will mich auf einige charakteristische Beispiele beschränken.

Es gab eine ganze Reihe von Deutschen im Nordosten Europas, die dem Prinzip folgten, daß man die schwierigste Sprache zuerst lernen müßte. So war Jost Schulz aus Lübeck, der der reichste Mann Turkus im 17. Jahrhundert und mehrfacher Reichstagsabgeordneter wurde, in diese Stadt gekommen, um Schwedisch und auch Finnisch zu lernen.[33] Ministerstaatssekretär Theodor Bruun, der in den 1880er Jahren finnische Angelegenheiten dem Zaren vortrug, und seine Frau schrieben sich auf Russisch, obwohl sie eine Deutschbaltin war und ihres Mannes Lieblingsaktivität die Mitarbeit in der kirchlichen Selbstverwaltung der deutschen Evangelischen in Rußland lag. Als ihr Sohn in Dorpat (estn. Tartu) studierte, wo er sowieso unter Deutschen war, korrigierte seine Mutter pedantisch die Briefe, die er nunmehr auf Französisch schreiben mußte.[34] Die Moskauer Eltern des Gründers der Aue-Stiftung, für die ich ehrenamtlich arbeite, fingen erst dann an, Deutsch zu Hause zu benutzen, als es im Ersten Weltkrieg in Rußland im öffentlichen Gebrauch verboten wurde. Bis dahin hatten sie sich voller Stolz an die russische Kultur assimiliert und mehrfach einen Platz auf der Ehrentafel ihres renommierten russischen Gymnasiums errungen.[35] Auf der anderen Seite hat ein Deutschbalte wie der berühmte Historiker Johannes Haller geschworen, er würde eher Straßenkehrer werden als Geschichte auf Russisch zu lehren – was für einen brillanten Intellektuellen eine wahrhaft radikale Ansicht ist.[36]

Religion

Die katholische und später die lutherische Religion war im Prinzip ein Integrationsfaktor, der alle Einwanderer aus Mittel- und Nordeuropa von den orthodoxen Russen abgrenzte. Diese Religionsgrenze teilte aber auch die stammverwandten Finnen und Karelier. Das gilt auch innerhalb der lutherischen Gesellschaften im bezug auf die zahlreichen deutschen Gemeindebildungen, für die erfolgreich petitioniert wurde. Zwar verstärkten sie das Element der Abgrenzung von Deutschen gegenüber Schweden, aber es war insgesamt ein unbedenkliches Ansinnen gegenüber dem hypothetischen Fall, daß Einwanderer eine katholische Gemeinde beantragt hätten, selbst wenn diese ihre Gottesdienste auf Schwedisch abgehalten hätte. In der Tat gab es eine kleine katholische Gruppe unter den Deutschen im Nordosten – in der Hauptsache Bierbrauer und Glasbläser, die aus Bayern und Böh-

---

[33] Carpelan, Tor: Åbo i genealogiskt hänseende. Åbo 1890, s.v. Schultz.
[34] Schweitzer, Robert: Der Kosmopolitismus Ostfinnlands: die Welt des Ministerstaatssekretärs Bruun. In: Finnland-Studien II (wie Anm. 30), S. 80-99.
[35] Ders.: Max Aue (1880-1966) – finlandstysk från Orienten. In: Medströms – motströms. Helsingfors, Stockholm 2005, S. 381-416, hier S. 387.
[36] Anrep, Fanny von: Briefe einer Livländerin aus den Jahren 1873-1909. Hrsg. von Gertrud Westermann. München 1990, S. 63.

men eingewandert waren.[37] Aber auch die deutsche Gemeinschaft achtete wenig auf deren besondere Belange.[38]

Status der politischen Nation im Herkunftsland

Schließlich beeinflußte auch die Bindung an die eigene, politische Nation im Herkunftsland die Identität einer Minderheit wie der Deutschen in Finnland. Denn die Kulturnation Deutschland gehörte zu ihrer Identität – gleichgültig wie stark die deutschen Lande geteilt waren. Vor 1871 unternahm Deutschland auch keine besondere Versuche, die Deutschen außerhalb des Reiches an sich zu binden. Bei den Bewerbungen um eine Naturalisierung in Finnland zeigt sich, daß auch nach diesem Jahr der Begriff einer deutschen Reichsbürgerschaft erst langsam Fuß faßte. Marcellus Brattström, ein exzentrischer Handelsagent in Wiborg, bezeichnete sich sogar noch 1949 als Lübeckischer Bürger.[39]

So waren es nicht die Deutschen in Finnland, die nach Deutschland blickten, sondern es war Deutschland, das den Deutschen nach Finnland mit den Augen nachfolgte. Nach dem Ersten Weltkrieg änderte sich die Situation drastisch; nun wiederum entwickelten die Deutschen in Finnland eine Einstellung gegenüber dem besiegten Deutschland, die mit den Beziehungen emigrierter Polen oder Esten in Amerika zum Heimatland während der Teilung oder Unterdrückung ihrer Länder vergleichbar ist.[40]

Identitätsfördernde Faktoren

Kirchengemeinden

Wenn wir fragen, woher wir wissen, daß Leute mit einem deutschen Hintergrund sich weiterhin als Deutsche in irgendeiner Weise betrachteten, gibt es eine überzeugende Antwort: Alle die, die eine Petition zur Bildung einer deutschen Kirchengemeinde unterzeichneten. Denn hier sind Grund und

---

[37] Löfberg, Aimo: Suomen lasinpuhaltajat 1748-1917 [Finnische Glasbläser 1748-1917]. In: Lasitutkimuksia 7 (1993); S. 5-194.

[38] Immerhin stand am Anfang der Geschichte der Deutschen Schule der Gedanke, für die Kinder der Glasfabrikarbeiter in der Hauptstadt und auf dem Land eine Schule und damit einen Ersatz für eine kleine katholische Schule zu schaffen, die wegen der Diskriminierung von Katholiken in Schweden, Finnland und Rußland nicht weiter arbeiten durfte. Vgl. Deutsche Schule Helsinki 1881-1981. Helsinki 1991, S. 8-14. Eine neue Schulgeschichte, hrsg. von Uta-Maria Liertz, erscheint demnächst. Allgemein zur katholischen Kirche in Finnland siehe Vuorela, Kalevi: Finlandia catholica. Helsinki 1989.

[39] Archiv der Deutschen Evangelisch-Lutherischen Gemeinde Helsinki: Archiv der Deutschen Gemeinde Wiborg: Rekonstruktion des Kirchenbuchs 1944-1949, s.v. Brattström.

[40] Sentzke, Geert: Deutsche Gemeinde Helsinki-Helsingfors 1858-1971. Helsinki 1972, S. 148.

Zweck so eng miteinander verbunden, daß es keinen stärkeren Beweis gibt. In Zeiten, als das Recht zur Bildung neuer Organisationen noch nicht entwickelt war, bedeutete der Versuch, eine separate Kirchengemeinde zu organisieren, einen recht auffälligen Schritt. Natürlich war das Lutherische Postulat, daß der Glaube einem in seiner eigenen Muttersprache gepredigt werden solle, eine starke Legitimation für einen solchen, aber diese Legitimation in Anspruch zu nehmen setzte die Überzeugung von einer gemeinsamen Identität der Sprecher dieser Sprache voraus.

Übrigens konnte diese Forderung nach einer eigenen Gemeinde viel leichter von den Einwanderern nach Rußland erhoben werden, obwohl es dort kein Religionsleben des gleichen Bekenntnisses gab. Aber im Schwedischen Reich war es eine Demonstration des Andersseins, auch wenn sie normalerweise akzeptiert wurde.

Während Gustav Wasa noch gestützt auf die Reformation die überwiegend deutsche Stockholmer St. Gertruds-Gilde auflöste und ihre Güter konfiszierte, sah sich sein Nachfolger Johann III. in 1571 schon mit der aus der Reformation entspringenden Forderung nach muttersprachlichem Gottesdienst konfrontiert und erteilte einer deutschen Gemeinde Privilegien, die erst im letzten Jahrzehnt des vorigen Jahrtausends aufhörten, geltendes Recht zu sein. Eine ähnliche Initiative war in Wiborg erfolgreich, als die Deutschen im Jahre 1636 das Recht erhielten, einen Pfarrer für deutschsprachige Gottesdienste zu behalten.[41] Bezeichnenderweise war dieser Pfarrer ein Mitglied der Familie Thesleff, die nach ihrer Einwanderung im Jahre 1595 über Jahrhunderte ihren deutschen Kulturhintergrund demonstrierte. Aber es ist genauso bezeichnend, daß dieser Pfarrer Claudius Thesleff aus seinem Amt als deutschsprachiger Prediger heraus eine brillante Karriere in der schwedischen Kirche begann – und daß es für ihn zunächst lange keinen Nachfolger gab, unterstreicht wieder die Attraktivität der schwedischen Gesellschaft, von der schon die Rede war.

100 Jahre später führte jedoch eine weitere Initiative zu andauerndem Erfolg. Die Deutsche Gemeinde Wiborg rekrutierte ihre Pfarrer traditionell vom Kontinent oder aus St. Petersburg, aber kaum aus den baltischen Provinzen. Sie hatte mehr Kontakt mit den deutschen Protestanten St. Petersburgs und des inneren Rußland als mit denen des Baltikums. In der Zeit, in der Finnland geteilt war – 1710-1812 – wurde die Deutsche

---

[41] Auch zum weiter unten Folgenden zur Wiborger Gemeinde siehe Siegfried, Alexander: Aus der Geschichte der Wiborger deutschen Gemeinde. In: Deutsch-evangelisch in Finnland 30 (1943), Folge 1, S. 4-13; vgl. auch Sentzke (wie Anm. 40), S. 33-37.

Gemeinde deshalb von der finnischen Kirchenhierarchie, die aufgrund der im Friedensvertrag von Nystad 1721 zugesicherten Religionsfreiheit selbst in der russischen Zeit enge Verbindung zu der Universität Turku auf der anderen Seite der Grenze aufrecht erhielt, als rußlandfreundlich mißtrauisch betrachtet So kam es zwischen 1837 und 1847 zu Versuchen, die Deutsche Gemeinde wieder in die finnische Kirche zu integrieren. Wieder war es ein Thesleff – Alexander Amatus Thesleff, der damalige stellv. Generalgouverneur von Finnland – der dieses verhinderte. Die offizielle Begründung war, daß die Gemeinde viele Personen gehobenen Standes umfaßte, die man nicht ihrer Kirche berauben könne. Dieses Argument paßte natürlich zu Rußlands allgemeiner Politik, eine übernationale Reichsaristokratie zu unterstützen, um nationale Bewegungen zu kontrollieren. Und wirklich war die Zugehörigkeit zu einer Deutschen Gemeinde ein Statussymbol: Die Deutsche Gemeinde in Wiborg hatte immer fast zweimal so viele Mitglieder, als sich Deutsche in Wiborg als deutschsprechend registrieren ließen – und der Gottesdienstbesuch lag sogar noch höher.

Wie die Konsolidierung der Wiborger Gemeinde war auch die Gründung einer vergleichbaren Gemeinde in Helsinki das Werk eines deutschen Generalgouverneurs, des Grafen Berg, eines Deutschbalten.[42] Bezeichnenderweise waren die deutschen Kaufleute und Handwerker in Helsinki zunächst nicht begeistert von diesem Schritt, weil sie um ihre guten Beziehungen zu der schwedischsprachigen Geschäftswelt der Stadt fürchteten. Für Berg hingegen war dieser Schritt nicht so sehr ein Tribut an seine deutschbaltischen Wurzeln, sondern auch wieder ein Teil der Innenpolitik des Kaiserreichs. Gleichzeitig förderte er nämlich die Gründung einer katholischen Kirche und den Bau der bekannten Uspenskij-Kathedrale in Helsinki, einer gelungenen Synthese eines byzantinischen Baukörpers mit neohanseatischer Backsteintextur.

Dazu kommt aber, daß Berg darauf bestand, daß die Deutsche Gemeinde zwar mit dem Recht zu direkter Pfarrerwahl aus Deutschland ausgestattet, in jeder anderen Hinsicht aber in die Hierarchie der öffentlich-rechtlichen Landeskirche des autonomen Finnland eingeordnet war. Dies rettete der Kirche ihre Existenz selbst am Ende des Zweiten Weltkriegs, als 1944 alle deutschen Institutionen in Finnland geschlossen werden mußten,

---

[42] Sentzke (wie Anm. 38), S. 13-42.

und es schützte die Kirchengemeinde auch während des Dritten Reichs in gewissem Maße gegen vereinnahmenden Einfluß aus Deutschland.[43]

Die Schöpfung des Generalgouverneurs Berg stärkte also das Element der im Lande ansässigen Deutschen gegenüber den in die rasch wachsende Stadt zuwandernden Deutschen aus Mitteleuropa.

Schulen

Ein anderer wichtiger Faktor in der Ausbildung einer deutschen Identität waren natürlich die deutschen Schulen. In dem besiegten Wiborg nach 1722 waren weder Mittel noch Notwendigkeit für die Weiterführung des schwedischen Gymnasiums vorhanden, das zuvor ungefähr 80 Studenten an die Universität Turku geschickt hatte.[44] Die Deutschen waren zunächst mit niederen Schulen zufrieden, aber als das Konsistorium 1745 eine sogenannte Kathedral-Schule gründete, war auch deren Unterrichtssprache Deutsch. Als Katharina II. 1788 die St. Petri-Schule in St. Petersburg zur Modellschule aller deutschen Schulen des Russischen Reiches erklärte, wurde Wiborg eine der ersten sogenannten Normal-Schulen (voll ausgebaute Schulen mit Lehrerausbildungsfunktion). Nun hatten die Deutschen in Finnland nicht nur Verbindungen zu den Handels -und Handwerkstraditionen Deutschlands, sondern nahmen auch an seinem Kulturleben teil. Nicht nur die Schulbücher sondern sogar ein großer Teil der Lehrer kam direkt aus Deutschland und hatte an den modernsten Universitäten wie Göttingen, Halle und Jena studiert.[45]

Diese Entwicklung führte unter anderem zur Gründung der ersten Höheren Schule für Frauen in ganz Nordeuropa. Aber die gedeihliche Entwicklung ging noch weiter. Die Bildungsreform Alexanders I. führte zu einer Wiedereröffnung der Universität Dorpat im Jahre 1802, die zugleich die Oberaufsicht über ein Netz von sie beschickenden Gymnasien erhielt. Eines von diesen wurde 1805 in Wiborg gegründet: Es war eine moderne Schule – staatsfinanziert, unabhängig von der Kirche, mit Schwergewicht auf modernen Sprachen, Naturwissenschaften und dem Verbot körperli-

---

[43] Vgl. Forsén, Annette: I Hitlers grepp? In: Historisk tidskrift för Finland 84 (1999), S. 274-310.
[44] Umfassend zum Folgenden Rajainen, Maija: Vanhan Suomen koulut. 1. Normaalikoulut [Alte finnische Schulen. 1. Die Normalschulen]. Helsinki 1940.
[45] Hösch, Edgar: Deutsche Pädagogen in Altfinnland an der Wende zum 19. Jahrhundert. In: Finnland-Studien II (wie Anm. 30), S. 33-61.

cher Züchtigung.[46] Die hochqualifizierten Lehrer aus Deutschland durchlebten einen seltsamen Prozeß der Reorientierung. Sie entwickelten eine „finnische" regionale Identität, die sich an einem „kleinen" Finnland, bestehend aus den 1710 und 1743 eroberten Provinzen, festmachte. Deutsch als Unterrichtssprache bildete natürlich auch ein Mittel der Identifikation mit Rußland, da es die führende Bildungssprache im Zarenreich war. Ein Lehrer, Ludwig Purgold, ermutigte seine Schüler, „der Stolz eurer Nation (also Finnlands, R. Sch.) und Rußlands zu werden."[47] In dieses Bild fügt sich ein, daß er mit seiner Schulklasse an einem finnisch-deutsch-russischen Wörterbuch arbeitete.

Noch mächtiger tritt diese Identifikation in dem Epos „Finnland", verfaßt von dem Schulinspektor August Thieme, hervor, der die Schönheit und Würde seiner neuerwählten Heimat preist. Aber auch er umrahmt seine poetische Liebeserklärung an Finnland mit einem Lobpreis des Kosmoplitismus, verkörpert durch den jungen Kaiser Alexander I.[48] Als dieser beschloß, die zuerst eroberten, Altfinnland genannten Gebiete mit dem 1808/09 eroberten Großfürstentum Finnland zu vereinigen, geriet die deutsche Schule in Gefahr, da der ganze Staat nach schwedischem Muster organisiert werden sollte. Zwar bestand die Schule noch bis 1842, insbesondere weil führende Schulpolitiker ihre progressiven Züge in eine angestrebte gesamtfinnische Bildungsreform herüber zu retten versuchten, aber da der Eintritt in den Finnischen Staatsdienst ein Examen an der schwedischsprachigen Universität Helsinki voraussetzte, wurden ein deutsches Gymnasium und ein mögliches Studium an der Universität Dorpat immer unattraktiver.[49] Nur 31 der 181 studierenden Schüler des Gymnasiums gingen dorthin. Nichtsdestotrotz war die Schule auch für die schwedischsprachige Bildungsschicht Wiborgs attraktiv; nur wenige sandten ihre Kinder an das Gymnasium im benachbarten Porvoo.

---

[46] Viborgs Gymnasium 1805-1842. Hrsg. von Harald Hornborg, Ingegerd Cronström-Lundén. Helsingfors 1961.
[47] Purgold, Ludwig: Über die Bildung der Poesie und Beredsamkeit auf Schulen nebst Probearbeiten der Gymnasiasten zu Wiburg: bei Gelegenheit des öffentlichen Examen am Kaiserl. Gymnasium zu Wiburg. St. Petersburg 1807, S. 32. Zum Umfeld vgl. Schweitzer, Robert: Die „Fibeln der Wiborger Aufklärung": die Schulprogramme des Wiborger deutschsprachigen Gymnasiums (1806-1814) in ihrem Umfeld. In: Mundus Librorum. Hrsg. von Leena Pärssinen, Esko Rahikainen. Helsinki 1996, S. 209-242.
[48] Thieme, August: Finnland. St. Petersburg 1808, insbes. S. 21.
[49] Vgl. hierzu Rui, Timo: Die deutschsprachige Universität Dorpat im 19. Jahrhundert als Hochschulort für Finnland. In: Der Finnische Meerbusen (wie Anm. 20), S. 183-189.

Die Deutsche Schule in Helsinki hatte eine völlig andere Geschichte. Sie entstand aus einer Schule für Kinder armer finnischer Deutscher, die 1881 gegründet wurde.[50] Aber schon 1884 öffnete der damalige Pfarrer die Schule auch für finnische Kinder. Seiner Ansicht nach sollte die Schule nicht etwa Liebe zum deutschen Herkunftsland und Anhänglichkeit an den Deutschen Kaiser lehren, sondern lediglich die deutsche Sprache, deutsche Erziehungstradition und einen Respekt gegenüber dem Vaterland der Eltern oder Vorfahren. So war die Schule auch attraktiv für Deutsche, die auf Dauer in Finnland blieben und Bürger des Landes wurden. Damit hatte sie natürlich eine neutrale Stellung im Hinblick auf die nationalen Fragen.

Seitdem hat die Schule das Prinzip verfolgt, ihre Absolventen in gleicher Weise für einen weiteren Bildungsweg in finnischen oder deutschen Institutionen auszubilden. Die Schule wurde vom Deutschen Wohltätigkeitsverein finanziert, der tief in der Gemeinde verwurzelt war und sich immer dagegen wehrte, als Verein der Auslandsdeutschen in Anspruch genommen zu werden, und dafür zehn Jahre lang lieber auf die Subventionen des Kaiserreichs für deutsche Auslandsschulen verzichtete.

Bei der Wiedereröffnung nach dem Ersten Weltkrieg, der Russischen Revolution und dem Finnischen Bürgerkrieg rekrutierten sich die Lehrkräfte überwiegend aus geflohenen St. Petersburger Deutschen; der Rektor war ein Deutschbalte, und nur elf der 38 Schulkinder hatten Deutsch als Muttersprache. Noch 1924 sprachen 22 % der Schülerschaft Russisch zu Hause, und insgesamt lebten die Angehörigen von zwölf Nationen friedlich nebeneinander unter ihrem Dach. Diese Ausrichtung auf die Deutschen Finnlands und der kosmopolitische Charakter ließen sich weitgehend sogar während der Dritten Reiches durchhalten.[51] Auch die Schule als finnische Institution blieb 1944 von der Schließung weitgehend verschont – die sowjetischen Behörden bezahlten für das zunächst requirierte Gebäude später sogar Miete.

Netzwerke

Insgesamt erhielt sich das deutsche Element in Finnland durch persönliche und berufliche Netzwerke. Außer in Wiborg vertraten die Deutschen fast nur gehobene Handwerksberufe wie Feinschmiede und Sattler; auch die

---

[50] Literaturhinweise s.o. Anm. 38.
[51] Dazu jetzt kritischer Forsén (wie Anm. 43), S. 308.

Kirchenmusik war fast ein deutscher Monopolberuf.[52] Die niedergelassenen Handwerksmeister fanden immer wandernde Gesellen aus allen deutschsprachigen Gebieten, und ihre Töchter oder Witwen bewegten manchen zur Neuansiedlung. Bei den Kaufleuten spielte das persönliche Netzwerk noch eine größere Rolle: Die Handelsagenten sprangen kaum je ins kalte Wasser, sie wurden von zu Hause an der Sicherheitsleine ihrer Lieferanten gehalten und konnten sie später meistens loslassen, weil ein Verwandter das Feld bereitet hatte; ganze Seilschaften haben sich über Generationen auf die Küstenstädte verteilt. Der bekannte finnische Nationaltrainer der deutschen Basketballmannschaft, Henrik Dettmann, entstammt einer noch heute in Lübeck blühenden Familie, die im späten 19. Jahrhundert auch Optikerläden in Helsinki und Riga betrieb.[53]

Für den Zusammenhalt der Deutschen waren die Kirchengemeinden mit ihrem privilegierten öffentlich-rechtlichen Status viel wichtiger als die Deutschen Vereine; die bildeten sich erst um 1900 heraus und wandten sich vor allem an Reichsdeutsche.

Allgemeines zur Identitätsentwicklung der Deutschen im Nordosten

Flexibilität bei Rückschlägen nach der Hansezeit

Die Deutschen in Nordosteuropa reagierten immer sehr flexibel auf die Veränderungen der politischen und sozialen Umweltbedingungen. Die erste Wende waren das Ende der Kalmarer Union und der Niedergang der Hanse im 16. Jahrhundert. Ein schönes Beispiel bietet der reiche Sattelmacher Cyriakus Hogenfels aus Wiborg, ein Parteigänger des von Gustav Wasa abgesetzten Schlosskommandanten. Zwar bewarb er sich mit den zornigen Worten „unter dem neuen Regime habe ich keine Lust, hier zu bleiben" nach Reval,[54] findet sich aber dann doch weiterhin – als zweitbester Steuerzahler – in den Bürgerlisten Wiborgs.

Integrationsbereitschaft in der schwedischen Großmachtzeit

Als sich Schweden unter Gustav Wasa konsolidierte und dann eine Großmacht wurde, fuhren die Deutschen fort, nach Finnland einzuwandern,

---

[52] Andersen, Greger: I stadens tjänst: musikens vandringar i Östersjöområdet. In: Gränsländer (wie Anm. 8); S. 237-256, mit weiteren Belegen S. 312f.
[53] Schweitzer, Lübecker (wie Anm. 26), S. 16-21, 73.
[54] Zitiert nach Bidrag till Finlands historia. Hrsg. von Reinhold Hausen. Bd. 3. Helsingfors 1904, S. 99f. (Übersetzung aus dem Niederdeutschen von mir; R. Sch.)

gingen aber auch nach Nyen und in der Städte Ingermanlands. Sie fanden eine gute Balance zwischen ihrer deutschen kulturellen Identität und der Integration in ein Land, das ihre Fähigkeiten schätzte und ihnen als schwedischen Untertanen einen gesicherten Rechtsstatus bot. Daß sie sich politisch engagierten, sicherte ihren sozialen Status und senkte dadurch zugleich den Integrationsdruck.

„So deutsch wie möglich": im russischen Altfinnland
Die Teilungen Finnlands in den Friedensschlüssen von 1710 und 1743 führten zu einem Sonderweg der Deutschen in den nunmehr russischen Gebieten. Durch Betonung ihrer deutschen Identität[55] distanzierten sie sich erfolgreich von Rußlands geschlagenem Kriegsgegner und wurden Mitglieder von Rußlands zweiter Staatsnation – wie man die Deutschen des Zarenreichs oft nennt. Zugleich schuf die unauffällige Autonomie des Wiborger Gebiets ihnen eine Möglichkeit, eine regionale Finnland-Identität zu entwickeln.

Andere Bedingungen für Deutschbalten und St. Petersburger Deutsche
Hier wurden nun die Unterschiede zu St. Petersburger und baltischen Deutschen deutlich. Die St. Petersburger Deutschen mußten sich am meisten auf das Russische Reich einlassen, obwohl jeder Modernisierungsschritt die Grundlage ihrer Privilegierung als Innovatoren abbaute. In der Tendenz war ihr Statusverlust abzusehen, der sich nur durch die soziale Kraft der Personenverbände – Kirchen, nach den verbesserten Gründungsmöglichkeiten ab 1905 verstärkt Vereine – abmildern ließ.[56] Die Deutschbalten waren in ihrer Identität zunächst durch die Autonomie ihres gesamten Territoriums stärker gesichert. Diese wurde aber durch ihre Koppelung an eine altertümliche feudale oder zünftige Gesellschaftsordnung desavouiert.[57]

---

[55] Vgl. Ruuth (wie Anm. 29), Bd. 2, S. 584; die Formulierung in der Überschrift des Abschnitts ist von ihm.
[56] Busch (wie Anm. 12), S. 101-112, 201-219.
[57] Deutlich herausgearbeitet als Dilemma der deutschbaltischen Reformkräfte bei Kause, Helmut: Die Einstellung Paul Schiemanns (1876-1944) zur deutschbaltischen Politik von 1914. In: Die baltischen Provinzen (wie Anm. 4), S. 155-172, insbesondere S. 170.

Gegenläufige Entwicklung im wiedervereinigten Finnland

Im westlichen Teil Finnlands setzten sich die Integrationsmuster der schwedischen Zeit auch nach dem Übergang an Rußland nach 1809 fort. Die Wiedervereinigung 1812 beseitigte die getrennte Entwicklung nicht; man sprach bisweilen sogar von „den Hunden auf der anderen Seite" der Grenze. Die bodenständigeren Wiborger Deutschen blieben auf Zar, Russisches Reich und St. Petersburg orientiert, während die durch intensive Einwanderung verjüngten Deutschen Helsinkis sich politisch weitgehend mit dem allmählich zum Separatismus übergehenden finnischen Autonomiestreben identifizierten – schließlich gewährte es ihnen die Garantien des fortbestehenden schwedischen Rechtssystems.

Aber der Integrationsdruck war auch recht stark; so schrieb „Wiborgs Tidning":

„Wenn sie hierher gekommen sind, um – weil es ihnen hier gut geht – zu leben und Geld zu verdienen inmitten eines Volkes, das sie wohlwollend aufgenommen hat, so [...] müssen sie danach streben, Finnen zu werden. Wenn sie aber hergekommen sind, nur um Geld zu verdienen, im Schutz unserer humanen Gesetze und nicht unter deutschem „Junkerthum" zu leben, aber doch Deutsche bleiben wollen – dann wären sie besser im eigenen Land geblieben."[58]

Im Osten hingegen erbaute der Sohn des bereits erwähnten Ministerstaatssekretärs Bruun ein neues Herrenhaus. Der Abkömmling einer Deutschbalten und eines finnischen Deutschen, mit einer Petersburger Engländerin der dritten Generation verheiratet, brachte über den sieben Türen im Erdgeschoß folgende Inschriften an: „Never too late to mend", „Čem bogat, tem i rad", „Honni soit qui mal y pense", „Vigila, ora, et labora", „Lyft land med äran och tro", „Anna ties' herran haltuun", und *last not least* auf Deutsch: „Ein fröhlicher Gast ist niemandes Last".[59] Ist vielleicht mit diesem Beispiel die Frage nach der Identität der Deutschen in Nordosteuropa am einfachsten beantwortet?

---

[58] Zitiert nach Tigerstedt, Örnulf: Huset Hackman. Bd. 2. Helsingfors 1952, S. 249. (Übersetzung von mir; R. Sch.).

[59] Schweitzer, Kosmopolitismus (wie Anm. 34), S. 90. Bemerkenswert sind die finnische Fassung des Choralverses „Befiehl Du Deine Wege" (Bruuns Vater war für die Gleichberechtigung der finnischen Sprache) und das englische Sprichwort (seine Frau war eine St. Petersburger Engländerin).

Kulturelle Konflikte in Estland im Spiegel der öffentlichen Diskussionen zu Beginn des 20. Jahrhunderts

LIINA LUKAS

Das historische Schicksal der baltischen Region ist es gewesen, eine Projektionsfläche der kulturellen und politischen Auseinandersetzungen fremder Großmächte zu sein. Vor allem ist sie im Laufe der Geschichte immer wieder vom deutsch-russischen Antagonismus betroffen worden, der selten eine positive Wirkung auf das Land ausgeübt hat – denken wir nur an die dramatischen Folgen des Zweiten Weltkriegs, als Helsinki und Tallinn aufgezwungen wurde, Partei zu ergreifen – für Moskau oder Berlin. Die Nachwirkungen dieses Konflikts sind in der Region bis heute spürbar, die ihre westlichen und östlichen Nachbarn daran zu erinnern sucht, daß die Frontlinien hier nie so eindeutig schwarz-weiß gewesen sind.

Die Erfahrung dieses Antagonismus' wurzelt tief im geschichtlichen Gedächtnis der Region. So sang ein estnisches altes Volkslied voll Überdruß:

Saksa veri tuli sadulasse,	Deutsches Blut reicht bis zum Sattel,
Vene veri tuli vööst saadik...	Russisches Blut reicht bis zum Gürtel

Die Entscheidung zwischen einer russischen oder deutschen Orientierung war das Hauptdilemma der nationalen Bewegung in Estland in der zweiten Hälfte des 19. Jahrhunderts gewesen. Friedrich Reinhold Kreutzwald (1803-1882), der Verfasser des estnischen Epos *Kalevipoeg* (Sohn des Kalev), träumte davon, daß die estnische Kultur „weder im breiten deutschen Fluß noch im grenzenlosen russischen Wasser" ertrinke, sondern daß „unsere eigenen nationalen Quellen mal anfangen zu rieseln".[1]

Die estnische nationale Identität ist vom deutsch-russischen Antagonismus geformt worden, so wie die Estnische Republik aus diesem Antagonismus entstanden ist.

Im Folgenden wird das estnisch-deutsch-russische Spannungsverhältnis zu Beginn des 20. Jahrhunderts anhand von einigen öffentlichen Polemiken dieser Zeit unter die Lupe genommen. Dies war die Zeit, als sich die nationalen und kulturellen Konflikte überall in Europa verschärften, um im Er-

---

[1] Zit. n. Tuglas, Friedebert: Revolutsioon ja Kirjandus [Revolution und Literatur]. In: Kogutud teosed. Bd. 9. Tallinn 2001, S. 44-60, hier S. 56.

sten Weltkrieg zu münden. So war es auch in Rußland. Die angebliche „Einheit" der Ostseeregion im Russischen Zarenreich war nur Schein. Das koloniale Gebäude des Zarenreiches schloß das nationale und ideologische Gegeneinander in sich. Gerade der Vereinheitlichungsversuch des Staates – die sogenannte „Russifizierung" – führte im ausgehenden 19. Jahrhundert zur Verschärfung der nationalen Spannungen. Im Jahre 1893 wurde Dorpat/Tartu in Jur'ev und die Kayserliche Universität Dorpat in *Императорский Юрьевский университет* (Kaiserliche Universität Jur'ev) umbenannt. Diese symbolische Umbenennung wies auf einen großen kulturellen Wandel in den Ostseeprovinzen Rußlands hin. Obwohl Estland und Livland schon seit 1710 dem russischen Zarenreich angehörten, spielte das russische Element bis zu dieser Zeit bei der kulturellen und geistigen Gestaltung der Region kaum eine Rolle. Das Bildungswesen blieb deutsch und die kulturelle Identität des Landes wurde von der estnisch-deutschen Spannung geformt. Dieser Sonderweg innerhalb des russischen Imperiums sollte nun durch die von Alexander III. angestrebte Russifizierungspolitik in einer gewaltsamen Weise versperrt werden. Vor allem die deutsche Kultur der Ostseeprovinzen fühlte sich unter Druck gesetzt. Im Jahre 1892 wurden die deutschsprachigen Gymnasien geschlossen, das Russische wurde als Verwaltungssprache, Unterrichtssprache und sogar als Umgangssprache eingeführt.

Wie die deutschbaltische Seite darauf reagierte, zeigt eins der „Sonette an Rußland" von Leopold von Schroeder, einem Dozenten an der Universität Dorpat:

Jetzt aber, Rußland, höre du mein Wort!
Du hast gefrevelt an dem Baltenlande!
Du selber löstest leichten Sinns die Bande,
Die jeden Staates fester Halt und Hort!

Ja, deine Lehrer waren sie und Leiter
Die Söhne des geschmähten Baltenlands
Und auf der Bahn zu hohen Ruhm und Glanz
Sie waren's, die dir redlich halfen weiter...

Sie waren treu! Dafür willst Du den Glauben
Erdrücken, dem sie gleichermaßen treu
Willst ihre angestammte Sprache rauben...

Und was nicht minder schmerzlich wir entmissen -
Gib unsre Sprache frei aus schwerem Bann!
Dann wirst du Dank und Jubel ernten, dann
Wird deine Fahne froh man wieder hissen...

Die Alma Mater, welche du zerstörst,
Dies deutsche Kleinod, dort am Embachstrande
Gib sie zurück, zurück dem Baltenlande,
Dem sie nach heil'gem Rechte angehört!

Laß auch die deutsche Schule neu entstehen...
Die – dir zum Segen wirkte lange Zeit!
Dann wirst du neuen Segen wachsen sehen.[2]

Eine „luftarme Zeit" war die Regierungszeit von Alexander III. auch für die Esten und Letten. Die Russifizierung hatte ihre nationalen und kulturellen Aktionen gelähmt. Der Plan einer estnischsprachigen höheren Schule – der Alexanderschule – war gescheitert, im ganzen Schulsystem dominierte die russische Sprache. Der Glaube an den guten Zar war in Schwanken geraten. Die Verständigung mit den Deutschen wurde immer schwieriger: auf der einen Seite wurde sie vom ständischen Überlegenheitsgefühl verhindert, auf der anderen durch die tradierte stereotype Auffassung von den *saksad* (dt. „die Herren", von estn. *sakslased*, die Deutschen), „die uns lebenslang geschlachtet haben. Die alle im Schweiße unseres Angesichts verdienten Kopeken in ihre Tasche stecken"[3]. Darum betraf der Aufruhr von 1905 in den Ostseeprovinzen in erster Linie die deutschen Gutsbesitzer, und nicht die zarischen Machthaber.

Dieser Aufruhr von 1905 kam unerwartet sowohl für die zarische Macht als auch für die deutsche Oberschicht und zwang beide zur Zusammenarbeit bei der Bekämpfung des nunmehr gemeinsamen Feindes. Für die deutschbaltische Welt bedeutete das Jahr 1905 „den ersten Riß im Fundament des baltischen Daseinsgefüges"[4], der erstmals die Augen vieler für die

---

[2] Auszüge aus dem Sonettenkranz „Sonette an Russland" von Leopold von Schroeder. In: Schroeder, Leopold von: Baltische Heimat-, Trutz- und Trostlieder. München 1906, S. 43 ff.
[3] So der estnische Dichter Jaan Oks, hier zit. n. Oks, Jaan: Hingemägede ääres [Am Rande der Seelenberge]. Novellid. Tallinn 1989, S. 119.
[4] Stackelberg, Camilla von: Verwehte Blätter. Erinnerungen aus dem alten Baltikum. Berlin 1992, S. 62.

Zeichen der Zeit öffnete. Die Präsenz und Existenz der Deutschbalten war mit einem Mal ernsthafter als je in Frage gestellt. Die estländische Schriftstellerin Theophile von Bodisco (1873-1944) schrieb in ihren Erinnerungen über dieses Jahr:

> *"Das Schicksal zeigte es mir zum ersten Mal, daß das Leben an und für sich nicht etwas so statisches ist in seinen Verhältnissen, wie ich es doch im allgemeinen angenommen hatte. Zum ersten Mal wankte die Welt um uns, das Gewohnte schien aus der Bahn geworfen. Viele bemerkten jetzt auch, daß aus diesem Landvolk inzwischen eine Nation sich herausgebildet hatte."*[5]

Das Jahr 1905 machte die unüberbrückbare Kluft zwischen der deutschen und der estnischen/lettischen Bevölkerung des Landes deutlich. In der deutschbaltischen Geschichtsschreibung ist dieses Datum der Inbegriff für die niedergebrannten Gutshöfe, in der estnischen verweist es auf die brutale Niederschlagung des Aufstandes mit vielen unschuldigen Opfern. Das sogenannte gute patriarchalische Verhältnis war seit 1905 nicht mehr zu retten. Die Identität wurde nunmehr über die nationale und nicht mehr über die ständische Zugehörigkeit definiert. Die seit 1905 entstehende Bewegung der Deutschen Vereine mahnte in ihrem Leitspruch: „Vergiß nicht, daß du ein Deutscher bist!" und setzte sich die Konsolidierung und Solidarität aller deutschen Stände zum Ziel, denn „das Land, das unsere Väter einst mit dem Schwert errungen haben, müssen wir Enkel durch einen konsequent durchgeführten geistigen und wirtschaftlichen Kampf wieder zurückerobern".[6] Die ganze Polemik gipfelte in der Frage: Wem gehört das Land? Der renommierte deutschbaltische Dichter Maurice von Stern antwortet darauf wie folgt:

Und alles drängt von selbst in deutsche Laute.
Des Landes Seele löst sich nur durch sie.
Und auch das Esthen-Lied, das dumpfte, traute,
Klingt sehnend aus in deutsche Poesie.

---

[5] Bodisco, Theophile von: Versunkene Welten. Erinnerungen einer estländischen Dame. Hrsg. von Henning von Wistinghausen. Weissenhorn 1997, S. 62.
[6] Berent, Theodor von: Nationale Kultur. In: Baltische Monatsschrift 38 (1907), S. 331-346, hier S. 343-344.

Deutsch ist das Land und wird es ewig bleiben
Des Mutterlandes Liebe steht uns nah.
Und niemand soll uns je aus dir vertreiben:
Mein Baltenland, mein Heimatland, Hurra![7]

Die einstigen ständischen Vorrechte verwandelten sich nunmehr in nationale. Die Argumentation der Deutschbalten stützte sich auf rassistisches Gedankengut à la Joseph Arthur de Gobineau, der in seinem 1853-1855 erschienenen berühmt-berüchtigen Buch „L'essai sur l'inégalité des races humanes" die Überlegenheit der arischen Rasse über alle anderen begründet hatte. 1899 fand Gobineaus Theorie eine Popularisierung und Vollendung in der Schrift von Houston Stewart Chamberlain „Die Grundlagen des 19. Jahrhunderts", die in der Nachfolge Gobineaus auf die Verherrlichung der germanischen Rasse zielte.

In der zentralen baltischen Kulturzeitschrift der Zeit, der „Baltischen Monatsschrift", schloß der bekannte Journalist Theodor von Berent in seinem Artikel „Nationale Kultur" an die oben angeführten Gedanken an. Für ihn war die nationale Frage eine Machtfrage im darwinistischen Sinn und dementsprechend rechtfertigte er die Existenz der Deutschbalten im Baltikum mit dem „Recht des Stärkeren": „Daß ein lettisches und ein estnisches Volk und deren Sprache und Literatur überhaupt noch existieren, ist eigentlich eine historische Anomalie", behauptete von Berent.[8]

In der estnischen Publizistik herrschte eine ganz andere Meinung über die nationale Frage vor. Einer der bedeutendsten Publizisten der Zeit, der Arzt und Universitätsprofessor Juhan Luiga (1873-1927) stellte auf den Seiten der estnischen Tageszeitung „Päevaleht" (Tagesblatt) im Jahre 1910 diesem vulgärdarvinistischen Standpunkt einen humanistischen gegenüber, indem er für die Pluralität der „Individualkulturen" einstand und eine nationale, religiöse und geistige Freiheit forderte. Nicht die Größe eines Volkes sei das Kriterium seines Aufschwungs. Die gewaltsame Auslöschung auch der kleinsten Nation würde auch für die anderen Kulturen einen Verlust bedeuten, den sie ihrerseits nicht kompensieren könnten. Luigas Auffas-

---

[7] Stern, Maurice von: Mein Baltenland, mein Heimatland! In: Donner und Lerche. Neue Gedichte. Leipzig 1907, S. 82-84.
[8] Berent (wie Anm. 6), S. 339.

sung nach haben in der Moderne gerade die kleinen Kulturen mehr zur europäischen Kultur und ihrem Geist beigetragen als die großen.[9]
Die deutschbaltische Seite unterstützte die aristokratische Weltauffassung, weil nur eine solche der baltischen Gesellschaft eine feste Grundlage geben konnte. Demokratische Prinzipien hingegen wirken destruktiv, behauptete Bruno Erdmann in der „Baltischen Monatsschrift".[10]
Auch Graf Hermann Keyserling (1880-1946) klagte in seiner 1909 in Tallinn gehaltenen Rede über „Germanische und romanische Kultur" über den Mangel an aristokratischem Geist in Europa seit der französischen Revolution, in der der „Geist der Abstraktionen" geboren worden sei. Dieser französische Geist der Abstraktionen trage auch die Verantwortung dafür, daß sich die Geschichte nicht mehr in den vorgegebenen Bahnen hält. „Reißen sie den Bauern von heute auf morgen aus seinem gewohnten Lebenskreise heraus, und er wird zu bald degenerieren", zeigte sich Graf Keyserling überzeugt.[11]
Derselbe französische Geist wurde aber von Juhan Luiga gerühmt: Der Aufschwung des estnischen Volkes sei gerade vom französischen Geist getragen, stellte er fest, und gestand der französischen Kultur mehr Entwicklungspotential zu als der deutschen.[12]
Die generelle Frage angesichts des estnisch-deutschen Kulturkonflikts lag in der Beurteilung der gemeinsamen 700-jährigen Geschichte: könne man die deutsche Herrschaft in den baltischen Ländern mit dem Begriff des Kulturträgertums fassen oder handele es sich um Kolonialismus. Deutscher Auffassung zufolge hätten die Esten als Volk ohne die deutsche Herrschaftsausübung – „ohne schützende deutsche Hand" – nicht überlebt. Juhan Luiga dagegen bedauerte, daß gerade die Deutschen für die Esten Kulturträger geworden waren – wären es z.B. die Dänen oder die Schweden gewesen, hätte sich das Land viel schneller weiterentwickelt. Die Deut-

---

[9] Luiga, Juhan. Rahvaste tõus ja langemine [Aufstieg und Fall der Völker]. In: Päevaleht 1910, Nr. 123-125; 127. Zit. n. Dems.: Mäss ja meelehaigus [Aufruhr und Geisteskrankheit]. Tartu 1995, S. 210-227.
[10] Erdmann, Bruno: Einige Glossen über baltische Lebensformen. In: Baltische Monatsschrift 43 (1913) I, S. 404-416.
[11] Keyserling, Graf Hermann: Zwei Reden. Riga 1911, S. 56.
[12] Luiga, Juhan: Rahvaste ja kultuuri väärtusest (1911) [Über den Wert der Völker und der Kultur]. In: Luiga, Mäss (wie Anm. 10), S. 251-254.

schen hingegen hätten ihren kulturellen Auftrag nicht erfüllt, meinte Luiga in seinem Artikel „Die Balten und die Bildung".[13]

Unterschiedlich wird auch der Beitrag der Balten zur europäischen Gesamtkultur bewertet. Vergleichen wir die Argumentationen von Graf Keyserling und Juhan Luiga:

In seinem Rede über „Individuum und Zeitgeist" betonte Keyserling 1909 die Eigenartigkeit der Balten, ihr beträchtliches Bildungsniveau und „die Zahl übernormaler Begabungen" unter ihnen[14], klagte aber gleichzeitig, daß der Zeitgeist die Balten nicht treibe und sie deshalb nichts ihren Gaben Entsprechendes leisteten.[15]

Im gleichen Jahr 1909 schrieb Juhan Luiga in seinem Artikel „Die Balten und wir", daß die Balten weder im geistigen noch im politischen Leben etwas Selbständiges, Ursprüngliches geschaffen hätten und zählt folgende Gründe dafür auf: ihr niedriges Bildungsniveau und den Mangel an schöpferischer Kraft sowie produktiver Energie.[16] Auch Friedebert Tuglas (1886-1971), der führende Dichter der Bewegung „Jung-Estland" (*Noor-Eesti*), warf den Balten Unproduktivität und Unselbständigkeit im politischen und geistigen Leben vor und behauptete, daß alles Eigentümliche, Ursprüngliche in diesem Land von den Esten und Letten stamme.[17]

Versöhnende Konzepte eines Gesamtbaltentums, die in der damaligen Zeit im Baltikum verbreitet waren, wurden von der estnischen Seite kategorisch abgelehnt. Schonungslos schrieb Luiga: Keinen Mann habe es in der Geschichte der Balten gegeben,

„den der Gedanke so hoch geführt hätte [...], wo in der Nähe des Berggipfels der Menschlichkeit die Menschen sich einander näher kommen [...,] keine Äußerung eines höheren Geistes, keinen Runeberg oder Pacius, der versöhnen könnte. [...] Das Baltentum ist keine Versöhnung".[18]

---

[13] Luiga, Juhan: Baltlased ja haridus [Die Balten und die Bildung]. Zuerst in Postimees, 27. Mai 1906, Nr. 117; 29. Mai 1906, Nr 118. Zit. n. Luiga, Mäss (wie Anm. 10), S. 185-193.
[14] Keyserling, Hermann Graf: Individuum und Zeitgeist. In: Ders., Zwei Reden (wie Anm.12), S. 19.
[15] Ebd., S. 22.
[16] Luiga, Juhan: Baltlased ja meie [Die Balten und wir]. In: Päevaleht, 23. Dezember 1908, Nr. 297. Zit. n. Luiga, Mäss (wie Anm. 10), S. 560-563.
[17] Tuglas, Friedebert: Vabariigi püha (1919) [Das Fest der Republik (1919)]. In: Tuglas, Kogutud teosed (wie Anm. 2), S. 94-99, hier S. 97-98.
[18] Luiga, Baltlased (wie Anm. 17), S. 561-63.

Nur eine positive Funktion gestand man den Balten zu – sie hätten den Kampfgeist der Esten wachgehalten. Jaan Oks schrieb:

„Vielleicht mehr noch als durch die politischen Kämpfe, die wir untereinander führen, können wir unsere Klingen mit Hilfe unserer Nachbarn, den [deutschen; L.L.] Herren, schärfen. Dieses Wort saks [der Herr; L.L.] sollte eigentlich auf den Klassenkampf verweisen. Tatsächlich aber wohnt der ganzen Bewegung der Charakter eines Stammeskampfes bei, d.h. in ihr steckt mehr an nationalen Antagonismen als an Klassengegensätzen, die von den Gesellschafts- und Besitzverhältnissen hervorgerufen werden. Und dieser Volkskampf mit seiner Unverbrauchtheit wird wohl einmal unser kleines Volk irgendwo hinführen. Wohin genau, das können wir noch nicht erkennen. Aber eines ist gewiß: in ein besseres Leben, näher an die Kultur. So sind selbst unsere „Nachbarn" in gewissem Sinne äußerst nützlich für den allgemeinen Fortschritt: sie sind sozusagen der Wetzstein für die Sensen unseres Kampfes".[19]

So gesehen war der deutsch-estnische Antagonismus für die Entwicklung der estnischen Kultur doch produktiv.

Heftig wurde auf beiden Seiten über die nationale Identität, über ihren „schöpferisch-ursprünglichen Grundklang"[20] diskutiert. Interessant ist dabei, daß die Opponenten das Wesentliche des eigenen Nationalcharakters im nordischen Geist sehen wollten, nur die Berufung dieses Geistes, sein Sinn und Zweck, wurde jeweils unterschiedlich charakterisiert. Luiga findet den Grundklang des estnischen Nationalcharakters vor allem in der finnischen Kultur, aber auch in der englischen. Seiner Auffassung nach ist dieser Geist durchaus pazifistisch, nicht kriegerisch. Seine Stärke liegt anderswo: im Mystizismus, in der Magie, in der Zauberkraft, Ekstase, im Rausch. Er findet die Weltanschauung der finnischen Weisen sehr modern.[21]

Für Hermann Keyserling besteht der nordische Menschentyp im Baltentum. Seine Urgestalt ist der Wikinger, „der abenteuerfrohe Sohn des baltischen Meers", also ist er kämpferisch. Von einem spezifischen Geist der Landschaft geformt, charakterisieren ihn die deutschen Ideale und Kulturtraditionen, das deutsche Ethos, die skandinavische Unabhängigkeit, slawi-

---

[19] Oks, Jaan: Kriitilised tundmused. Eesti vanemat ja uuemat kirjandust lugedes [Kritische Gefühle. Beim Lesen der älteren und neueren estnischen Literatur]. In: Noor-Eesti III. Tartu 1909. Zit. n. Oks, Jaan: Orjapojad [Sklavensöhne]. Tartu 2004, S. 225-253, hier S. 239.
[20] Luiga, Juhan: Põhjavaim [Geist des Nordens]. In: Eesti Kirjandus (1911), S. 113-121. Zit. n. Luiga, Mäss (wie Anm 10), S. 202-209, hier S. 203.
[21] Ebd., S. 209.

sche Flexibilität und seelische Nüchternheit eines Normannen. Auch die Esten gehören nach Keyserling zu diesem Typus, aber in der reinsten Form kommt dieses „Baltentum" jedoch nur bei den Deutschen zum Vorschein. Der baltische Typ sei vor allem ein adliger Typ. Eine antibürgerliche Haltung bemerkte Graf Keyserling auch bei den Esten und hielt es durchaus für möglich, daß bald auch Esten ganz in diesen Typus hineinwachsen.[22]

Die neue Künstlerbewegung „Jung-Estland" trat im Jahre 1905 mit einem neuen Identitätsangebot für die estnische Literatur an die Öffentlichkeit: „Esten bleiben, Europäer werden". Sie wollte die estnische Kultur modernisieren und europäisieren und sah dabei ihre erste Aufgabe in der Befreiung der estnischen Kultur „von der germanischen Seelenhaltung", die in der estnischen Literaturgeschichte dominierend sei: „Nicht allein viele unserer vaterländischen Lieder haben deutsche Melodien, sondern die germanische Seelenhaltung zeigt sich auch im vollen Patriotismus", schrieb Friedebert Tuglas.[23] So wurde die ganze estnische Literaturtradition bis zum Nationalepos *Kalevipoeg* von der neuen Dichter-Generation als „baltisch", das hieß deutsch-epigonal verurteilt. „Wir müssen aber den baltischen Sinn loswerden, um so mehr von der ausländischen, und namentlich auch der deutschen Bildung zu profitieren", erklärte Juhan Luiga.[24] Alles Deutsche wurde zum Inbegriff des Anachronistischen, Konservativen und Unmodernen.

Während Hermann von Keyserling in seiner 1910 in Riga gehaltenen Rede über „Germanische und romanische Kultur" im Sinne Chamberlains von der Überlegenheit der germanischen Kultur sprach und die Balten zu einem Vorposten der großen germanischen Kultur erklärte[25], hielt „Jung-Estland" den Kampf gegen deutsche Einflüsse für den einzigen Weg, die Esten der Kultur näher zu bringen.[26]

Diese heftige Ablehnung des deutschen Einflusses ist von der postkolonialen Erfahrung der jungestnischen Generation abzuleiten, die von der estnischen Literaturwissenschaftlerin Epp Annus wie folgt beschrieben worden ist:

---

[22] Keyserling, Hermann Graf: Das Spektrum Europas. Heidelberg 1928, S. 383-395.
[23] Tuglas, Friedebert: Kirjanduslik stiil [Literarischer Stil]. In: Noor-Eesti IV (1912). Zit. n. Tuglas, Friedebert: Kogutud teosed. Kd. 7. Tallinn 1996, S. 13-54, hier S. 28.
[24] Luiga, Baltlased (wie Anm. 17), S. 560-563, hier S. 560.
[25] Keyserling, Zwei Reden, S. 24.
[26] Oks (wie Anm. 20), S. 239.

"Es wurde erkannt, dass deutsche und estnische Kultur nicht als jeweils in sich Geschlossenes nebeneinander standen: Deutsches Gedankengut bildete den Kern der estnischen Nationalliteratur. Deutsche Elemente waren in das Estnische eingedrungen und hatten ihren Einfluss im Laufe der Jahrhunderte allmählich verstärkt. Die eine Kultur hatte die andere aufgesogen. Damit war ein Paradoxon entstanden: die Esten hatten sich bei der Ausbildung der eigenen Kultur an die deutsche Kultur angelehnt und so eine Art Reproduktion der deutschen Kultur hervorgebracht. Carl Robert Jakobson hatte sich bei seinem sehr einflussreichen „Kooli lugemise raamat" („Lesebuch für die Schule") am deutschen „Volksschul-Lesebuch" und anderen deutschen pädagogischen Schriften orientiert. In den vaterländischen Liedern klangen deutsche Melodien durch, und oft waren die Texte auch Nachdichtungen der deutschen. Die Schauspiele der bedeutensten Dichterin der Zeit des nationalen Erwachens, Lydia Koidula, folgten den Mustern der deutschen Bühnenliteratur. Die „Andersartigkeit" der deutschen Kultur hatte jedoch ihre identifizierende Kraft verloren – sie war zu einem engen Korsett geworden und musste deshalb abgestreift werden. „Jung-Estland" vollzog diesen Wandel und brandmarkte die deutsche Kultur als schädlichen Einfluss".[27]

Die neue Generation sah in der Entfremdung von der deutschen Kultur eine Vorbedingung der Europäisierung und Modernisierung der estnischen Kultur. Den modernen europäischen Geist verkörperte für sie die französische Kultur, aus der sie neue Anregungen schöpfen wollte. Bei der Schaffung der Nationalkultur galt Finnland als Vorbild. Die Einflüsse der russischen Kultur, die bisher von vielen als negativ und kolonialistisch angesehen worden waren, wurden nun neu bewertet. In den Worten von Friedebert Tuglas:

„Als im allgemeinen negativ, gab sie [die russische Kultur; L.L.] in ihrer Konkurrenz mit der deutschen Kultur unserem nationalkulturellen Leben die Möglichkeit des Aufschwungs, so wie beim Zusammenprall der politischen Tendenzen Rußlands und Deutschlands eine „estnische Politik" ihren Anfang nahm".[28]

---

[27] Annus, Epp; Liina Lukas: Der Literaturkanon und die nationale Identität. In: Literatur und nationale Identität II. Themen des literarischen Nationalismus und der nationalen Literatur im Ostseeraum. Hrsg. v. Yrjö Varpio, Maria Zadencka. Tampere 1999 (= Tampereen yliopisto. Taideaineiden laitos. Julkaisuja. 2), S. 91-107, hier S. 101.

[28] Tuglas, Friedebert: Natuke Capitooliumist ja haridusest [Ein paar Worte zum Capitol und zur Bildung]. In: Ders.: Kirjanduslik päevaraamat 1910-1921 [Literarisches Tagebuch 1910-1921]. Tallinn 1921, S. 40-54, hier S. 48-49.

Die Modernisierung der baltischen Region um die Jahrhundertwende ging einher mit dem Zusammenbruch der ständischen und der Entstehung einer demokratischen bürgerlichen Gesellschaft, die in den baltischen Ländern unaufhaltsam zum Wechsel der kulturellen Dominanten führte: In wenigen Jahrzehnten erkämpfte sich die estnische Kultur die führende Position im Kulturleben des Landes. Jedoch hob das keineswegs die historische Rolle der deutschen Kultur in diesem Land auf. Auf die Kontinuität des kulturellen Gedächtnisses deuten nicht nur das Tallinner Rathaus oder die Nikolai-Kirche hin, die sowohl von den Esten als auch von Deutschbalten für etwas Eigenes gehalten werden. „Vieles in diesem Rindenmoos ist mit dem Baum zusammengewachsen, angeeignet worden", gestand Jaan Oks im Jahre 1909, als er im dritten Album von „Jung-Estland" über die deutschen Einflüsse auf die estnische Kultur nachdachte.[29]

---

[29] Oks (wie Anm. 20), S. 251.

Auf zwei Seiten der Front:
Letten und Esten im sowjetischen und deutschen Dienst während des Zweiten Weltkriegs

DAVID FEEST

Einleitung

Für die Esten und Letten war der Zweite Weltkrieg ein Bruderkrieg. Sie wurden sowohl in die sowjetische als auch in die deutsche Armee zwangsrekrutiert oder traten freiwillig in ihre Reihen. Der Riß konnte durch Familien gehen. Der Versuch beider Seiten, die Gegenseite der Kollaboration zu bezichtigen, ist auch in der Historiographie präsent geblieben.[1] Doch ergibt dieser Begriff in diesem Zusammenhang nur wenig Sinn. Denn fassen wir ihn, wie gemeinhin üblich, wertend als eine Art von Landesverrat auf,[2] dann kann mit Recht gefragt werden, welches Land gemeint ist. Estland und Lettland existierten nicht mehr als unabhängige Staaten, und sowohl auf sowjetischer wie auf deutscher Seite konnte man behaupten, die Heimat vor einer Besatzungsmacht befreien bzw. bewahren zu wollen. Gleichzeitig bedeutete der Kampf auf beiden Seiten, in einen globalen ideologischen Kampf hineingezogen zu werden, der über die Frage der staatlichen Wiederherstellung weit hinausging.

In dieser Auseinandersetzung der Großmächte gab es keinen „natürlichen Verbündeten" der Esten und Letten. Das Bild der Deutschen war besonders durch die örtlichen Deutschbalten geprägt, deren Integration in die jungen Freistaaten nach vielversprechenden Anfängen schwierig geworden war, als besonders die junge Generation zunehmend begonnen hatte, sich am erstarkenden Hitler-Deutschland zu orientieren.[3] Doch die sowjetische Seite hatte kaum mehr Anziehungskraft: Zwangskollektivierung und Mas-

---

[1] Siehe etwa die durchgängige Reservierung des Begriffs für die Zusammenarbeit mit der Sowjetmacht in: The Anti-Soviet Resistance in the Baltic States. Hrsg. von Arvydas Anušauskas. Vilnius 1999.
[2] Dieckmann, Christoph; Babette Quinkert; Tatjana Tönsmeyer: Editorial. In: Kooperation und Verbrechen. Formen der »Kollaboration« im östlichen Europa 1939-1945. Hrsg. von dens. Göttingen 2003 (= Beiträge zur Geschichte des Nationalsozialismus. 19), S. 9-21, hier S. 12.
[3] Feest, David: Abgrenzung oder Assimilation. Überlegungen zum Wandel der deutschbaltischen Ideologien 1918-1939 anhand der „Baltischen Monatsschrift". In: Zeitschrift für Ostmitteleuropaforschung 45 (1996), S. 506-543.

senterror machten sie als Alternative undenkbar. Außenpolitisch betrachtete man die Sowjetunion und das Deutsche Reich gleichermaßen als Gefahr und versuchte zwischen den Großmächten zu lavieren. Letztlich sollte die eigene Erfahrung von Terror und Gewalt für viele meinungsprägend werden. War nach dem Hitler-Stalin-Pakt der Einmarsch der Roten Armee in die baltischen Republiken noch unblutig erfolgt, da er durch die erpresserisch aufgezwungenen Verträge über die Nutzung der dortigen Militärbasen gedeckt war, so bedeutete er doch den Beginn einer terroristischen Politik. Der Vergrößerung der Truppenzahl im Sommer 1940 folgte die Bildung sogenannter „Volksregierungen", deren öffentlichkeitswirksame Rolle indessen nach dem Beitritt der Republiken zur Sowjetunion praktisch ausgespielt war. Auf gezielte Repressionen, denen bis 1941 große Teile der politischen, militärischen und wirtschaftlichen Elite zum Opfer fielen, folgten im Juni 1941 breit angelegte Massendeportationen. Die Zahl der Deportierten wird für Estland auf etwa 11.000, für Lettland auf 20.000 geschätzt.[4] Damit hatte der Terror ein Ausmaß erreicht, das kaum mehr klar abgegrenzte Gruppen betraf. Vielmehr schien er gegen das ganze Volk gerichtet zu sein. Als deutsche Soldaten im Sommer 1941 die Rote Armee aus den baltischen Staaten verdrängten, wurden sie als Befreier begrüßt.

Militärische Beteiligung

Hierin lag auch der Grund dafür, daß der aktive Widerstand gegen die neue Besatzungsmacht gering blieb, obwohl sich Hoffnungen auf die Widerherstellung der unabhängigen baltischen Staaten bald zerschlugen. Doch solange Pläne der Ansiedlung von Deutschen als Teil des Generalplans „Ost" aufgrund der Kriegssituation vorerst nicht in die Tat umgesetzt wurden, und die zivilen Opfer hauptsächlich Kommunisten, Juden und gesellschaftliche Außenseiter waren, fühlten sich die übrigen Esten und Letten nicht mehr unmittelbar bedroht. Außerdem gab es mit den Bolschewisten einen gemeinsamen Feind. Je näher die Rote Armee an die Grenzen der okkupierten Staaten rückte, desto größer wurde die Bereitschaft der Balten, auch die militärischen Anstrengungen der deutschen Besatzungsmacht zu unterstützen. Bereits ab Herbst 1941 waren auf deutsche Initiative einheimische Polizeibataillone formiert worden, deren Popularität allerdings in dem Ma-

---

[4] Rahi-Tamm, Aigi: Inimkaotused [Menschenverluste]. In: Valge raamat. Eesti rahva kaotustest okupatsioonide läbi 1940-1991. Hrsg. von Ülo Ennuste (u.a.). Tallinn 2005, S. 23-42, hier S. 25.

ße abflaute, in dem das geringe Entgegenkommen der deutschen Besatzungsmacht für baltische Autonomiepläne deutlich wurde. Für die ab 1942 gegründeten SS-Legionen (die 20. Estnische und die 15. Lettische) wurden mehrfach Mobilisierungen durchgeführt, die jedoch erst Anfang 1944 massenhafte Konskriptionszahlen verbuchen konnten. Erst jetzt, als die Rote Armee in bedrohliche Nähe gerückt war, ließ die Aussicht auf Waffen und Ausrüstung alle anderen Erwägungen in den Hintergrund rücken. Zusammen mit sechs Anfang 1944 gegründeten Grenzschutzregimentern umfaßten alle diese Einheiten im Jahr 1944 etwa 50.000-60.000 Esten und ca. 60.000 Letten.[5]

Esten und Letten kämpften auch auf sowjetischer Seite. Die Annexion der baltischen Staaten hatte die Gründung von de facto nationalen Formationen aus Soldaten der „bürgerlichen" Armeen nach sich gezogen, doch hatten sich diese Territorialkorps' als unzuverlässig erwiesen. Sie wurden bald aufgelöst und ihre Mitglieder in so genannte „Arbeitsbataillone" (eigentlich Arbeitskolonnen, Bauarbeitskolonnen und Baubataillone) transferiert, in die schon vorher eine große Anzahl wehrtüchtiger Männer gezwungen worden war. Dem NKVD unterstehend unterschieden sich diese Bataillone kaum von Straflagern und forderten massenhaft Todesopfer. Als jedoch die sowjetische Führung versuchte, in Rückgriff auf die 1920er Jahre das nationale Prinzip für sich nutzbar zu machen, war es nicht zufällig das symbolträchtige 130. Lettische Schützenkorps, Lenins ehemalige Leibgarde, das im November 1941 als erste nationale Einheit wiederhergestellt wurde – seine Veteranen mußten dafür mühevoll aus den unterschiedlichsten Gebieten der Union zusammengesucht werden.[6] Zwei kurz darauf gegründete estnische Schützendivisionen bildeten ab September 1942 zusammen mit einer Reservedivision das 8. Estnische Schützenkorps, das vor Velikie Luki eingesetzt wurde. Keines dieser Korps, die insgesamt 30.000

---

[5] Myllyniemi, Seppo: Die Neuordnung der baltischen Länder 1941-1944. Zum nationalsozialistischen Inhalt der deutschen Besatzungspolitik. Helsinki 1973 (= Dissertationes Historicae II. Historiallisia Tutkimuksia. 90), S. 276; Feldmanis, Inesis: Waffen-SS Units of Latvians and Other Non-Germanic Peoples in World War II: Methods of Formation, Ideology and Goals. In: The Hidden and Forbidden History of Latvia Under Soviet and Nazi Occupations 1940-1991. Selected Research of the Commission of the Historians of Latvia. Hrsg. von Valters Nollendorfs; Erwin Oberländer. Riga 2005 (= Latvijas Vēsturnieku komisijas raksti / Symposium of the Commission of the Historians of Latvia. 14), S. 122- 131, hier S. 127.
[6] Curran, Susan L.; Dmitry Ponomareff: Managing the Ethnic Factor in the Russian and Soviet Armed Forces. An Historical Overview. Santa Monica/Cal. 1982 (= Reports. The Rand Corporation. 2640,1), S. 30.

Esten und 50.000 Letten umfaßten, war national homogen. Während es in der 7. Estnischen Schützendivision 85,8 %, in der 249. Schützendivision 91,1 % Esten gab,[7] waren etwa im 43. Lettischen Garderegiment nur 38,8 % Letten aktiv.[8] Auch geht aus den Statistiken nicht hervor, wie viele der Soldaten tatsächlich aus den betreffenden Ländern und wie viele etwa rußlandestnischer bzw. -lettischer Herkunft waren und aus den alten Sowjetrepubliken stammten. Dennoch: Der symbolische Wert eigener Verbände, deren Gefechtssprache estnisch bzw. lettisch war, ist für die nationale Rechtfertigung der sowjetischen Politik kaum zu unterschätzen.

Was brachte die einheimische Bevölkerung dazu, auf der einen oder anderen Seite unter Waffen einer fremden Macht zu dienen? Besonders auf sowjetischer Seite muß der Zwangscharakter betont werden. Für jene Männer, die in sowjetischen Arbeitsbataillonen einem wahrscheinlichen Tod entgegensahen, bot der Eintritt in das Schützenkorps eine Überlebenschance. Doch auch Eintritte in die deutschen Einheiten geschahen nur bedingt freiwillig. Häufig bestand die Wahl lediglich zwischen Arbeitsdienst (im Reich) oder Eintritt in die Legion; in einigen Fällen wurden auch handfeste Drohungen benutzt, um bitter benötigte Soldaten zu rekrutieren. Umfragen unter ehemaligen lettischen Legionären von 1992 zeigten, daß sich 15 % als Freiwillige und 85 % als „Mobilisierte" verstanden, während 2 % angaben, mit Gewalt eingezogen worden zu sein.[9]

Natürlich sind diese Aussagen, die im wesentlichen eine Opferrolle behaupten, vorsichtig zu behandeln. Konkretere Einblicke in die Motive bietet ein kürzlich erschienener Sammelband mit Erinnerungen estnischer Soldaten in deutschen Einheiten. Hier standen besonders persönliche Erfahrungen mit dem bolschewistischen Terrorregime im Vordergrund – viele der Kriegsfreiwilligen waren selbst Opfer geworden, oder hatten ihre Familienangehörigen durch Erschießungen oder Deportation verloren.

---

[7] Kaasik, Peeter: Formation of the Estonian Rifle Corps in 1941-1942. In: Estonia 1940-1945. Reports of the Estonian International Commission for the Investigation of Crimes Against Humanity. Hrsg. von Toomas Hiio, Meelis Maripuu, Indrek Paavle. Tallinn 2006, S. 885-908, hier S. 907.

[8] Artem'ev, A. P.: Bratskij boevoj sojuz narodov SSSR v Velikoj Otečestvennoj vojne [Die Waffenbrüderschaft der Völker der UdSSR im Großen Vaterländischen Krieg]. Moskau 1975, S. 53 f.

[9] Die Angaben stammen aus Vilciņš, T.: Latviešu leģionārs 50 gadu pēc kara. Socioloģisks aspekts [Der lettische Legionär 50 Jahre nach dem Krieg. Soziologischer Aspekt]. In: Latvijas Arhīvi 1994, H. 2, S. 32-43, hier S. 33, zit. n. Onken, Eva-Clarita: Demokratisierung der Geschichte in Lettland. Staatsbürgerliches Bewusstsein und Geschichtspolitik im ersten Jahrzehnt der Unabhängigkeit. Hamburg 2003, S. 191, Anm. 365.

„Laßt uns nach Rußland gehen und die Deportierten und Festgenommenen nach Hause holen" war ein vielgebrauchter Satz bei den Mobilisierungen.[10] Doch ging es nicht nur um individuelle Rache. Es darf nicht vergessen werden, daß die baltischen Republiken aus Unabhängigkeitskriegen entstanden waren.[11] Auch der während 22 Jahren Eigenstaatlichkeit herangewachsenen jungen Generation war der Anspruch vermittelt worden, für das eigene Land auch mit der Waffe in der Hand zu kämpfen. Der Schock über die „stumme Unterwerfung"[12] von 1940, als man die Unabhängigkeit ohne einen einzigen Schuß aber mit „in den Taschen geballten Fäusten" aufgegeben hatte, saß daher besonders tief.[13]

Daß man nun in den Uniformen einer fremden Armee kämpfte, war für viele der Soldaten kein Hinderungsgrund, die Tätigkeit in einer ganz lokalen, estnischen Tradition zu sehen: „Die meisten von uns hatten nicht in der estnischen Armee gedient", erklärte ein Mann seine Entscheidung, „und nun ergab sich eine gute Gelegenheit". Dabei waren fast ausschließ-

---

[10] Eesti idapataljonid idarindel 1941-1944 [Estnische Ost-Bataillone an der Ostfront, 1941-1944]. Hrsg. von Andres Adamson. Tallinn 2004, S. 116, 200.
[11] Dabei basierte der Sieg Estlands und Lettlands in ihren jeweiligen Unabhängigkeitskriegen von 1918-1920 auf einer nationalen Mobilisierung mit antideutscher Grundhaltung. Siehe hierzu Brüggemann, Karsten: Legenden aus dem Landeswehrkrieg. Vom „Wunder an der Düna" oder: Als die Esten Riga retteten. In: Zeitschrift für Ostmitteleuropa-Forschung 51 (2002), S. 576-591; zum estnischen Siegesfest in Erinnerung an den Sieg über die deutschbaltische Landeswehr bei Wenden (Cēsis) siehe Ders.: Võidupüha. Võnnu lahing kui Eesti rahvusliku ajaloo kulminatsioon [Das Siegesfest. Die Schlacht von Wenden als Kulmination der nationalen Geschichte Estlands]. In: Vikerkaar 2003, Nr. 10-11, S. 131-142. In deutscher Sprache erschienen als „Estnische Erinnerungsorte: Die Schlacht von Wenden gegen die Baltische Landeswehr im Juni 1919 als Höhepunkt der nationalen Geschichte". URL: http://www.eurozine.com/articles/2004-03-09-brueggemann-de.html [letzter Zugriff 5.1.2007]. Doch hatten die Ereignisse von 1940/41 diesen Sieg mitsamt seiner antideutschen Stoßrichtung verblassen lassen und den Boden für eine Zusammenarbeit gegen die Sowjetmacht bereitet.
[12] So der Titel eines Buches über die Verstrickung der baltischen Eliten in den Untergang von 1940, das für einige Kontroversen in Estland gesorgt hat: Ilmjärv, Magnus: Hääletu alistumine. Eesti, Läti ja Leedu välispoliitilise orientatsiooni kujunemine ja iseseisvuse kaotus. 1920. aastate keskpaigast anneksioonini [Die stumme Unterwerfung. Die Ausformung der außenpolitischen Orientation Estlands, Lettlands und Litauens und der Verlust der Unabhängigkeit von der Mitte der 1920er Jahre bis zur Annexion]. Tallinn 2004. Englische Übersetzung: Ilmjärv, Magnus: Silent submission: formation of foreign policy of Estonia, Latvia and Lithuania: period from mid-1920s to annexation in 1940. Stockholm 2004 (= Studia Baltica Stockholmiensia. 24).
[13] Idapataljonid (wie Anm. 10), S. 91.

lich die Kämpfe von 1918-1920 der Bezugspunkt: „Was 1944 auf estnischem Boden [!] geschah, war eigentlich unser zweiter Freiheitskrieg", hieß es bei einem Veteranen, während ein anderer von einem „Folgekrieg des estnischen Freiheitskrieges" sprach. Und mit einem gewissen Trotz gegenüber Kritikern stellte ein ehemaliger Ostbataillon-Kämpfer seinen Einsatz als rein lokale Angelegenheit dar:

„*Wir haben nicht in der deutschen sondern in der estnischen Armee gekämpft. Durch die Schaffung dieser Einheiten war es möglich, Ausrüstung und Waffen vom deutschen Staat zu erhalten. Wir kämpften nicht mit den Deutschen, sondern gegen den Kommunismus.*"[14]

Daß diese Motive meist wenig mit den tatsächlichen Einsätzen der Soldaten zu tun hatten, ist Teil der Tragik der besetzten Länder. Denn das Bestreben auf Seiten der Esten und Letten, nur lokal eingesetzt zu werden, das sich etwa in einem lettischen Forderungskatalog bei der Gründung der lettischen Legion findet,[15] blieb ohne Wirkung. Bei der Gründung der estnischen Legion wurde sogar explizit verdeutlicht, daß sie auch außerhalb Estlands eingesetzt werden könne.[16] Dies änderte aber den Charakter dieser Militäreinsätze grundlegend: Wenn estnische Soldaten in Ost-Bataillonen an der Blockade Leningrads beteiligt waren, estnische und lettische Schutzmannschaften in Weißrußland und der Ukraine gegen Partisanen vorgingen oder die estnische SS-Division, die zuletzt fast alle estnischen Einheiten integrieren sollte, in der Tschechoslowakei kämpfte, wenn lettische Schutzbataillone mitunter sogar als Wacheinheiten an der Durchführung des Holocaust beteiligt waren, so läßt sich dies kaum mehr als lokale Verteidigung der staatlichen Unabhängigkeit deuten. Auch Esten und Letten wurden in das große Ganze des Krieges hineingezogen, und auch der lokal interpretierte Kampf *gegen* den Bolschewismus wurde darin schnell zu einem Kampf *für* globale deutsche Kriegsinteressen. Dies galt besonders für die Zeit nach der Wiedereroberung der baltischen Republiken durch die Rote Armee. „Die Stimmung war schlecht, weil das Vaterland verloren war und es keinen Sinn mehr hatte zu kämpfen", erinnerte

---

[14] Ebenda, S. 65 (siehe auch S. 60 und 213), 269, 90, 201.
[15] Myllyniemi (wie Anm. 5), S. 230, Anm. 117.
[16] Ebenda, S. 229.

sich ein estnischer Veteran, um fatalistisch hinzuzufügen: „Aber es gab auch keine andere Möglichkeit."[17]

Aussagen über die Motive jener, die auf sowjetischer Seite kämpften, sind schwerer zu treffen. Beschränken sich Darstellungen der sowjetischen Zeit auf formelhaften Heroismus, so fehlt es an später verfaßten Erinnerungen vollständig.[18] Allein die extreme Heterogenität des Korps läßt indessen vermuten, daß hier die Beweggründe sehr unterschiedlich waren. Sicher gab es unter den Soldaten überzeugte Kommunisten, die in dem Kampf für den Bolschewismus ihre wichtigste Aufgabe sahen.[19] Die Zwangsrekrutierten unter ihnen und besonders jene, welche die Arbeitsbataillone durchlitten hatten, dürften die Erfüllung ihrer Aufgabe im Korps eher pragmatisch gesehen haben, als Möglichkeit, wieder nach Hause zu gelangen; eventuell mag der eine oder andere auch schon an eine gute Startposition nach einer als unvermeidlich angesehenen Sowjetisierung des Landes gedacht haben.

Weltanschauliche Prägung?

Jenseits der unmittelbaren Motive der Kriegsteilnehmer kann die breitere Frage nach ihrer Ideologisierung gestellt werden, nach den weltanschaulichen Prägungen, die Soldaten nolens volens auf beiden Seiten erhielten und die ihnen halfen, die Ereignisse und Erfahrungen dieser chaotischen Zeit zu begreifen. Die Erfahrungen eines Krieges, dessen Frontlinie drei Mal über die Länder hinwegzog, die tiefen demographischen Einschnitte durch Flucht, Deportation und die Umsiedlung der deutschbaltischen Minderheit hatten die Gesellschaften in Estland und Lettland binnen kurzer Zeit in einen Strudel tiefer Veränderungen gerissen, die neue Orientierungen geradezu erzwangen. Jörg Baberowski und Anselm Doering-Manteuffel sehen das Ziel *beider* Diktaturen besonders darin, eindeutige Zuordnungen zu schaffen und „eine Ordnung ohne Ambivalenz herzustellen."[20] Daß viele

---

[17] Kartau, A.: Sõjalõpupäevad võõrsil [Die letzten Kriegstage in der Fremde]. In: Postimees, 5.8.1995.

[18] Eine Ausnahme bilden die im schwedischen Exil verfassten Erinnerungen: Selge, V.: Eesti Korpus II Maailmasõjas [Das Estnische Korps im Zweiten Weltkrieg]. In: Eesti riik ja rahvas teises maailmasõjas. Band 7. Hrsg. von Arnold Purre. Stockholm 1959, S. 157-164.

[19] Vend, Johannes: Rahutu rahuaeg. Sõjakeerisest koduradadele [Friedlose Friedenszeit. Aus dem Kriegswirbel auf die Heimatpfade]. Tallinn 1983.

[20] Baberowski, Jörg; Anselm Doering-Manteuffel: Ordnung durch Terror. Gewaltexzesse und Vernichtung im nationalsozialistischen und im stalinistischen Imperium. Bonn 2006, S. 89; siehe auch: Baberowski, Jörg: Auf der Suche nach Eindeutigkeit: Kolonialismus und zivilisato-

Menschen in den deutsch besetzten Gebieten sich tatsächlich auf die von der Besatzungsmacht propagierten Deutungsmuster einließen – und damit die Vorstellungen der Bolschewisten über die Feindseligkeit ganzer Nationen bestätigten –, sei nicht zuletzt der Tatsache verschuldet gewesen, daß „die Besatzungspolitik der Nationalsozialisten den Unterworfenen keine andere Wahl ließ, als sich zu den ethnischen und rassischen Zuschreibungen zu bekennen, die sie für sie entworfen hatten."[21]

Allein, es bleibt offen, wie tief diese Bekenntnisse gingen. Unter den genannten Erinnerungen finden sich wenige Formulierungen, die auf einen starken ideologischen Einfluß auf die Denkweise der Teilnehmer auf deutscher Seite hindeuten. Auch der finnische Historiker Seppo Myllyniemi hält es trotz gezielter ideologischer Schulung der Soldaten für „kaum möglich [...], von einer »prodeutschen« oder »profaschistischen« Einstellung zu sprechen" – gerade bei den lettischen Mitgliedern der Waffen-SS sei der eigene Nationalismus häufig mit zu starken antideutschen Ressentiments verbunden gewesen, um ein „großgermanisches Denken" für sie besonders attraktiv erscheinen zu lassen.[22] Affinitäten bestanden hingegen im gemeinsamen Antibolschewismus und in antisemitischen Ressentiments. So liegt es nahe, nach der Aneignung nationalsozialistischen Gedankenguts besonders unter jenen zu suchen, die sich für eines der Kernprogramme der nationalsozialistischen Besatzungspolitik einspannen ließen: die Ermordung der Juden.

Daß der Antibolschewismus die hauptsächliche Antriebskraft für eine Kollaboration mit der deutschen Besatzungsmacht darstellte, war auch dieser selbst bekannt: In der Werbung von Freiwilligen stand er stets im Mittelpunkt.[23] Die Funktionalisierung des Antisemitismus war komplexer: Hier traf ein von der Besatzungsmacht verordneter allgemeiner Rassenantisemitismus auf alte Ressentiments und individuelle Rachegelüste, die nicht immer mit ihm zur Deckung zu bringen waren. Die weit verbreitete Propaganda der Identität von Judentum und Kommunismus konnte ein Scharnier zwischen diesen Anschauungen bilden und vergessen machen, daß gerade die jüdischen Gemeinden dem Terror der kommunistischen Be-

---

rische Mission im Zarenreich und in der Sowjetunion. In: Jahrbücher für Geschichte Osteuropas 47 (1999), S. 482-504.
[21] Baberowski/Doering-Manteuffel (wie Anm. 20), S. 75 f.
[22] Myllyniemi (wie Anm. 5), S. 238, siehe hier auch Anm. 153.
[23] Ebenda, S. 237.

satzung überdurchschnittlich zum Opfer gefallen waren.[24] In Estland, wo bei Einmarsch der Nazitruppen noch etwa 1.000 Juden verblieben waren,[25] leisteten aus ehemaligen antisowjetischen Partisanen gebildete Einheiten des so genannten „Selbstschutzes" (*Omakaitse*) sowie aus alten estnischen Polizeikräften bestehende Einheiten der Sicherheitspolizei dem Einsatzkommando 1a Hilfestellung bei der Verfolgung von Kommunisten, „Asozialen" und Juden.[26] Dabei konnten persönliche Motive ebenso eine Rolle spielen wie die Meinung, den antikommunistischen Widerstand fortzusetzen. In einigen Fällen verzichteten Mitarbeiter des „Selbstschutzes" oder der estnischen Sicherheitspolizei sogar auf die Verfolgung von Juden, deren antikommunistische Gesinnung außer Frage stand. Das Einsatzkommando, für das eine rassistische Ideologie maßgeblich war, holte die Verhaftungen allerdings bald nach. Ende 1941 wurde die Ermordung der estnischen jüdischen Bevölkerung für abgeschlossen erklärt.[27]

Auch in Lettland, wo zum Zeitpunkt des deutschen Einmarsches etwa 70.000 Juden lebten und der Antisemitismus schon während der Unabhängigkeitszeit ungemein stärker gewesen war, sah man in diesen in erster Linie Kommunisten: „Die Begriffe Judentum und Kommunismus sind Synonyme. Kommunismus ist dasselbe wie Judentum und Judentum dasselbe wie Kommunismus", bemerkte ein lettischer Propagandist ohne Rücksicht darauf, daß Juden als Juden ermordet wurden.[28] Auch hier waren lettische Einheiten des Selbstschutzes (später: Schutzmannschaften) und der Hilfspolizei wichtige Instrumente des deutschen Besatzungsregimes. Dabei kam der Terror nicht spontan von unten: Ohne die systematische Planung des Besatzungsregimes waren die blutigen Ereignisse nicht denkbar.[29] Doch

---

[24] Kuusik, Argo: Die deutsche Vernichtungspolitik in Estland 1941-1944. In: Vom Hitler-Stalin-Pakt bis zu Stalins Tod. Estland 1939-1953. Hrsg. von Olaf Mertelsmann. Hamburg 2005, S. 130-150, Salo, Vello: Population losses 1940-1941: citizens of Jewish nationality. Tartu 2002 (= Okupatsioonide Repressiivpoliitika uurimise Riiklik Komisjon. 18).

[25] Von etwa 4.500 Juden vor dem Krieg. Siehe Kuusik (wie Anm. 24), S. 139; Gurin-Loov, Eugenia: Eesti juutide katastroof 1941 [Die Katastrophe der estnischen Juden 1941]. Tallinn 1994.

[26] Birn, Ruth Bettina: Die Sicherheitspolizei in Estland 1941-1944. Eine Studie zur Kollaboration im Osten. Paderborn u.a. 2006, S. 72-90.

[27] Ebenda, S. 169.

[28] Zit. nach Ezergailis, Andrew: The Holocaust in Lavia 1941-1944. The Missing Center. Riga 1996, S. 210.

[29] Björn Felder weist darauf hin, daß die ersten Mordaktionen der Einsatzgruppen in Lettland noch ohne lettische Täter stattfanden, diese vielmehr später als inoffizielle Pogromeinheiten organisiert wurden, um den Anschein spontaner Rachereaktionen zu erwecken und Einheimi-

hatten mörderische Antisemiten wie der berüchtigte Viktors Arājs, dessen Arājs-Kommando – eins von mehreren Sonderkommandos der Hilfspolizei – für die Ermordung von Zehntausenden von Juden verantwortlich war, nun einen Rahmen für ihre Bluttaten. Insgesamt wird die Zahl der Opfer auf etwa 85.000 geschätzt.[30]

Daß die deutsche Besatzungsmacht sowohl in Bezug auf Estland als auch in Bezug auf Lettland über Schwierigkeiten klagte, die Bevölkerung zu Pogromen gegenüber der jüdischen Bevölkerung zu motivieren,[31] steht in keinem Widerspruch zu dieser Kollaboration Einzelner (im Arājs-Kommando dienten besonders Korporanten, weniger die alten, zum Teil durchaus antisemitisch eingestellten lettischen Eliten). Die Bereitschaft, sich in die ethnischen und rassischen Kategorien der deutschen Besatzungsmacht einzuschreiben, mußte schon daher begrenzt bleiben, weil diese auch den Esten und Letten eine zweitrangige Stellung zuwiesen. Aufgrund eines eigenen nationalen Selbstverständnisses konnte sie kaum dauerhaft sein.[32]

Inwiefern sich die Esten und Letten auf der „anderen" Seite in den jeweiligen Schützenkorps von sowjetischer Seite die ideologischen Interpretationsangebote des Regimes zueigen machten, ist ähnlich schwer zu beurteilen. Mit Recht ist der Stalinismus als soziale Praxis im Alltag bezeichnet worden[33], bei der weniger ideologische Überzeugungen, als vielmehr bestimmte Verhaltensweisen und die Übernahme bestimmter sprachlicher Ausdrücke und Begründungsformeln maßgeblich waren. Aus Berichten und Erinnerungen geht hervor, daß die Soldaten in den Schützenkorps trotz regelmäßiger Schulungen oft nur über sehr ungefähre Vorstellungen von marxistisch-leninistischer Theorie verfügten. Einige der in den baltischen Republiken aufgewachsenen Zwangsrekruten kannten auch die Rolle ideologischer Schulung noch nicht, begriffen sie als Diskussionsveranstaltung und wagten Widerspruch. Später wurde man vorsichtiger und nutzte – den Erinnerungen eines Veteranen zufolge – die Zeit der Schulungen zum Schlafen.[34]

---

sche zu Mittätern zu machen. Felder, Björn: Lettland im Ausnahmezustand 1940-1946. Unveröffentlichtes Dissertationsmanuskript 2006 (Universität Tübingen), S. 227-230.

[30] Die Zahl der vom Arājs-Kommando ermordeten Menschen wird dabei auf mindestens 26.000 geschätzt. Ezergailis (wie Anm. 28), S. 188.

[31] Zu Estland siehe Kuusik (wie Anm. 24), zu Lettland siehe Ezergailis (wie Anm. 28), S. 221.

[32] Vgl. ebenda, S. 49.

[33] Plaggenborg, Stefan: Stalinismus als Gewaltgeschichte. In: Stalinismus. Neue Forschungen und Konzepte. Hrsg. v. Dems. Berlin 1998, S. 71-112, hier S. 101.

[34] Selge (wie Anm. 18), S. 159 f.

Zudem waren gerade Aussagen darüber, welche Rolle die jeweilige Nationalität in dem Konflikt spielte, mehreren Interpretationen gegenüber offen. Die Propaganda hatte nicht zuletzt eine dezidiert nationale Stoßrichtung, welche den Einsatz der Esten und Letten in den historischen Zusammenhang eines jahrhundertelangen Kampfes gegen die deutsche Vorherrschaft im baltischen Raum einbettete. „Nun Esten, ist es an der Zeit", hieß es etwa in einer Wandzeitung des estnischen Schützenkorps zum 600. Jahrestag des letzten großen antideutschen Aufstands vor der Unterwerfung durch die Kreuzritter im Jahr 1343, es „den historischen Versklavern unserer Vorfahren heimzuzahlen".[35] Und eine andere Wandzeitung verkündete: „Söhne Lembits! Vernichten wir nach dem Vorbild der heldenhaften Kämpfer gnadenlos die historischen Feinde des estnischen Volkes: die deutschen Eroberer".[36] Solche Losungen weckten auch Hoffnungen auf größere nationale Eigenständigkeit als dies in den nationalen Sowjetrepubliken der Fall war. Was hier kommunistisch war, was national, war mitunter schwer auszumachen und der Eindruck der Ideologisierung widersprüchlich. Der in Estland untergetauchte Literaturwissenschaftler Jaan Roos etwa gab Ende 1944 Berichte wieder, nach denen die Männer des Estnischen Schützenkorps „nun zu richtigen Kommunisten geworden sein und von dieser Weltanschauung überzeugt sein sollen."[37] Kurze Zeit später revidierte er dagegen diese Meinung, um zu behaupten, die Soldaten des Korps seien „angeblich richtig patriotisch gesinnt", und schrieb im November desselben Jahres, die Mehrzahl der Soldaten sei „in Bezug auf die Russen und die Kommunisten sehr feindselig gestimmt."[38] Wahrscheinlich war an beiden Aussagen etwas Wahres: Auch der Kampf in den Einheiten der Roten Armee war mit dezidiert nationalen Hoffnungen verbunden, die allerdings in Gefahr standen, bald enttäuscht zu werden. Sie glichen damit den auf der anderen Seite der Front gehegten Hoffnungen und Illusionen wahrscheinlich in Vielem mehr, als es den Protagonisten bewußt war.

Das Ende der Illusionen

Es gab mehrere Etappen der Desillusionierung. Für die einen markierte der Einmarsch der Roten Armee in die baltischen Republiken das Ende aller

---

[35] Korpuse allüküste seinalehed [Wandzeitungen der Untereinheiten des Korps]. In: Eesti Riigiarhiivi Filiaal [Filiale des Estnischen Staatsarchivs], Tallinn. F. 63, nim. 1, säi. 86, Bl. 7.
[36] Ebenda, Bl. 9.
[37] Roos, Jaan: Läbi punase öö [Durch die rote Nacht]. Bd. 3, Tartu 2001, S. I, 106.
[38] Ebenda, S. I, 145, 292.

Hoffnungen, während andere, die ihre weniger pessimistische Erwartungshaltung jedoch den neuen Realitäten nicht anzupassen vermochten, erst in den Folgejahren der Sowjetisierung von Staat und Wirtschaft endgültig enttäuscht wurden.

Für die Letten und Esten, die in deutschen Armeeeinheiten gekämpft hatten, endete der Krieg in jedem Fall desaströs. Jenen, die mit den Deutschen den Rückzug antraten, standen Aufenthalte in „Displaced Person Camps" und danach das Exil bevor. Andere Soldaten versuchten, in ihre Heimatorte zurückzugelangen, wo sie viele von ihnen in den Folgejahren verhaftet wurden, um nach Sibirien deportiert zu werden. Weitere setzten den Kampf als Partisanen in den Wäldern fort und hofften auf eine Befreiung durch die Westmächte.[39]

Die baltischen Soldaten auf sowjetischer Seite konnten noch länger an eine lichte Zukunft glauben. Viele meinten, der gewonnene Krieg und die Zusammenarbeit mit den Westalliierten habe das Regime geändert, und schenken Verlautbarungen Glauben, nach denen die Führung eingesehen habe, daß der Terror der Jahre 1940/41 ein Fehler gewesen sei; nationale Rechte, so hieß es, sollten nun – wie in den zwanziger Jahren in der Sowjetunion – wieder eine zentrale Rolle spielen. Solche Erwartungen stellten sich indessen als illusionär heraus, als das stalinsche Regime die kaderschwachen Parteiorganisationen zunehmend mit russischsprachigen Funktionären vervollständigte und Konflikte mehr und mehr auf einer nationalen Ebene ausgetragen wurden.[40] Die Kollektivierung der Landwirtschaft und die Massendeportationen von 1949 sollten endgültig zeigen, daß an einen nationalen Sonderweg der baltischen Sowjetrepubliken ebensowenig zu denken war, wie an eine ruhige Zeit des Aufbaus nach dem Krieg.[41] So gilt letztlich die trockene Bemerkung eines estnischen Wehrmachtsveteranen für viele estnische und lettische Soldaten auf beiden Seiten der Front. Er bemerkte, sowohl in deutschen als auch in sowjetischen Einheiten hätten Esten angestrebt, das Leben im Land zu normalisieren und die staatliche Unabhängigkeit wieder herzustellen. „Doch", so der bittere Schluß, „wir erreichten beide nicht unser Ziel."[42]

---

[39] Vgl. den komparativen Sammelband: Anti-Soviet Resistance (wie Anm. 1).
[40] Feest, David: „Neo-Korenizacja" in den baltischen Sowjetrepubliken? Die Kommunistische Partei Estlands nach dem Zweiten Weltkrieg. In: Zeitschrift für Geschichtswissenschaften 54 (2006), S. 263-280.
[41] Ders.: Zwangskollektivierung im Baltikum. Die Sowjetisierung des estnischen Dorfs 1944-1953. Köln, Weimar 2006 (= Beiträge zur Geschichte Osteuropas. 40).
[42] Idapataljonid (wie Anm. 10), S. 58.

Distanzierte Nachbarschaft im Schatten der Sowjetunion: Finnland und Estland im Kalten Krieg

OLIVIA GRIESE

Die Epoche des Kalten Krieges war geprägt von der bipolaren Mächtekonstellation von USA und UdSSR sowie dem dadurch bedingten Ost-West-Konflikt. Während alle Teile der Welt mehr oder weniger direkt von dieser Konfrontation betroffen waren, stellte Europa einen der zentralen Schauplätze dieser Auseinandersetzung der konkurrierenden Systeme dar. Alle Entwicklungen der europäischen Staaten sowohl in den Außenbeziehungen als auch ihrer inneren Verfassung müssen vor dem Hintergrund der praktischen Auswirkungen dieser ideologischen und machtpolitischen Frontstellung analysiert werden. Zentraler Ausdruck und wichtigstes Konfliktfeld dieses Gegensatzes war der Umgang mit dem geteilten Deutschland, das zum Anlaß für zahlreiche Krisen in dieser Periode wurde.

Dies galt auch für die Ostseeregion, wo das jahrhundertealte Spannungsverhältnis zwischen Deutschland, Schweden und Rußland unter veränderten Vorzeichen zur Auseinandersetzung von den Westalliierten unter US-amerikanischer Führung und neutralen Staaten mit den Hegemonieansprüchen der Sowjetunion geworden war. Diese Situation bewirkte eine Entwicklung der Ostseeanrainer zum nationalen Gegen- und Nebeneinander, alte Beziehungssysteme waren erheblich reduziert und traditionelle Begegnungsräume stark eingeschränkt.

Dies traf in besonderem Maße auf Estland und Finnland zu, die zentraler Gegenstand dieser Betrachtung sein werden. Diese Konstellation ist besonders interessant, weil beide Länder jeweils eine Ausnahmesituation im vorherrschenden bipolaren Schema repräsentieren. Estland hatte als Folge des Zweiten Weltkrieges seine erst wenige Jahrzehnte zuvor gewonnene Unabhängigkeit eingebüßt, so daß es die Epoche des Kalten Krieges als Teil der Sowjetunion erlebte. Finnland, das unmittelbar vor Estland seine Selbstständigkeit im Zuge der Russischen Revolution 1917 erlangt hatte, nahm wiederum eine einzigartige Sonderstellung in Europa ein, da es als einziger Kriegsgegner und unmittelbarer Grenznachbar der Sowjetunion außerhalb des direkten sowjetischen Einflußbereiches verblieb. Seine außenpolitische Souveränität konnte es um den Preis einer steten Rücksichtnahme auf sowjetische Interessen wahren, die eine Konstante der finnischen Politik der Nachkriegsjahrzehnte bildete. Beide Länder waren daher auch mehr oder weniger direkt vom Zerfall der Sowjetunion Anfang der 1990er Jahre betroffen. Während Estland die erneute staatliche Unabhängigkeit realisieren konnte, nutzte Finnland die Möglichkeit, sich ohne weitere Rücksichtnahme auf den östlichen Nachbar in das westliche Bündnissystem zu integrieren.[1]

Im folgenden soll zunächst die Entwicklung beider Staaten im Hinblick auf ihren Umgang mit den Gegebenheiten des Kalten Krieges und ihrer unterschiedlich gelagerten Auseinandersetzung mit der sowjetischen Hegemonie dargestellt werden. Im Anschluß daran wird das Verhältnis beider Staaten zueinander vor dem Hintergrund dieser Situation thematisiert.

Die Entwicklung der finnischen Neutralitätspolitik

Mit dem Waffenstillstand vom Herbst 1944 konnte Finnland aus dem aktiven Kriegsgeschehen ausscheiden. Die Rote Armee ließ keine Besatzungstruppen zurück, die Erfüllung des Waffenstillstandes wurde von einer Alliierten Kontrollkommission unter der Leitung von Andrej Ždanov überwacht. Auch wenn Finnland damit einer Besatzung entgangen war, so hatte es doch mit gravierenden Kriegsfolgen zu kämpfen. So war mit dem Waffenstillstand der bereits im Moskauer Frieden von 1940 festgeschriebene Verlust der Gebiete auf der karelischen Landenge (ca. 10 % des finnischen Territoriums) nun eine unwiderrufliche Tatsache geworden, wodurch das Land auch ein Drittel seiner Wasserkraft, ein Viertel seiner Chemieproduktion, 12 % seiner Nutzwälder sowie 9 % seiner landwirtschaftlichen Fläche verloren hatte. Die gesamte Bevölkerung dieser Region war vor der anrückenden Armee geflohen, so daß für diese ca. 400.000 Personen nun eine Unterbringung organisiert werden mußte. Deren Ansiedelung gelang mit Hilfe einer konzertierten Aktion von Strukturreform und Besitzumschichtung. Das sogenannte Landbeschaffungsgesetz regelte die Abtretung von Gebieten und die Zuteilung an Neusiedler, die soweit möglich in zusammenhängenden Dorfverbänden angesiedelt wurden. Auch wenn sich die

---

[1] Allgemein zur Geschichte Estlands siehe Raun, Toivo U.: Estonia and the Estonians. Updated second Edition. Stanford 2001; zu den baltischen Staaten insgesamt siehe Tuchtenhagen, Ralph: Geschichte der Baltischen Länder. München 2005; Garleff, Michael: Die baltischen Länder. Estland, Lettland, Litauen vom Mittelalter bis zur Gegenwart. Regensburg 2001; zu Finnland siehe Jutikkala, Eino; Kauko Pirinen: Geschichte Finnlands. 2. überarbeitete Auflage. Stuttgart 1976; Jussila, Osmo; Seppo Hentilä; Jukka Nevakivi: Politische Geschichte Finnlands seit 1809. Vom Großfürstentum zur Europäischen Union. Berlin 1999; Bohn, Ingrid: Finnland. Von den Anfängen bis zur Gegenwart. Regensburg 2005.

dadurch bedingte Schaffung von zahlreichen landwirtschaftlichen Kleinbetrieben später unter strukturpolitischen Gesichtspunkten als problematisch erwies, so kann die Integration der karelischen Flüchtlinge in die finnische Nachkriegsgesellschaft insgesamt als Erfolgsgeschichte gewertet werden.[2]

Die Waffenstillstandsbedingungen und damit auch die Gebietsverluste wurden auf der Pariser Friedenskonferenz von Juli bis Oktober 1946 festgeschrieben, auf der auch die Angelegenheiten der Verliererstaaten Italien, Bulgarien, Ungarn und Rumänien geregelt wurden. Finnland unterzeichnete den Friedensvertrag am 10. Februar 1947, wodurch es sein volles Recht auf Selbstbestimmung wiedererlangte. Die Sowjetunion ratifizierte die Verträge erst im September desselben Jahres, unmittelbar nach dem finnischen Verzicht auf die Teilnahme am Marschallplan. Dies war bereits ein erster Hinweis auf die Konstanten des Verhältnisses zwischen den ungleichen Nachbarn, die Rücksichtnahme der finnischen Außenpolitik auf sowjetische Interessen und den Verzicht auf die Integration in das westliche Bündnissystem als Preis für die eigene Unabhängigkeit. Neben dem Pariser Friedensvertrag wurde der 1948 abgeschlossene Vertrag über Freundschaft, Zusammenarbeit und gegenseitigen Beistand mit der Sowjetunion (FZB-Vertrag, finn. *YYA-Sopimus*) zum zweiten grundlegenden Bezugsrahmen für das finnisch-sowjetische Verhältnis. Der FZB-Vertrag folgte zwar dem Vorbild der kurz vorher abgeschlossenen Verträge mit Rumänien, Ungarn und Bulgarien, wich aber in entscheidenden Details davon ab. So wurde bereits in der Präambel auf die finnische Neutralität verwiesen, eine allgemeine Beistandsverpflichtung fehlte ebenso wie die Verpflichtung zur Konsultation bei allen außenpolitischen Fragen oder das Recht der Sowjetunion auf militärische Intervention bei einem Scheitern der Beratungen. Damit wird die Sonderbehandlung Finnlands im Gegensatz zu den Ostblockstaaten deutlich. Es ist viel über die Gründe der Sowjetunion für diese Nachgiebigkeit spekuliert worden. Vermutlich hatte dabei die kurz zuvor erfolgte Gründung der NATO eine Rolle gespielt, wodurch die Frage der Neutralität der Ostsee zu einem zentralen Anliegen für die Sicherheitsinteressen der Sowjetunion wurde. Bei einer zu offensichtlichen Einflußnahme

---

[2] Zur sowjetischen Verwaltung Finnlands vgl. Büttner, Ruth: Sowjetisierung oder Selbstständigkeit? Die sowjetische Finnlandpolitik 1943-1948. Hamburg 2001 (= Hamburger Beiträge zur Geschichte des östlichen Europa. 8); zur Integration der karelischen Flüchtlinge vgl. Sallinen-Gimpl, Pirkko: Siirtokarjalainen identiteetti ja kultuurien kohtaaminen [Die Identität der karelischen Vertriebenen und die Begegnung der Kulturen]. Helsinki 1994 (= Kansatieteellinen arkisto. 40).

auf Finnland hätte die Gefahr bestanden, Schweden zur Aufgabe seiner Neutralität und zum Eintritt in die NATO zu veranlassen.[3]

Diese Zurückhaltung der Sowjetunion mag auch eine Rolle dabei gespielt haben, daß die Gefahr eines kommunistischen Umsturzes in Finnland, wie sie 1948 von Zeitgenossen im In- und Ausland zeitweilig befürchtet worden war, wohl nie ernsthaft bestanden hat. Gerade im direkten Vergleich mit dem kommunistischen Umsturz in der Tschechoslowakei, der oft als warnendes Beispiel zitiert worden war, lagen die Dinge in Finnland in vieler Hinsicht anders. Finnland hatte keine sowjetischen Truppen im Land, die finnischen Kommunisten hatten sich nicht durch den Kampf gegen eine faschistische Besatzung auch über ihre unmittelbare Anhängerschaft hinaus in weiten Bevölkerungskreisen moralisch legitimiert, zudem fehlte der Partei das tatkräftige Führungspersonal, das den weiten gesellschaftlichen Konsens des bürgerlichen Lagers hätte aufbrechen können. Auch sah der sowjetische Kontrollkommissar von einer direkten Einflußnahme zugunsten der kommunistischen Partei ab, unter anderem weil er Finnland gewissermaßen ein Zeitfenster zur Überwindung antirussischer Gefühle zugestanden hatte.[4]

In der Folge entwickelte die finnische politische Führung unter den Nachkriegspräsidenten Juho Kusti Paasikivi und Urho Kekkonen die finnische Neutralitätspolitik als Reaktion auf die bestehenden Verhältnisse, welche sich auf den Pariser Frieden und den FZB-Vertrag berief und deren Kerngedanke darin bestand, daß Finnland bei ungelösten Konflikten zwischen den Machtblöcken neutral bliebe.[5]

---

[3] Zum Pariser Frieden vgl. Polvinen, Tuomo: Between East and West. Finland in International Politics 1944-1947. Hrsg. von David G. Kirby, Peter Herring. Helsinki 1986; zum Freundschaftsvertrag siehe Krosby, Hans Peter: Friede für Europas Norden. Die sowjetisch-finnischen Beziehungen von 1944 bis zur Gegenwart. Wien, Düsseldorf 1981.

[4] Zur Gefahr eines möglichen kommunistischen Umsturzes siehe neben Büttner (wie Anm. 2) auch Beyer-Thoma, Hermann: Kommunisten und Sozialdemokraten in Finnland 1944-1948. Wiesbaden 1990 (= Veröffentlichungen des Osteuropa-Institutes München, Reihe Geschichte. 57).

[5] Zur Neutralitätspolitik vgl. Auffermann, Burkhard: Die Außenpolitik Finnlands 1944-1991 – Ein Sonderfall europäischer Ost-West-Beziehungen in der Ära des Kalten Krieges. Diss. FU Berlin 1994; zur Außenpolitik Paasikivis vgl. Thomas, Markus: Finnland zwischen Frieden und Kaltem Krieg. Die Außenpolitik des Präsidenten Paasikivi 1947-1955. Hamburg 2005 (= Studien zur Zeitgeschichte. 42).

Die Estnische SSR

Während sich Finnland sowohl außenpolitisch als auch wirtschaftlich stabilisieren und die Grundlagen für die Koexistenz mit dem mächtigen Nachbarn legen konnte, sah sich Estland mit dem Verlust der Unabhängigkeit und den Sowjetisierungsmaßnahmen der alten und neuen Territorialmacht konfrontiert.

Die internationale Reaktion auf die Besetzung der baltischen Republiken 1940 war eher zurückhaltend ausgefallen. Zwar wurde die Eingliederung in den sowjetischen Machbereich überwiegend abgelehnt und auch nie offiziell anerkannt, andererseits gab es nur wenig offene Unterstützung für die Exilregierungen. Stellvertretend für diese Haltung steht der Bericht vom Moskaukorrespondenten des „Daily Telegraph" während des Krieges, Paul Winterton, der sich kurz nach der Besetzung in Tallinn aufhielt. Darin erkannte er zwar die Berechtigung des baltischen Freiheitswillens an, äußerte aber gleichzeitig Verständnis für das russische Sicherheitsbedürfnis und sah unter den gegebenen Umständen eine weitreichende baltische Autonomie unter sowjetischer Oberherrschaft als bestmögliche Lösung an.[6] Diese Einschätzung ist charakteristisch für die westliche Sichtweise, welche die multinationale und -ethnische Sowjetunion zunehmend unter dem Attribut „russisch" subsumierte. Die immer mehr vorherrschende bipolare Weltsicht ließ kaum noch ein differenzierteres Bild des kommunistischen Imperiums zu. Auch die Existenz der großen baltischen Emigrantengemeinden wie beispielsweise in Schweden änderte letztendlich nichts an der Tatsache, daß im Bewußtsein der westlichen Öffentlichkeit die baltischen Republiken hinter der Perzeption von der russisch dominierten Sowjetunion verschwanden.

Estland war ebenso wie Finnland in Folge des Krieges von Gebietsabtretungen betroffen, mit der Region um Petserimaa im Südosten des Landes und dem Gebiet östlich des Flusses Narva waren ca. 5 % des Territoriums der unabhängigen Republik aus der Zwischenkriegszeit verloren gegangen. Neben diesen Verlusten erwiesen sich auch die in mehreren Wellen erfolgenden Deportationen und Säuberungen als traumatisierende Begleiterscheinung der Eingliederung in den sowjetischen Herrschaftsbereich. Betroffen waren zunächst vor allem Männer, die der Kollaboration mit dem

---

[6] Zit. n. Kirby, David: The Baltic World 1772-1993. Europe's Northern Periphery in an Age of Change. London 1995, S. 423.

Olivia Griese

deutschen Besatzungsregime oder der Partisanentätigkeit verdächtigt wurden.[7]
Vor diesem Hintergrund geriet der Aufbau der kommunistischen Herrschaft in den baltischen Republiken ähnlich chaotisch wie in den meisten Ostblockstaaten, da die Parteistrukturen komplett neu aufgebaut werden mußten. Die wenigen einheimischen Parteimitglieder waren immer wieder unter Beschuß von Partisanen geraten und wurden zunehmend von sowjetisch geschultem Personal ersetzt. 1950 gerieten die estnischen Kommunisten unter den Verdacht, die Partei als Deckmantel für eine „bürgerlich-nationalistische" Organisation zu mißbrauchen. Bei den folgenden Säuberungen wurden der erste Sekretär Nikolai Karotamm und einige Minister aus ihren Ämtern entfernt. Diese Ereignisse, die in den benachbarten Republiken Lettland und Litauen keine Entsprechung hatten, führten dazu, daß spätestens 1951 alle Leitungspositionen der estnischen KP von gebürtigen Russen besetzt waren. So war beispielsweise die Familie des estnischstämmigen, langjährigen Ersten Sekretärs der KPE, Ivan (Johannes) Käbin, bereits 1910 nach St. Petersburg emigriert. Erst nach Stalins Tod stieg der Prozentsatz ethnischer Esten in der Partei bis in die Mitte der 1960er Jahre auf ca. 50 % an. Diese Zahl blieb in der Folge weitgehend konstant, am Vorabend der Perestroika hatte die KP Estlands ca. 100.000 Mitglieder, von denen die Hälfte ethnische Esten waren.[8]
Auch die politische und wirtschaftliche Verfassung Estlands war durch die Sowjetisierung tiefgreifenden Veränderungen unterworfen worden. Zwar hatte die Estnische SSR eigene Staatsorgane wie das Parlament und den Obersten Sowjet. Diese hatten jedoch nur untergeordnete Bedeutung, de facto waren sie Verwaltungseinheiten in einem Einheitsstaat, der bestenfalls – im ideologischen Rahmen – kulturelle Autonomie gewährte. Eine intensive Kollektivierung setzte erst nach 1947 ein, zunächst mit Hilfe von Propaganda und gezielter Besteuerung. Diese Kampagne wurde auch durch die zweite große Deportation im März 1949 verschärft, von der gut 20.000 Personen direkt betroffen waren. Hierdurch wurde der Zwang zur Kollektivierung verstärkt: Während im März 1949 erst 8,2 % der landwirtschaftli-

---

[7] Tatsächlich gab es bis 1949 eine rege Partisanentätigkeit der sogenannten Waldbrüder (estn.: *metsavennad*), teilweise finden sich bis 1960 Meldungen über Verhaftungen und Verurteilungen in den sowjetischen Medien. Vgl. Laar, Mart: War in the Woods. Estonia's Struggle for Survival 1944-1956. Washington 1992; Anti-Soviet Resistance in the Baltic States. Hrsg. von Arvydas Anušauskas. Vilnius 1999.
[8] Vgl. zu den Anfängen der sowjetischen Herrschaft z.B. Misiunas, Romuald J.; Rein Taagepera: The Baltic States. Years of Dependence 1940-1990. Berkeley, Los Angeles ²1993.

chen Fläche in 641 Kolchosen organisiert war, lautete die offizielle Ziffer einen Monat später bereits auf 63 % und 2.753 Kolchosen und stieg bis zum Oktober auf 78 % kollektivierten Landes. Diese Entwicklung war 1952 abgeschlossen, als 97 % der landwirtschaftlichen Fläche in Kolchosen erfaßt war. Dadurch verlor Estland ebenso wie die anderen baltischen Republiken im Vergleich zu den nordischen Staaten bei der Produktivität der Landwirtschaft dauerhaft den Anschluß, obwohl das „sowjetische Baltikum" unionsintern auf diesem Gebiet führend war. Beispielsweise lag in der estnischen Milchwirtschaft 1987 der Durchschnitt bei 4.103 Litern pro Kuh, während er in der übrigen Sowjetunion bei 2.681 lag. Finnland hatte bereits 1979 einen Durchschnitt von 5.461 Litern, ein ähnliches (Miß-)Verhältnis ergab sich auch beim Vergleich des Getreideertrags.[9] Die Folgen der Kollektivierung gingen jedoch über bloße wirtschaftliche Einbrüche hinaus, sie berührten die Grundlagen der Nationalidentität, die sich auch aus der Abgrenzung der überwiegend estnischen Landbevölkerung zur ethnisch und kulturell als fremd empfundenen Stadt entwickelt hatte und so einen stark anti-urbanen Charakter aufwies. Dies wurde durch die Kollektivierung sowie die forcierte Urbanisierung zunehmend überdeckt. Zur Zeit der Selbstständigkeit hatte nur ein Drittel der Bevölkerung in Städten gelebt, 1979 hatte sich dieses Verhältnis umgekehrt.[10]

Der Tod Stalins 1953 und die darauf folgende Periode des sog. „Tauwetters" in den ersten Jahren der Ära Nikita Chruščevs hinterließen ihre Spuren auch in Estland. Mit der Aufgabe des stalinistischen Personenkultes ging die Lockerung von Repressionen einher, teilweise konnten sogar Deportierte in die Republiken zurückkehren. Auch die Restriktionen für Kulturschaffende wurden teilweise aufgehoben, einige Bücher aus der Zeit vor 1940 konnten neu aufgelegt werden. Vermehrt gab es auch kritische literarische Auseinandersetzungen mit der sowjetischen Herrschaft, so wurden in dem Roman „Maa ja rahvas" (Land und Leute; 1956) von Rudolf Sirge die Deportationen von 1941 thematisiert. Im Bereich der Musik brach der Bezug zu „westlichen" Einflüssen nie völlig ab, so blieb die Jazzszene Estlands eine der progressivsten der UdSSR, die sich auf zahlreichen Jazzfestivals in Tallinn präsentieren konnte.

---

[9] Vgl. Kirby (wie Anm. 5), S. 417.
[10] Vgl. zur ländlichen Identität Klinge, Matti: Der Ostseeraum als Kulturraum, in: Bibliotheca Baltica. Hrsg. von Jörg Fligge, Robert Schweitzer. München 1994 (= Beiträge zur Bibliothekstheorie und Bibliotheksgeschichte. 10), S. 20-25; siehe auch Ders.: Die Ostseewelt. Helsinki 1994.

Olivia Griese

Die Periode des Tauwetters endete jedoch nach wenigen Jahren und führte zu erneuten Repressionen, wobei von den baltischen Republiken vor allem Lettland von heftigen Säuberungen betroffen war. Demgegenüber konnte sich die estnische KP unter der langjährigen Führung von Käbin (1950-1978) ein gewisses Maß an Freiräumen erarbeiten. Estland wurde so zu einer Art Testgebiet der Zentralmacht für Neuerungen in Verwaltung und Herrschaft. Auch der relativ hohe Lebensstandard trug zur inneren Stabilität bei. Daher rührte auch die russische Bezeichnung des Baltikums als *naš zapad* (unser Westen). Als entscheidend für den Wohlstand erwies sich die umfassende Industrialisierung Estlands, deren schnelles Fortschreiten auch durch den hohen Bildungsstandard der örtlichen Bevölkerung erleichtert wurde. Große Industriekomplexe in den Bereichen Ölschieferindustrie, Phosphorabbau und Leichtelektronik verzeichneten einen steigenden Bedarf an Arbeitskräften, der schließlich nur aus dem sowjetischen Kernland gedeckt werden konnte. Die Meinungen gehen auseinander, ob es sich bei der Förderung der Migration von Bewohnern der übrigen Sowjetunion nach Estland um eine gezielte Russifizierungsmaßnahme handelte oder ob es lediglich eine erwünschte Entwicklung darstellte, die jedoch gefördert wurde, so z.B. in einer Rede von Jurij Andropov 1977. Auch war der vergleichsweise hohe Lebensstandard in den baltischen Republiken und den großen Garnisonen vermutlich ein höherer Anreiz als möglicher Druck aus der Zentrale.

In Estland waren 1959 noch drei Viertel der estnischen Bevölkerung ethnische Esten, 1989 waren es nur noch 61,5 %, 30 % waren ethnische Russen, die sich auf die Städte im Nordwesten wie Narva konzentrierten und knapp die Hälfte der hauptstädtischen Einwohner stellten. Beim überwiegenden Teil der Migranten handelte es sich um Industriearbeiter, nur wenige stiegen in Führungspositionen auf. Schwierigkeiten im Zusammenleben entstanden in erster Linie durch die Sprachenfrage. Während die Esten gezwungen waren, Russisch zu lernen, sah die überwiegende Mehrheit der Migranten ihrerseits keinen Anlaß, Estnisch zu lernen. Dennoch wurde die estnische Sprache nie gänzlich marginalisiert und konnte ihre Stellung auch im Bildungswesen behaupten. Beispielsweise gab es bis zur Unabhängigkeit zwei Schultypen, neben russischsprachigen Schulen existierten auch Schulen mit estnisch als Unterrichtssprache. Ähnlich verhielt es sich bei den Universitäten, wenn auch hier zunehmend Vorlesungen parallel auf Russisch gehalten wurden. In der Bevölkerung hielt sich ein starker Widerstand gegen die russische Sprache, die Sprachbeherrschung von Russisch als Zweitsprache nahm im Laufe der Jahre eher ab als zu. Beide Sprachgruppen existierten relativ getrennt voneinander, im Gegensatz z.b. zu Lettland gab es nur sehr wenige bikulturelle Eheschließungen.[11]

Die Industrialisierung erwies sich für Estland nicht nur aufgrund der verstärkten Migration als zwiespältige Angelegenheit. Die Industriekomplexe hatten ihren Sitz meist außerhalb Estlands, was langfristig durch die zentralisierte Bürokratie und die Distanz zu den Verhältnissen vor Ort zu einem verlangsamten Wachstum führte. Diese Industriebereiche wurden nach der Unabhängigkeit durch veraltete Technologe, ineffiziente Strukturen und gravierende Umweltprobleme zu einem erheblichen Handicap für den jungen estnischen Staat. Trotz dieser Altlasten hatte die rasche Industrialisierung zunächst Vorteile für Estland gebracht, hierzu zählten der im Verhältnis sehr viel schneller steigende Lebensstandard sowie das größere Angebot an Konsumgütern, von denen viele in der Region produziert wurden, und dadurch letztendlich auch die Stärkung eines regionalen Bewusstseins „innerhalb des Systems".[12]

Finnland – Krisen und Entspannung

Das politische Tauwetter nach Stalins Tod hatte auch Folgen für Finnland, das mit der Rückgabe des 1944 an die Sowjetunion verpachteten Stützpunktes Porkkala nahe Helsinki einen außenpolitischen Achtungserfolg erzielen konnte. Der damit verbundene Abzug sowjetischer Truppen aus der unmittelbaren Umgebung der finnischen Hauptstadt verstärkte auch die internationale Glaubwürdigkeit der finnischen Politik, die mit der Mitgliedschaft in der UNO und dem Nordischen Rat weitere Erfolge auf dem Weg zur Etablierung auf der weltpolitischen Bühne verbuchen konnte.

Als entscheidender Prüfstein für die finnische Neutralitätspolitik erwies sich bald die ungelöste deutsche Frage, die einen der Brennpunkte des Kalten Krieges darstellte. Indem Finnland keinen der beiden deutschen Staaten anerkannte, vermied es ein klares Bekenntnis zu einem der politischen Lager und demonstrierte so seine Neutralität in strittigen Fragen des Ost-West-Konflikts. Beide deutsche Staaten waren seit 1953 mit gleichberech-

---

[11] Vgl. die Ablehnung der These einer gezielten Russifizierung bei Kirby (wie Anm. 5), S. 419. Zur Entwicklung der estnischen Bevölkerungsstruktur siehe auch Estland und seine Minderheiten. Esten, Deutsche und Russen im 19. und 20. Jahrhundert. Hrsg. von Konrad Maier. Lüneburg 1995 (= Nordost-Archiv 4 [1995] H. 2).

[12] Vgl. z.B. Die Baltischen Nationen: Estland. Lettland. Litauen. Hrsg. von Boris Meissner. 2., erweiterte Auflage, Köln 1991; A Case Study of a Soviet Republic. The Estonian SSR. Hrsg. von Tönu Parming, Elmar Järvesoo. Boulder, Colorado 1978.

tigten Handelsvertretungen in Finnland präsent, die volle konsularische Vollmachten besaßen.[13]

Diese in Europa einzigartige Situation führte zu einer Art Wettstreit zwischen beiden deutschen Staaten, der aufgrund des Fehlens von Kontakten auf der politischen Ebene in erheblichem Maße mit dem Instrument der auswärtigen Kulturpolitik ausgetragen wurde. Die DDR sah hier die Chance, über Finnland die staatliche Anerkennung der westlich orientierten Staaten Europas zu erhalten und setzte erhebliche finanzielle Mittel für ihre kulturelle Außendarstellung in Finnland ein. Die Bundesrepublik wiederum sah sich dadurch gezwungen, ihre anfänglich eher zurückhaltende Politik aufzugeben und sich intensiver zu engagieren, um die Aufwertung der DDR und damit eine mögliche Vorstufe zur Anerkennung zu verhindern. Finnland wurde für die Bundesrepublik in der Folge zu einem kulturpolitischen Schwerpunkt, neben Deutscher Schule und deutscher Bibliothek unterhielt sie zeitweise auch vier Filialen des Goethe-Instituts, wobei die 1963 eingerichtete Zweigstelle in Helsinki explizit als Gegengewicht zum seit 1960 bestehenden Kulturzentrum der DDR eingerichtet worden war. Ein wichtiges Instrument für die Außendarstellung der DDR im Ostseeraum waren die Rostocker Ostseewochen, die von 1958 bis 1975 regelmäßig stattfanden und neben der Unterstützung der Förderung der völkerrechtlichen Anerkennung auch die Zurschaustellung der wirtschaftlichen und kulturellen Leistung der DDR zum Ziel hatten. Nach der KSZE und der im Vorfeld erfolgten Normalisierung der deutsch-deutschen Beziehungen hatte sich die kostenaufwendige Schau denn auch überlebt und wurde folgerichtig eingestellt.[14]

Bis zu dieser Phase der europäischen Entspannung war es jedoch noch ein weiter Weg, zunächst mußte Finnland zwei politische Krisen überstehen, durch die es von den west-östlichen Auseinandersetzungen unmittel-

---

[13] Zur Rolle der deutschen Staaten im Kalten Krieg vgl. Gray, William Glenn: Germany's Cold War. The Global Campaign to Isolate East Germany, 1949-1969. Chapel Hill 2003. Zum Verhältnis der beiden deutschen Staaten in Finnland siehe Putensen, Dörte: Im Konfliktfeld zwischen Ost und West: Finnland, der kalte Krieg und die deutsche Frage (1947-1973). Berlin 2000 (= Schriftenreihe der Deutsch-Finnischen Gesellschaft. 3).

[14] Zur Kulturpolitik der beiden deutschen Staaten vgl. Griese, Olivia: Auswärtige Kulturpolitik von Bundesrepublik und DDR in Finnland. Aspekte eines Vergleichs, in: Finnland-Studien III. Hrsg. von Ders., Edgar Hösch, Hermann Beyer-Thoma. Wiesbaden 2003 (= Veröffentlichungen des Osteuropa-Institutes München. Forschungen zum Ostseeraum. 7), S. 229-244; Dies.: Auswärtige Kulturpolitik und Kalter Krieg. Die Konkurrenz von Bundesrepublik und DDR in Finnland 1949-1973. Wiesbaden 2006 (= Veröffentlichungen des Osteuropa-Institutes München. Reihe: Forschungen zum Ostseeraum. 9).

bar betroffen war. Beide Ereignisse sind im Kontext mit krisenhaften Entwicklungen im Verhältnis der Machtblöcke zu sehen und demonstrieren auch die finnische Abhängigkeit vom sowjetischen Wohlwollen. So war die Berlinkrise im November 1958 einer der Auslöser dafür, daß die Sowjetunion erheblichen Druck auf die ungeliebte Regierung des Sozialdemokraten Karl-August Fagerholm ausübte, da die finnischen Volksdemokraten trotz ihres Wahlsieges als stärkste Fraktion nicht im Kabinett vertreten waren. Nachdem die Situation eskalierte, sämtliche laufenden Verhandlungen zwischen beiden Ländern unterbrochen waren und schließlich sogar der sowjetische Botschafter abgezogen wurde, führte dies zur Regierungsauflösung. Die Verstimmungen wurden erst bei einem Treffen zwischen dem sowjetischen Partei- und Staatschef Chruščev und dem finnischen Präsidenten Kekkonen in Leningrad endgültig beigelegt.[15]

Auch die sog. Notenkrise drei Jahre später stand im Zusammenhang mit einem Konflikt um Berlin, in diesem Fall mit dem Mauerbau am 13. August 1961 und den daraus resultierenden Spannungen zwischen den westlichen Verbündeten und der UdSSR. Diese überschatteten den finnischen Präsidentenwahlkampf, in dem sich eine parteiübergreifende Oppositionsbewegung gegen den amtierenden Präsidenten gebildet hatte, die mit dem parteilosen ehemaligen Justizminister Olavi Honka einen aussichtsreichen Kandidaten ins Rennen schicken konnte. Ihre Bezeichnung erhielt die Krise nach der sowjetischen Note, die der finnischen Regierung am 30. Oktober 1961 zugestellt wurde, und in der mit Verweis auf den FZB-Vertrag militärische Konsultationen wegen der zunehmenden Gefährdung durch die Bundesrepublik gefordert wurden. Das sowjetische Vorgehen löste international Bestürzung aus, der finnische Präsident, der gerade auf Staatsbesuch in den USA weilte, brach seinen Aufenthalt ab und konnte die Krise im persönlichen Gespräch mit Chruščev in Novosibirsk beilegen. Die Tatsache, daß damit auch die Oppositionsbewegung gegen die Wiederwahl Kekkonens ausgeschaltet war und dieser aufgrund seiner Rolle bei der Bewältigung der Krise mit Rekordergebnis wiedergewählt wurde, nährt bis heute Spekulationen über ein abgekartetes Spiel.[16]

Die von der Neutralitätspolitik vorgegebene und besonders von Präsident Kekkonen nachdrücklich eingeforderte außenpolitische Rücksichtnahme auf die Sowjetunion bis hin zur Selbstzensur war eine der vorherr-

---

[15] Vgl. Jussila/Hentilä/Nevakivi (wie Anm. 1).
[16] Ausgelöst wurde diese Debatte von Rautkallio, Hannu: Novosibirskin lavastus. Noottikriisi 1961 [Die Inszenierung von Novosibirsk. Die Notenkrise 1961]. Helsinki 1992.

schenden Konstanten der finnischen Politik. Allerdings war die Diskussion über die sogenannte „Finnlandisierung" in erster Linie eine bundesdeutsche innenpolitische Debatte, die in enger Verbindung mit den Auseinandersetzungen über den weiteren Kurs in der Ostpolitik gesehen werden muß. Dennoch war die angesprochene Rücksichtnahme auf sowjetische Interessen bis hin zur freiwilligen Selbstzensur eine Tatsache der finnischen Politik. So wurde beispielsweise das Verhältnis zur Sowjetunion wiederholt vor allem von Kekkonen in der innenpolitischen Auseinandersetzung mit politischen Gegnern instrumentalisiert, was für viele Politiker, die sich nicht mit dem „Schmusekurs" gegenüber der UdSSR abfinden wollten, das Karriereende bedeutete und wiederum ein schlechtes Image Finnlands im Ausland zur Folge hatte.[17]

Nach den dramatischen Entwicklungen Anfang der 1960er Jahre mehrten sich gegen Ende des Jahrzehnts die Anzeichen einer zunehmenden Entspannung im west-östlichen Verhältnis, die wiederum direkte Auswirkungen auf die Beziehungen beider deutschen Staaten zueinander hatte. Durch die schrittweise Aufgabe des bundesdeutschen Alleinvertretungsanspruches und der Neuen Ostpolitik der Großen Koalition wurden die Voraussetzungen zu einem Ausgleich zwischen den beiden deutschen Staaten geschaffen und damit ein wichtiger Konfliktherd in Europa entschärft. Besonders nach der Niederschlagung des Prager Aufstandes 1968, der zu einer erneuten Verschlechterung des politischen Klimas geführt hatte, wuchs das Interesse an der Schaffung eines Modus Vivendi. Mit den Ostverträgen und dem Grundvertrag, der das Verhältnis zwischen beiden deutschen Staaten auf eine klare Basis stellte und die internationale Anerkennung der DDR ermöglichte, wurde hierzu ein wichtiger Schritt getan.

Finnland hatte im Prozeß der europäischen Entspannung mit seiner Initiative zur Ausrichtung einer europäischen Friedenskonferenz eine aktive Rolle übernommen. Tatsächlich wurde Helsinki Tagungsort der Konferenz für Sicherheit und Zusammenarbeit in Europa (KSZE), die in mehreren Phasen von 1973 bis 1975 tagte und mit der Unterzeichnung der Schlußakte im Sommer 1975 ihren Höhepunkt fand. Diese Schlußakte, insbesondere der sogenannte Dritte Korb, der die Förderung von Kulturaustausch und

---

[17] Zur Debatte um die Finnlandisierung vgl. Auffermann, Burkhard: Finnlandisierung – das abschreckende Beispiel? Zur Problematik eines politischen Kampfbegriffes in der Ära des Kalten Krieges. In: Zeitgeschichte 26 (1999), S. 347-379; siehe auch Hentilä, Seppo: Living Next Door to the Bear. How did Finland survive the Cold War? In: Historiallinen Aikakauskirja 2 (1998), S.129-136.

Kommunikation sowie die Erleichterung zwischenmenschlicher Kontakte vorsah, diente vielen politischen Dissidenten im Ostblock als Motivation und Bezugsgrundlage. Die Dissidentenbewegung der Brežnev-Ära berief sich daher immer wieder ausdrücklich auf dieses Dokument und forderte dessen Einhaltung.[18]

Estlands Weg zur Unabhängigkeit

Die mit der Ära Brežnev assoziierte geistige und gesellschaftliche Stagnation in der Sowjetunion bremste auch die Aufbruchstimmung in den baltischen Republiken, wo sich ebenfalls eine Dissidentenbewegung entwickelt hatte. Die erste estnische Protestnote datiert von 1968 und stand direkt unter dem Einfluß der Niederschlagung des Prager Frühlings. Diese wurde ebenso wie die folgenden Protestnoten noch von Esten und Russen gemeinsam verfaßt. Sie enthielten vor allen Dingen Forderungen nach mehr zivilen Rechten, waren also noch keine Vorboten des Unabhängigkeitsstrebens. Derartige Ansprüche wurden erstmals von zwei kleineren Gruppen 1972 formuliert, was zu einer Reihe von Verurteilungen führte. 1977 gab es erste öffentliche Kritik von estnischen Wissenschaftlern am Phosphorabbau sowie 1979 Proteste am 40. Jahrestag des Nichtangriffsvertrags zwischen Deutschland und UdSSR, dem Hitler-Stalin-Pakt vom 23. August 1939. Damit zeichneten sich bereits zwei Themen ab, die zu zentralen Inhalten der estnischen Unabhängigkeitsbewegung werden sollten: Umweltschutz und der Umgang mit der nationalen Vergangenheit. Demgegenüber spielte die Kirche hier keine zentrale Rolle, auch weil sie als Organisation nie direkt unter Beschuß geraten war. Zwar umfaßte der Klerus quantitativ nur noch ein Drittel des Zwischenkriegsniveaus, doch war dies nicht in erster Linie Folge einer gezielten antireligiösen Kampagne, so daß im estnischen Klerus nur wenig Oppositionspotential vorhanden war.

Als ein Motor der Unabhängigkeitsbewegung erwies sich die Universität Tartu, deren große 350-Jahrfeier 1982 unter Anwesenheit zahlreicher ausländischer Gäste (u.a. des finnischen Präsidenten Kekkonen) identitätsstiftende Wirkung im Hinblick auf die Rückbesinnung auf die (west-)europäische Tradition des Landes entfaltete. Ein weiteres wichtiges Feld des Widerstands gegen die sowjetische Zentralmacht war der unter den Bedingungen der Perestroika einsetzende Protest gegen den offenen Phosphor-

---

[18] Zur Bedeutung der KSZE vgl. Schlotter, Peter: Die KSZE im Ost-West-Konflikt. Wirkung einer internationalen Institution. Frankfurt/Main 1999 (= Studien der Hessischen Stiftung Friedens- und Konfliktforschung. 32).

abbau, der 1987 schließlich zur Vertagung dieser Pläne führte. Für die Opposition gegen diese Pläne war von besonderer Bedeutung, daß hier nach estnischer Lesart die eigene Natur für die Bedürfnisse der restlichen Sowjetunion zerstört werden sollte. Die Rückbesinnung auf das historische Erbe, die sich bereits beim Tartuer Jubiläum manifestiert hatte, wurde zu einem erheblichen Anteil vom Denkmalschutzverein (*Muinsuskaitse selts*) getragen. Dieser hatte sich vor allen Dingen den Schutz und die Bewahrung nationaler Baudenkmäler auf die Fahnen geschrieben, die nicht länger einseitig als Zeichen der deutschen Unterdrückung wahrgenommen, sondern vermehrt als Symbole für die historischen Bande nach Westeuropa angesehen wurden. Diese beiden Bewegungen, der Umwelt- sowie der Denkmalschutz, die bald auch organisatorisch zusammenarbeiteten und personell eng vernetzt waren, hatten vom Selbstverständnis her auch eine moralische Dimension: Mit dem Kampf für den Erhalt von Natur und Kulturgütern ging der Protest gegen sowjetische Planwirtschaft, zentrale Machtausübung und rücksichtslose Wachstumsmaximierung auf Kosten der Umwelt einher. Eine wichtige Rolle bei der nationalen Mobilisierung spielten auch die jährlichen Sängerfeste (*Laulupidu*), so nahmen 1988 fast 300.000 Personen an diesem Fest teil, auf dem estnische Lieder unter der alten estnischen Flagge gesungen wurden.

Die heiße Phase der Unabhängigkeitsbewegung datiert zwischen 1987 und 1989 und wurde von einer Reihe von Reformplänen begleitet, so z.B. dem estnischen Plan für ökonomische Selbstverwaltung vom 2. September 1987, der aus den Reihen der estnischen KP-Führung stammte. Diese Reformbewegung, die zunächst vom Ersten Parteisekretär Karl Vaino genehmigt worden war, entwickelte eine so große Eigendynamik, daß die Parteiführung schließlich in Moskau um militärische Unterstützung bat. Nachdem dieses Ansinnen ohne Resonanz blieb, sah sich Vaino schließlich zum Rücktritt gezwungen. Sein Nachfolger wurde Vaino Väljas, der mit Erfolg den reformorientierten Teil der KP in die gesellschaftliche Bewegung integrierte, die sich unter dem Namen der estnischen Volksfront (*Eesti rahvarinne*) organisiert hatte. Weitere Schritte auf dem Weg zur Unabhängigkeit markierten neben der Bestätigung der alten Nationalflagge und Estnisch als offizieller Staatssprache die umstrittene Deklaration der Souveränität des Obersten Sowjets der Estnischen SSR vom 16. November 1988, der sich damit selbst ein Vetorecht gegen die Unionsgesetzgebung zusprach. Trotz der negativen Reaktion des Moskauer Obersten Sowjets wurde diese Entscheidung im Dezember erneut bestätigt. Der in Estland entwickelte Plan zur schrittweisen Erreichung der ökonomischen Autonomie wurde auch von den anderen baltischen Republiken aufgegriffen und zur Grundlage für deren Programm der Souveränitätsgestaltung. Die sowjetische Reaktion auf diese Entwicklung bestand in der Organisation von sogenannten „Internationalen Fronten" (russ. *Interfronty*), die sich vor allen Dingen aus der russischstämmigen Bevölkerung speisten, auch die Spaltung der kommunistischen Parteien folgte weitgehend der ethnischen Trennungslinie. Dennoch gewannen bei den Wahlen zum zentralen Obersten Sowjet im März 1989 in allen baltischen Republiken die Reformkandidaten. In der Folge konkretisierten sich die Pläne, von einer bloßen Souveränität unter sowjetischer Oberherrschaft war bald nicht mehr die Rede, es ging um die vollständige staatliche Unabhängigkeit. Der Jahrestag des Hitler-Stalin-Pakts am 23. August 1989 bot noch einmal den Anlaß für eine eindrucksvolle Demonstration des Unabhängigkeitsbestrebens der Bevölkerung aller drei Republiken mit einer Menschenkette mit ca. 2 Millionen Teilnehmern, die von Tallinn bis Vilnius reichte. Die 1990 abgehaltenen Referenden zur Unabhängigkeit erhielten in allen drei baltischen Republiken eine klare Mehrheit, in Estland hatten 78 % der Bevölkerung mit „ja" gestimmt. Da auch der damalige Präsident der russischen Föderation Boris El'cin dieses Bestreben unterstützte, weil es seinen eigenen Plänen einer Unabhängigkeit der Russischen Föderation nützte, erklärten alle drei baltischen Republiken nach der Niederschlagung des Putsches gegen die sowjetische Führung im August 1991 ihre Unabhängigkeit.

Mit dem Auseinanderbrechen des Ostblocks und dem Zerfall der Sowjetunion wurde das Ende des bipolaren Mächtesystems in der bisherigen Form besiegelt, wodurch das Verhältnis der europäischen Staaten in der Epoche des Kalten Krieges determiniert worden war. Während Estland die staatliche Unabhängigkeit erreicht hatte, stand es Finnland nun frei, Mitglied in den westlichen Bündnissystemen zu werden, wovon der Beitritt zur Europäischen Union 1995 sowie – im Gegensatz zu den anderen nordischen Staaten – die Teilnahme an der Währungsunion 1999 künden.[19]

Die distanzierte Nachbarschaft

Die Beziehungen zwischen Finnland und Estland waren schon aufgrund der sprachlichen Verwandtschaft und der benachbarten Lage traditionell

---

[19] Vgl. Gerner, Kristian; Stefan Hedlund: The Baltic States and the End of the Soviet Empire. New York 1993; siehe auch Putensen, Dörte: Finnlands Hinwendung zur europäischen Union. In: Jahrbücher für Geschichte Osteuropas 53 (2005), S. 405-414.

eng gewesen. Nach dem Ende des Zweiten Weltkrieges war Estland jedoch zunächst seiner eigenständigen Außenkontakte beraubt und die bisherigen vielfältigen nachbarschaftlichen Beziehungen zu Finnland unterbrochen. Erst in der Periode des Tauwetters Mitte der 1950er Jahre gab es erneut Kontakte auf offizieller Ebene. Der finnische Präsident Kekkonen besuchte Estland als einziges ausländisches Staatsoberhaupt 1964 und hielt eine vielbeachtete Rede in der Universität Tartu, in der er betonte, daß Finnland die Esten nicht vergessen habe. Auch als Folge dieses Besuches wurde 1965 eine Fährverbindung über die nur 85 km lange Strecke von Helsinki nach Tallinn eingerichtet, danach wuchs der Tourismus aus Finnland stark an, auch wurden mit finnischer Unterstützung mehrere Hotels in Tallinn gebaut und betrieben. Seit den 1960er Jahren hatten die Esten im Küstengebiet die Möglichkeit, finnisches Fernsehen zu empfangen, eine Analogie zum „Westfernsehen" in der DDR, was hier wie dort eine wichtige Rolle bei der geistigen Vorbereitung der Unabhängigkeit spielte.

Dies blieb der sowjetischen Führung nicht verborgen, die daher in den 1980er Jahren die Begrenzung der Ausstrahlungsweite von finnischem Radio und Fernsehen forderte. Dies wurde zwar von der finnischen Führung abgelehnt, jedoch blieb dies das einzige klare Statement einer offenen Unterstützung Estlands. Die politische Führung in Helsinki stand der wachsenden Unabhängigkeitsbewegung eher skeptisch gegenüber, es gab keinerlei offizielle Unterstützung für Dissidenten, da man den sowjetischen Interessen nicht zuwider handeln wollte. Ein anonymes Schreiben estnischer Dissidenten von 1982, das sich speziell an finnische Firmen und Arbeiter mit der Aufforderung richtete, nicht am Ausbau des neuen Hafens Muuga bei Tallinn mitzuwirken, weil dies nur den weiteren Zuzug von Sowjetbürgern aus dem Zentrum nach Estland fördern würde, blieb ohne Resonanz. Bis Anfang der 1980er Jahre gab es auch kaum Berichte in der finnischen Presse. Während Finnland in Estland also schon allein durch das Fernsehen und die Touristen stets präsent war, war Estland nicht sehr stark im finnischen Bewußtsein verankert.[20]

---

[20] Zum finnisch-estnischen Verhältnis vgl. vor allem Zetterberg, Seppo: Sama sukua, eri maata. Viro ja Suomi – historiasta huomiseen [Gleiche Herkunft, anderes Land. Estland und Finnland – von der Geschichte in die Zukunft]. O.O. 2004 (oder URL:
http://www.estemb.fi/failid/450/Samaa_sukua-eri_maata.pdf [letzter Zugriff 20.8.2006];
http://www.eva.fi/files/1663_samaa_sukua_eri_maata.pdf [letzter Zugriff 10.1.2007]); siehe auch Hasselblatt, Cornelius: Finnisch-estnische Wissenschaftsbeziehungen nach 1945. In: Finnland-Studien II. Hrsg. von Edgar Hösch, Hermann Beyer-Thoma. Wiesbaden 1993 (= Veröffentlichungen des Osteuropa-Institutes München. Reihe: Geschichte. 63), S. 165-176;

Aufgrund dieser geringen Präsenz in den Medien kam die Entwicklung in Estland seit 1987 für die überwiegende Mehrheit der finnischen Öffentlichkeit völlig überraschend. Erstmalig wurde Anfang 1987 der Kampf gegen die Ausweitung des Phosphorabbaus bewußt wahrgenommen. Noch im Herbst 1988 wurde die offizielle Haltung der finnischen Regierung aus der Äußerung des sozialdemokratischen Präsidenten Mauno Koivisto deutlich, der feststellte, daß man außenpolitische Beziehungen zu Staaten, nicht aber zu Volksbewegungen habe. Finnland hatte die Besetzung Estlands zwar nie *de jure* anerkannt, aber *de facto* ebenso wie der Rest der Welt akzeptiert. Die Reaktionen der politischen Führung blieben auch nach der estnischen Souveränitätserklärung im November 1988 zurückhaltend, so äußerte Koivisto die Ansicht, daß man in jedem Fall die sowjetische Reaktion in Betracht ziehen müsse. Dies entsprach der offiziellen politischen Linie Finnlands, durch die Unterstützung der Reformpolitik Michail Gorbačevs den estnischen Interessen am besten zu dienen. Parallel zu dieser distanzierten politischen Haltung wuchs jedoch die moralische Unterstützung in der finnischen Bevölkerung für die estnischen Belange. Mit Hinblick auf die Reaktion der politischen Führung beschwerte sich denn auch der damalige Vorsitzende des Obersten Sowjets der Estnischen SSR, Ülo Nugis, daß von allen westlichen Ländern die kühlsten Reaktionen aus Schweden und Finnland kämen. Umgekehrt äußerte kurz darauf der spätere Außenminister Lennart Meri Verständnis für die finnische Zurückhaltung, da man von der finnischen Außenpolitik im Hinblick auf den Umgang mit der Sowjetunion noch viel lernen könne.[21]

Unterhalb der Ebene der offiziellen außenpolitischen Verlautbarungen praktizierte man auf finnischer Seite eine Politik der kleinen Schritte. So gab es seit März 1990 Linienflüge der „Finnair" nach Tallinn, beim ersten Flug war der finnische Parlamentspräsident Kalevi Sorsa einer der Passagiere. Im April 1990 wurde in Tallinn ein finnisches Konsulat eröffnet, bis dahin war Estland von Leningrad aus mitbetreut worden. Dennoch weigerte sich Finnland noch im Sommer 1990, eine von Dänemark initiierte Resolution über das Recht der baltischen Staaten auf Unabhängigkeit mit zu verabschieden, und schickte zum Treffen der nordischen Außenminister nur einen Staatssekretär. Diese Zurückhaltung wurde bis zur estnischen Unab-

---

Virallista Politiikkaa, epävirallista Kanssakäymistä. Suomen ja Viron suhteiden käännekohtia 1860-1991. [Offizielle Politik, inoffizielle Begegnungen. Die Wendepunkte der finnisch-estnischen Beziehungen]. Hrsg. von Heikki Roiko-Jokela. Jyväskylä 1997.
[21] Vgl. Zetterberg (wie Anm. 20), S. 15.

hängigkeitserklärung beibehalten, die mit El'cins Unterstützung zustande gekommen war. Erst danach schwenkte Finnland von seiner realpolitischen Linie auf die der anderen nordischen Staaten um und vollzog die Wiederaufnahme diplomatischer Beziehungen am 29. August 1991, neun Tage nach der estnischen Unabhängigkeitserklärung.

Finnland und Estland sind Beispiele für Staaten bzw. Länder, die eher zu den Objekten des Mächteringens zählen, aber dennoch ihre begrenzten Spielräume im entscheidenden Moment nutzen konnten, um sich so Handlungsfreiheit zu verschaffen und eigenständig die Entwicklung zu beeinflussen. Zu ihrem Verhältnis untereinander muß man für die Epoche des Kalten Kriegs konstatieren, daß Estland von Finnland immer mehr Zuwendung und Engagement erwartet hatte, als letzteres bereit war zu leisten und so die finnische Distanz mit der enttäuschten estnischen Erwartung kollidierte. Seppo Zetterberg zieht in seiner Betrachtung des estnischfinnischen Verhältnisses nach 1945 jedoch das Fazit, daß dies alles nun nach 15 Jahren neuer Nachbarschaft auf beiden Seiten des finnischen Meerbusens vergessen sei, was seiner Einschätzung nach den besten Ausdruck von Realpolitik darstelle.[22]

---

[22] Ebenda, S. 19.

Westwärts auf der *Via Baltica*: Transformation und Europäisierung der baltischen Staaten

ARON BUZOGÁNY

Fünfzehn Jahre nach dem *annus mirabilis* 1989 markierte das Jahr 2004 den zweiten historischen Wendepunkt sowohl für die drei baltischen Staaten Estland, Lettland und Litauen als auch für die Europäische Union (EU). Die „Rückkehr nach Europa" Ostmitteleuropas und des Baltikums setzte der fünfzig Jahre andauernden künstlichen Trennung des Kontinents ein Ende. Die Mitgliedschaft in der EU war von Anfang an das außenpolitische Fernziel der baltischen Regierungen und die endgültige Bestätigung ihrer Unabhängigkeit und Zugehörigkeit zu Europa. Für die drei ehemaligen Teilrepubliken der Sowjetunion bedeutete diese Mitgliedschaft das Erreichen der Ziellinie nach einer langen und anstrengenden Reise.

Der vorliegende Beitrag skizziert diese Reise „von Moskau nach Brüssel" und versucht dabei insbesondere die aus den parallel ablaufenden Transformations- und Europäisierungsprozessen resultierenden Dynamiken zu beleuchten. Dabei wird gezeigt, daß die Beitrittsperspektive zur EU maßgeblich zur Stabilisierung der politischen und ökonomischen Transformation in der Region beigetragen hat. Gleichzeitig hatte dieser Prozeß seine Schattenseiten, was sich auch in der sinkenden EU-Euphorie im Vorfeld des Beitritts niederschlug. Die sich abzeichnende EU-Integration der baltischen Staaten hat sich nicht nur innenpolitisch ausgewirkt, sie hat auch zu der Herausbildung von neuen regionalen Kooperationsmustern in der Ostseeregion geführt, deren Ziel die Überbrückung der Grenzen zwischen EU-Mitgliedern und Nichtmitgliedern ist. Abschließend stellt sich die Frage, welche Rolle die baltischen Staaten nach den ersten Jahren in einer erweiterten Union spielen werden.

Das Dilemma der Gleichzeitigkeit und die Kopenhagener Kriterien

Nach dem Zusammenbruch der staatssozialistischen Systeme im Osten Europas und der Wiedererlangung ihrer Unabhängigkeit sahen sich die jungen baltischen Staaten mit drei gleichzeitig verlaufenden und eng miteinander verknüpften Transformationsprozessen konfrontiert. Der erste von ihnen verlief auf der politischen Ebene und bedeutete einen umfassenden Systemwechsel von einer autoritär geprägten Einparteienherrschaft in

Richtung eines demokratischen Rechtsstaates. Parallel dazu verlief eine mindestens genauso schwierige zweite Entwicklung auf der ökonomischen Ebene: Eine auf weitgehende Privatisierung beruhende marktwirtschaftliche Ordnung sollte die abgewirtschaftete sozialistische Planwirtschaft ablösen – eine wahre Herkulesaufgabe, die nach den Worten von Lech Wałęsa dem Versuch gleichkommt, „eine Fischsuppe in lebendige Fische zu verwandeln"[1]. Der dritte Transformationsprozeß bezog sich auf die Schaffung von funktionierenden staatlichen Strukturen und eine deren Effektivität unterstützende gemeinsame Identität – eine besonders in Staaten ohne nennenswerte eigenstaatliche Tradition und einem hohen Anteil von Minderheitenbevölkerungen komplexe Aufgabe. Die Parallelität der politischen, ökonomischen und soziokulturellen Transformation – von Claus Offe als „Dilemma der Gleichzeitigkeit" bezeichnet[2] – stellte die Regierungen der baltischen Staaten vor die schwierige Wahl eines Transformationspfades, der die Wechselwirkung zwischen den zu meisternden Aufgabenbündeln und die zahlreichen innen- und außenpolitischen Einflüsse miteinbeziehen mußte.

Fünfzehn Jahre nach der Erlangung der Unabhängigkeit wird der Transformationsprozeß der baltischen Staaten fast einstimmig als großer Erfolg angesehen. Als einzige ehemalige Mitgliedsstaaten der Sowjetunion schafften sie die Aufnahme in eine andere Art von Union. Während andere Regionen der ehemals sozialistischen „Zweiten Welt", wie der Kaukasus, die Republik Moldau oder die jugoslawischen Balkanstaaten, von mehreren Kriegen und Konflikten heimgesucht wurden und heute Gefahr laufen, in die „Dritte Welt" abzurutschen, schafften es die baltischen Staaten – trotz oft ähnlich gelagerten strukturellen Problemen – ihren Transformationsprozeß erfolgreich zu gestalten. Weder der schwierige ökonomische und soziale Umbau, noch die teilweise ungelösten Minderheitenproblematiken – Ursachen also, die oft als auslösend für das Scheitern von Transformationsprozessen angesehen werden – konnten hier Unruhe stiften. Im Vergleich zu den anderen Mitgliedsstaaten der Sowjetunion war hier auch die wirtschaftliche Entwicklung, die Stärke der nationalen Identitäten und die zwar kurzen, aber wichtigen politischen Erfahrungen mit der Eigen-

---

[1] Tomorrow May Be Too Late. Interview with Lech Walesa. In: Demokratizatsiya 7 (1999), S. 274.
[2] Offe, Claus: Das Dilemma der Gleichzeitigkeit. Demokratisierung und Marktwirtschaft in Osteuropa. In: Merkur 45 (1991), S. 279-292.

Staatlichkeit während der Zwischenkriegszeit sowie die räumliche und kulturelle Nähe zur EU von Vorteil. Die Tatsache, daß die EU den baltischen Staaten die Perspektive eines Beitritts anbot, war allerdings sehr wahrscheinlich der Faktor, der entscheidend dazu beitrug, den durch das „Dilemma der Gleichzeitigkeit" geprägten schwierigen Reformprozeß abzusichern und letztlich zu einem einzigartigen Erfolg zu machen. Der Reformprozeß in den drei baltischen Staaten läßt sich insofern als eine „EU-ropäisierung" der rechtlichen und politischen Situation und eine zunehmende Anpassung der nationalen Verhältnisse an die Standards der EU beschreiben. Gesteuert wurde dieser oft schwierige und leidvolle Prozeß durch die Perspektive des EU-Beitritts, der von den politischen Eliten der baltischen Staaten und dem Großteil der Bevölkerung als *das* zentrale politische Ziel angesehen wurde. Erfolg und Tempo dieses Prozesses unterlagen dem von der EU bestimmten „Zuckerbrot und Peitsche – Prinzip" und wurden von einem Konditionalitätsmechanismus bestimmt: Je schneller und erfolgreicher die Übernahme des mehrere zehntausend Seiten EU-Regelungen umfassenden und sich ständig ändernden gemeinschaftlichen Besitzstandes der EU – den sogenannten *acquis communitaires* – vor sich ging, um so näher kam das Land an einen Beitritt. Die jährlichen Fortschrittsberichte der EU, die sich stellenweise wie Schulzeugnisse lasen, lobten und rügten die Beitrittskandidaten und steuerten damit den Verlauf des Transformationspfades.

Als Bedingungen für einen Beitritt hatte die EU 1993 auf dem Europäischen Rat von Kopenhagen drei Kriterienbündel formuliert – die sogenannten „Kopenhagener Kriterien" – die alle Beitrittsländer erfüllen mußten. Das erste, das „politische Kriterium", beinhaltete die Kernbedingungen institutionelle Stabilität, demokratische und rechtstaatliche Ordnung, Wahrung der Menschenrechte sowie Achtung und Schutz von Minderheiten. Das zweite, „wirtschaftliche Kriterium", stellte die Forderung nach einer funktionsfähigen Marktwirtschaft und der Fähigkeit, dem Wettbewerbsdruck innerhalb des EU-Binnenmarktes standzuhalten. Das dritte, das sogenannte „acquis-Kriterium", bezog sich auf die Fähigkeit der Beitrittsländer, sich die aus einer EU-Mitgliedschaft erwachsenden Verpflichtungen und Ziele zu eigen zu machen, das heißt, sie mußten das gemeinschaftliche Regelwerk der EU so weit übernommen haben, daß keine allzu großen „Integrationslücken" klafften. Während sich die politischen und wirtschaftlichen Kriterien als relativ „dehnbar" erwiesen, blieb der Ermessungsspielraum bei der Implementation der in 31 Kapiteln gefaßten EU-

Rechtsmasse relativ strikt und erforderte einen hohen administrativen Aufwand – auch weil es sich um Vorgaben handelte, die sich kontinuierlich änderten.

Politische Kriterien

Den baltischen Staaten wurde von der EU bereits 1997 das Prädikat verliehen, „funktionierende Demokratien" zu sein. Dieses Urteil beruhte auf der Erkenntnis, daß die politischen Systeme in allen drei Staaten weitgehend als stabil zu betrachten waren. Allerdings konnte das Gleiche von den wesentlichen Akteuren des politischen Systems, den Parteien, nicht behauptet werden. Im Vergleich zu den meisten osteuropäischen Staaten ist die Parteienlandschaft in den baltischen Staaten auch heute noch von einer extrem hohen Fluktuation gekennzeichnet. Von der Unabhängigkeit bis heute (2005) haben Estland, Lettland und Litauen den 33., 34. und 35. Ministerpräsidenten „verschlissen". Der litauische Premier Albertas Simenas hielt sich im Jahr 1991 sogar nur etwa 70 Stunden im Amt – allerdings in den Wirren der sowjetischen Militärintervention. Der Lette Maris Grinblats schaffte es immerhin auf sechs Wochen, doch auch das reichte natürlich nicht, um im Volk wirklich bekannt zu werden. Fast jede Parlamentswahl brachte neue, bislang unbekannte Kräfte ins Parlament und ließ andere in der Vergessenheit verschwinden. So kann (noch) nicht von einer im westeuropäischen Sinne geprägten Parteienlandschaft gesprochen werden. Anstatt über eine klare weltanschauliche Basis und stabile Verankerung in der Wahlbevölkerung zu verfügen, agierten die meisten Parteien gewisserweise oberhalb der Gesellschaft und waren oft von der Popularität ihrer Leitfiguren abhängig. Wahlanalysen der vergangenen Jahre zeigten, daß es eine eindeutige, langfristige Bindung an Parteien meistens schon aufgrund der fehlenden Kontinuität dieser Parteien nicht gab und daß die Wähler ihre Entscheidung viel stärker von Ereignissen und Themen sowie den Kandidaten abhängig machen. Der belastende Umgang mit der kommunistischen Vergangenheit, das schwierige Kappen alter Seilschaften und zahlreiche Privatisierungsaffären sind einige der wesentlichen Ursachen für die hohe Zahl der Machtwechsel. Auch das Fehlen von Volksparteien mit einem hohen Integrationspotential ist vor dem Hintergrund sowjetischer Erfahrungen zu sehen und führte lange Jahre zur Weigerung fast aller politischen Kräfte, sich als „links" zu definieren. Zumindest in Lettland und Estland brachte das eine Dominanz der Mitte-Rechts Parteien.

Bemerkenswerterweise erwiesen sich trotz der innenpolitischen Instabilitäten die baltischen Regierungen als sehr effektiv. Nicht nur, daß alle Regierungen an den nationalen Primärzielen, der doppelten Aufnahme in die EU und in die NATO, festhielten und daß eine hohe wirtschafts- und außenpolitische Kontinuität bewahrt werden konnte, auch blieb die aufgrund der vielfachen sozialen Probleme und der Schwierigkeiten mit der russischsprachigen Minderheit befürchtete Radikalisierung aus. Seit dem Ende der Sowjetunion leben in den beiden nördlichen Staaten (anders als in Litauen) größere russischsprachige Minderheiten: in Lettland sind knapp 500.000 von ihnen staatenlos, in Estland ca. 162.000[3]. Die Frage nach den politischen Rechten der „Russischsprachigen", worunter nicht nur Angehörige der russischen Minderheit, sondern auch weitere, während der sowjetischen Zeit in die drei baltischen Staaten eingewanderten ethnischen Gruppen aus der gesamten Sowjetunion verstanden werden, beschäftigte während des Beitrittsprozesses auch die EU und wurde sowohl in der Bevölkerung als auch unter Beobachtern zum kontrovers diskutiertem Thema. Stein des Anstoßes war dabei die Weigerung der Regierungen Estlands und Lettlands, der seit 1945 zugewanderten russischsprachigen Bevölkerung automatisch die Staatsbürgerschaftsrechte zuzuerkennen. Aus baltischer Sicht war die Einverleibung der drei baltischen Staaten durch die Sowjetunion eine völkerrechtswidrige Annexion, die durch die Ansiedlung großer Gruppen von Russischsprachigen von der Sowjetunion nachhaltig zementiert werden sollte. Nach den „baltischen Revolutionen" und der Loslösung der drei Staaten von der Sowjetunion wurde die umfangreiche russische Bevölkerung in Estland und Lettland als Teil einer auf die Wiederherstellung der völkerrechtlichen und demographischen Kontinuität gerichteten Politik der Nationalbewegungen zu Staatenlosen erklärt. Anders als seine zwei nördlichen Nachbarn wich Litauen, wo die russischsprachige Bevölkerung mit 12% einen relativ kleinen Teil der Gesamtbevölkerung ausmachte, von diesem Pfad ab und bot seinen Minderheiten automatisch die Staatsbürgerschaft an.

---

[3] Urdze, Andrejs: Die Rückkehr der baltischen Staaten nach Europa. In: Der Bürger im Staat 54 (2004), S. 102-107, hier S. 106. Die Zahlen der Staatenlosen verringern sich stetig. Anfang 2005 waren in Lettland nach Angaben des Latvian Institute noch gut 430.000 Personen staatenlos (http://www.li.lv/en/?id=24 [letzter Zugriff 1.8.2006]); in Estland verblieben Ende 2005 nach Angaben des Außenministeriums noch gut 136.000 Personen ohne Staatsbürgerschaft (http://www.vm.ee/eng/kat_137/7264.html?arhiiv_kuup=kuup_2006 [letzter Zugriff 1.8.2006]).

Paradoxerweise entsprach die Minderheitengesetzgebung Estlands und Lettlands den europäischen Standards; doch da diese nur für estnische und lettische Staatsbürger galt, betraf sie die Mehrzahl der auf ihrem Staatsgebiet lebenden russischsprachigen „Staatenlosen" nicht.[4] Diese Politik brachte den zwei baltischen Staaten schnell die Bezeichnung „defekte" oder „ethnische" Demokratien ein und setzte sie der wiederholten Kritik internationaler Organisationen aus. In den betroffenen Staaten stieß diese Kritik lange Zeit auf Unverständnis, auch weil die Russische Förderation, welche die Lage der Minderheiten geopolitisch zu instrumentalisieren versuchte, diese Kritik dankend aufnahm.

Nur durch eine bessere Integration der eigenen Minderheitenbevölkerung konnten die baltischen Staaten ihre Integration in die Europäische Union erkaufen. Da die EU – vor allem aufgrund der Weigerung von Frankreich und Griechenland – über keine eigenständigen Richtlinien des Minderheitenschutzes verfügt, konnte sie dabei nicht auf das eigene positive Beispiel verweisen, sondern lediglich auf die Verträge zum Schutz von Minderheiten des Europarates und der Organisation für Sicherheit und Zusammenarbeit in Europa (OSZE). Die aus amerikanischen Polizeifilmen bekannte Arbeitsteilung nach dem Muster „*good cop – bad cop*" zwischen der EU und dem Hohen Kommissar für Minderheitenrechte der OSZE, Max van der Stoel, erwies sich langfristig als ein Erfolg.[5] Auf seinen zahlreichen Reisen durch die Region versuchte van der Stoel den Diskurs über Integration der Minderheitenrechte voranzubringen und zu steuern, wobei er oft die Rolle des „bad cop" übernahm und zum mit Abstand unbeliebtesten westlichen Politiker in der Region wurde. Währenddessen hielt sich die EU als „good cop" mit offener Kritik vornehm zurück, unterstützte aber gleichzeitig die Arbeit des Hohen Kommissars und bot finanzielle Hilfe bei der Ausarbeitung von Integrationsmaßnahmen an.

Nach den turbulenten Jahren Anfang der Neunziger ist die Minderheitenfrage am Ende des Jahrzehnts langsam einer Lösung näher gekommen. Eine schlichtende Rolle spielte dabei neben dem sanften Druck der westlichen Staaten die Einsicht seitens der baltischen Politiker, eine langfristige

---

[4] National Integration & Violent Conflict in Post-Soviet Societies: The Cases of Estonia and Moldova. Hrsg. von Pål Kolstø. Lanham 2002; Neukirch, Claus: Konfliktmanagement und Konfliktprävention im Rahmen von OSZE-Langzeitmissionen. Eine Analyse der Missionen in Moldau und Estland. Baden-Baden 2003.

[5] Zaagman, Rob: Conflict Prevention in the Baltic States: The OSCE High Commissioner on National Minorities in Estonia, Latvia and Lithuania. Flensburg 1999 (= ECMI Monograph 1).

Lösung in Angriff nehmen zu müssen, sowie die wachsende Bereitschaft der russischsprachigen Bevölkerung, die neuen Staatssprachen zu erlernen und Anschluß an die neuen politischen Wirklichkeiten zu suchen. So kam es zu einer sukzessiven Lockerung der Einbürgerungsgesetzgebung und verstärkten staatlichen Hilfen für das Einbürgerungsverfahren, etwa durch die Ausweitung des Angebots an Sprachkursen. Der Erfolg der integrativen Maßnahmen zeigte sich bald in der Zunahme der Einbürgerungen und der wachsenden Bereitschaft der Minderheiten, ihre Stimmen nicht überwiegend russischsprachigen Interessenvertretern, sondern denjenigen Parteien zu geben, die gesamtstaatliche Ziele verfolgten. Auch wenn einige Sozialwissenschaftler mittlerweile die Herausbildung einer aparten, „baltisch-russischen" Identität unter der russischen Minderheit beobachten, bleiben auch nach vollzogenem EU-Beitritt viele Fragen über die Integration der nun zu „Eurorussen" gewordenen russischen Minderheiten unbeantwortet. Insbesondere in Lettland gab es in letzter Zeit mehrere Proteste der russischsprachigen Bevölkerung, als der lettische Staat an Schulen mit russischer Unterrichtssprache den Anteil des in lettischer Sprache stattfindenden Unterrichts erhöhen wollte. Während Vertreter der russischen Minderheit – und die sofort zur Hilfe eilende russische Außenpolitik – darin einen Versuch der Diskriminierung und einen Angriff auf die Wahrung ihrer kulturellen Identität sahen, argumentierte die lettische Seite gerade mit der Verbesserung der Berufschancen russischsprachiger Jugendlicher, die durch den verstärkten Lettisch-Unterricht besser in die Lage versetzt werden, sich auf dem Arbeitsmarkt zu behaupten.

Ökonomische Transformation

Auch wenn das Bild vom „baltischen Wirtschaftswunder" oder von den drei „baltischen Tigern" pauschalisierend nur die eine Seite der wirtschaftlichen Entwicklung beschreibt, ist nach den meisten makro-ökonomischen Indikatoren die wirtschaftliche Lage in der Region in der Tat beeindruckend. Alle drei Volkswirtschaften konnten in den letzten Jahren auf ein gesundes Wachstum von durchschnittlich etwa 6 % verweisen und gehören nicht nur EU-intern, sondern auch weltweit zu den am schnellsten wachsenden. Auch sind die Prognosen für die nächsten Jahre ähnlich optimistisch. Das Wirtschaftswachstum speiste sich zum großen Teil aus den hohen ausländischen Direktinvestitionen, die vor allem vom anderen Ufer der Ostsee – aus Schweden und Finnland – in die baltischen Länder flossen. Angelockt wurden sie von der wirtschaftlichen Stabilität, den niedrigen

Lohnkosten und dem vergleichsweise hohen technischen Bildungsniveau der baltischen Fachkräfte. Dabei wurde insbesondere Estland zum vielfach bewundertem Musterknaben, der unter den osteuropäischen Beitrittsstaaten den höchsten pro Kopf Wert an Direktinvestitionen verbuchen konnte. Vom Hineindrängen des Auslandskapitals profitierten vor allem zukunftsträchtige Industriezweige, wie die Informations- und Telekommunikationsbranche, die binnen weniger Jahre als verlängerte Werkbank ausländische Spitzentechnologie in die Länder brachten. Damit wurde in einigen Branchen eine längst überfällige ökonomische Modernisierung möglich, die ohne Rücksicht auf Verluste durchgeführt wurde. Zwar beraubte der Zusammenbruch des sowjetischen Marktes in den Anfangsjahren der wirtschaftlichen Umstellung die baltischen Länder ihrer traditionellen Abnehmer, doch wurde dieser Schritt gleichzeitig als willkommene Möglichkeit begriffen, die Handelsbeziehungen fast vollständig auf westliche Märkte umzulenken und den wirtschaftlichen Schwerpunkt der Volkswirtschaften in den Dienstleistungssektor zu verschieben. Anders als in anderen post-sozialistischen Staaten, die sich teilweise aus sozialen Erwägungen noch immer mit dem maroden und verlustträchtigem Erbe ihrer Schwerindustrie herumplagen, waren die baltischen Staaten, allen voran Estland, schnell im Abbau von staatlichen Subventionen und dem Auflösen dieser Betriebe. Daß dabei vor allem Industriezentren mit überwiegend russischsprachigen Belegschaften betroffen waren, machte die Entscheidungen wohl auch einfacher.

Die harten Einschnitte sollten langfristig Erfolge zeitigen. Als neoliberale Musterschüler mit einer kleinen, sehr offenen Ökonomie und einer kleinen, gut ausgebildeten Bevölkerung wurden die drei Staaten mittlerweile zu Profiteuren eines vergrößerten europäischen Binnenmarktes. Der in den letzten Jahren für bedeutende Teile der Bevölkerung steigende effektive Wohlstand zeigt sich langsam auch im veränderten Konsumverhalten der Bevölkerung, was sich wiederum positiv auf die Binnennachfrage auswirkt. Auch profitieren mittlerweile vor allem Lettland und Litauen von der wieder zunehmenden Nachfrage aus dem post-sowjetischen Raum und können dabei an frühere Wirtschaftsbeziehungen anknüpfen. Allerdings ergaben sich mitunter bedeutende Unterschiede zwischen den drei baltischen Staaten. Vor allem in Litauen, aber auch in Lettland, welche beide einen zögerlicheren wirtschaftspolitischen Pfad als Estland eingeschlagen hatten, zeigten sich Erfolge der wirtschaftlichen Liberalisierung erst relativ spät. Estland als Vorreiter entsprach den Bedingungen einer Wirtschaftsunion bereits früh und flirtete sogar mit dem Gedanken, bereits vor dem Beitritt den Euro als Währung zu übernehmen. Während die wirtschaftliche Angleichung an die EU-Gesetzgebung zum großen Teil reibungslos vor sich ging, gab es auch einige Problemfelder. Neben den gesamtökonomisch zweifellos beeindruckenden Indikatoren ist der baltische Transformationsprozeß von mehreren Schattenseiten begleitet, denn der schnell wachsende Wohlstand, der vor allem in den dynamischen Hauptstädten zur Schau getragen wird, stellt nur die eine Seite der Transformationswirklichkeit dar. Die positiven Wachstumsraten drückten sich nicht, wie es erwartet worden war, in sinkenden Arbeitslosenzahlen aus. Die Unternehmen mußten die aus der sowjetischen Zeit geerbte Überbeschäftigung erst abbauen, um ihre Produktivität steigern und damit wettbewerbsfähig werden zu können. Vielmehr ging mit hohen Wachstumsraten auch eine kontinuierliche Zunahme der Arbeitslosigkeit einher. Begleitet wurde der Prozeß von einer Zunahme der Ungleichheit in den zuvor doch recht egalitären Gesellschaften. Verlierer der Transformation sind vor allem die Bewohner von ländlichen, strukturschwachen Regionen und die älteren Bevölkerungsgruppen, die mit sehr niedrigen Renten auskommen müssen.

Auch die Frage der Energieversorgung der baltischen Staaten wurde während der Beitrittsverhandlungen zu einem Politikum, da es zu Spannungen zwischen der von den baltischen Staaten angestrengten Loslösung von der Energieabhängigkeit von Moskau und der von der EU befürworteten Lösung kam, die zu einer Schwächung der baltischen Position führen könnte. Insbesondere das um die Mitte der 1980er Jahre errichtete litauische Kernkraftwerk Ignalina, das mit dem Meiler von Tschernobyl baugleich ist, sorgte dabei für heftige Debatten. War noch die Schließung des Atomkraftwerkes eines der ersten und wichtigsten Zielsetzungen der litauischen Unabhängigkeitsbewegung, ist heute paradoxerweise der Erhalt des Kernkraftwerks mit viel Nationalstolz verbunden, aber auch mit pragmatischen Überlegungen der Regierung in Vilnius. Da Litauen mehr als drei Viertel seines Elektrizitätsbedarfs aus Ignalina bezieht und sonst über keinerlei eigene Energievorkommen verfügt, zeigten sich die litauischen Regierungen wenig erfreut über den Wunsch der EU, die Anlage möglichst noch vor dem Beitritt zur Union zu schließen. Auf Druck der EU konnte schließlich nach langem Hin und Her ausgehandelt werden, den ersten Reaktor bis Ende 2005, den zweiten wahrscheinlich bis 2009 vom Netz zu nehmen. Ein weiteres Beispiel von Widersprüchen zwischen den Zielen der nationalen und der europäischen Politik ergab sich im Fall Estlands, das drei Viertel seines Elektrizitätsbedarfes über eigene Ölschiefervorkommen im Nordosten des Landes abdeckt. Dieses ökonomisch ineffiziente Verfahren sicherte bisher eine partielle Unabhängigkeit von russischen Energieexporten, wurde aber wegen seiner umweltschädigenden Wirkung von der EU stark sanktioniert.

Langfristig wird von den baltischen Regierungen die Diversifizierung der Energieversorgung angestrebt, um sich von der einseitigen Abhängigkeit von russischen Gas- und Erdöllieferungen zu lösen. Geprüft wird eine Einbindung an das sich auch erst im Aufbau befindende polnische Energieversorgungssystem, das unter Umgehung Rußlands zentralasiatisches Gas und Erdöl durch die Ukraine zu beziehen bestrebt ist. Eine weitere Alternative bietet sich durch den Zugang zu Gaslieferungen aus Norwegen, das – auf Antreiben Polens – den Bau einer „Baltic Pipe" unter der Ostsee plant. Diese nach wirtschaftlichen Gesichtspunkten oft fraglichen Pläne werden von Bemühungen begleitet, die auf eine Einbindung russischer Großinvestoren wie *Gazprom* und *Lukoil* in die Privatisierung und Umstrukturierung des Energiesektors gerichtet sind, um so langfristige und zuverlässige Energielieferungen zu sichern.

Die Übernahme des Gemeinschaftsrechts

Das dritte von der EU vorgegebene „Kopenhagener Kriterium" betraf die Harmonisierung der nationalen Gesetzgebungen mit der Rechtsmaterie der EU, den sogenannten acquis communitair. Anders als in den vorherigen Erweiterungsrunden, verlangte die EU bereits vor dem Beitritt die Anpassung der neuen Mitgliedstaaten an die bestehenden Regelwerke. Allein das Management der Übernahme der in 31 Kapiteln gefaßten Verordnungen und die daraus resultierenden institutionellen Veränderungen erforderten einen immensen organisatorischen, technischen und finanziellen Aufwand und führten dazu, daß die staatlichen Verwaltungen und Parlamente jahrelang vordergründig mit der Transponierung und Implementierung der Gesetzestexte befaßt waren. Als besonders schwierige Kapitel erwiesen sich in allen drei Staaten die von der EU verlangten umfassenden Verwaltungs- und Justizreformen sowie die Korruptionsbekämpfung und Grenzsicherung. Zusätzlich hatten Lettland und Litauen insbesondere bei der Umstrukturierung und Privatisierung des Industriesektors und Litauen bei Reformen im Agrarsektor mit Problemen zu kämpfen. Insgesamt erwiesen sich die Verhandlungen viel vertrackter als erwartet, ein Grund dafür war auch, daß oft auch innerhalb der EU widersprüchliche Auslegungen der Rechtsmaterie und mehrere Rechtstraditionen existieren. Da die EU-internen Unschlüssigkeiten zusätzlich noch auf die maroden und ineffizienten Verwaltungsstrukturen der Beitrittsstaaten trafen, entpuppte sich die Erfüllung des dritten Kopenhagener Kriteriums als der mit Abstand schwierigste Teil des Beitrittsprozesses. Im Nachhinein betrachtet erwies sich diese erst als rein technisch-technokratisch angesehene Harmonisierung als komplexer, keineswegs nur objektiver Prozeß, in dem die materiellen und politischen Kosten der Anpassung, die Durchsetzungsfähigkeit der politischen Akteure aber auch andere, so z. B. sicherheitspolitische Erwägungen der EU eine Rolle spielten.

Daß die Umsetzung der *acquis communitaire* und die Schließung von Verhandlungskapiteln immer mehr zu einem Wettlauf gegen die Zeit wurden, wirkte auch der Logik eines demokratischen Transformationsprozesses entgegen. Nicht nur, daß sich damit die Beitrittstaaten auch eines Teils ihrer gerade wieder mühsam erworbenen staatlichen Autonomie wieder entledigt fühlten, auch führte der bürokratisch gehandhabte und oft untransparente Erweiterungsprozeß zu einer Entfremdung der Bevölkerung von den politischen Institutionen und sorgte für eine Stärkung der Exekutive und der Zentralverwaltung gegenüber den Parlamenten und der Gesellschaft. Die Art der im Schnelldurchgang durchgeführten „Europäisierung" führte zahlreiche Ungleichzeitigkeiten herbei, die auch nach dem Beitritt die politischen Systeme der Beitrittsstaaten maßgeblich prägen werden. Zu erwähnen wäre hier vor allem die Problematik der „Potemkinschen Harmonisierung", da trotz der erfolgten Übertragung der EU-Gesetzgebung in die nationale, die tatsächliche Implementation der formalen Übernahme weit hinterher hinkt. Auch innerhalb der nationalen Administrationen können die perfekt an den EU-Slang angepaßten Eliten nicht darüber hinwegtäuschen, daß große Teile der Staatsbürokratie unreformiert geblieben sind.

Skeptischer Beitritt

Die bereits angedeuteten und sich häufenden Widersprüche im Laufe des Beitrittsprozesses führten dazu, daß sich die allgemein erwartete Freude über das Erreichen des Ziels stark in Grenzen hielt, als der kraftaufreibende Marathon gen Brüssel sich seinem Ende näherte. Auch wenn sich nach den Litauern im Mai 2003 mit 91 % im September 2003 auch die Esten und Letten mit 66 % und 67 % klar und deutlich für einen Beitritt aussprachen, gab die zunehmende „Euroskepsis" im Vorfeld der Referenden und die relativ niedrig Teilnahme der Bevölkerung einen guten Einblick in die politischen Kulturen der baltischen Staaten. Dabei war die Unterstützung des Beitritts in den drei Staaten noch Anfang der 1990er Jahre sehr hoch gewesen, wobei freilich stark emotionalisierte Wahrnehmungen eine Rolle gespielt hatten, die Europa als einen sicheren Hafen, als Quelle des Wohlstands und als Schutz gegen die von Rußland ausgehende Gefahr ansahen. Nachdem der Angleichungsprozeß jedoch Wirklichkeit geworden war, relativierte sich diese Wahrnehmung schnell.

	1993	1996	1997	1998	2001	2002	2003 (Referenden)	
							in % der abgegebenen Stimmen	in % der Wahlberechtigten
Estland	79	76	29	35	33	39	67	45
Lettland	78	80	34	40	33	54	67	49
Litauen	88	86	35	40	41	53	91	58

Tabelle 1: Unterstützung des EU-Beitritts im Baltikum. *Quelle*: Dauderstädt, Michael: Vom Ostblock in die Europäische Union: Reformen, Anpassung, Konflikte. In: Europäische Politik. Politikinformation Osteuropa 04/2004. Hrsg. von der Friedrich Ebert Stiftung. Bonn 2004, S. 9 (URL: http://library.fes.de/pdf-files/id/01938.pdf [letzter Zugriff 30.6.2006]).

Wie in den anderen Beitrittsstaaten wurde die Erweiterung auch im Baltikum zunehmend als Projekt der politischen Eliten wahrgenommen.[6] Der im osteuropäischen Vergleich relativ hohe Anteil an Euroskeptikern in den baltischen Staaten erklärt sich aus mehreren komplexen Zusammenhängen, die oft dazu geführt haben, daß sich die Trennlinie zwischen Gegnern und Befürwortern der europäischen Integration quer durch die Gesellschaft zog. So befanden sich auf der Seite der Europaskeptiker gleichzeitig marktliberale Gewinner und Verlierer der Transformation, junge Verteidiger der nationalen Souveränität und Nostalgiker der alten sowjetischen Ordnung. Strukturelle Faktoren wie die ökonomische Lage, der Bildungsstand oder

---

[6] Vetik, Raivo: Élite vs. People? Eurosceptic Public Opinion in Estonia. In: Cambridge Review of International Affairs 16 (2003), S. 257-271.

das Alter beeinflußten maßgeblich die Entwicklung der Zustimmung zur EU. Die Befürworter eines Beitritts rekrutierten sich vor allem aus der jungen, gut ausgebildeten, städtischen Bevölkerung, die sich durch die Mitgliedschaft eine Verbesserung ihrer Berufschancen erhoffte. Unter den Gegnern der Erweiterung befanden sich vor allem Verlierer der Transformation, zu denen Rentner, ältere Industriearbeiter und die ländliche und russischsprachige Bevölkerung gehören. Paradoxerweise befanden sich in einigen Fällen Verlierer und Gewinner der erfolgreichen Transformation Seite an Seite – so waren unter den Gegnern der Erweiterung durchaus erfolgreiche, neo-liberale Unternehmer, die das dynamische, innovative und (markt-)liberale System gegenüber dem überregulierten, stagnierenden „bürokratischen Wasserkopf" in Brüssel verteidigen wollten.

Als zweites Erklärungsbündel können historisch tradierte Wahrnehmungsmuster genannt werden. Dabei kann ein gewisser Euroskeptizismus auch als Zeichen des nationalen Selbstbewußtseins interpretiert werden, welches die gerade erlangte staatliche Souveränität der jungen baltischen Staaten nicht gleich wieder gegen die Mitgliedschaft in „einer anderen Union" einzutauschen wollte. Die mit der Sowjetunion gemachten schlechten Erfahrungen schienen sich durch die Rolle der EU und der OSZE bei der Behandlung der Minderheitenfrage zu bestätigen – und sorgten bei einigen bereits Mitte der 1990er Jahre für eine skeptische Hinterfragung der weiteren Integration. Eine grundsätzlich andere Lesart fand sich bei der Gruppe vor allem älterer Sowjetnostalgiker, die dem Projekt Europa aus historischen Gründen skeptisch gegenüberstanden.

Ein drittes Erklärungsbündel betrifft die Rolle der russischen Bevölkerung unter den Europaskeptikern. Da ein großer Teil der russischsprachigen Bevölkerung nicht im Besitz der jeweiligen Staatsangehörigkeit (zumindest in Estland und Lettland) ist, war sie auch nicht in der Lage, an den Referenden teilzunehmen, doch das Ergebnis betraf sie sehr wohl. Allerdings bildet die russischsprachige Bevölkerung keineswegs eine einheitliche Gruppe. Während ältere russische Industriearbeiter die EU als eine Gefahr für ihre Arbeitsplätze ansahen, waren die jungen Russen tendenziell sogar deutlichere Befürworter der EU als die vergleichbare Bevölkerung der baltischen Staaten, da sie sich davon ein Ende der Diskriminierung und bessere Berufschancen erhofften.[7]

---

[7] Evald, Mikkel; Geoffrey Pridham: Clinching the 'Return to Europe': The Referendums on EU Accession in Estonia and Latvia. In: West European Politics 4 (2004), S. 716-748.

Regionale Zusammenarbeit im Baltikum

Von außen betrachtet erscheint das Baltikum oft als eine geschlossene, historisch gewachsene Region, doch ein genauerer Blick zeigt, daß es neben der innerbaltischen Solidarität auch immer wieder ausgeprägte zentrifugale Tendenzen sowohl im nationalen Selbstverständnis als auch den Interessen der drei baltischen Nachbarn gab. So versuchte sich Estland nach dem Erlangen seiner Unabhängigkeit möglichst rasch des negativen „post-sowjetischen" Adjektivs zu entledigen und nach den treffenden Worten seines ehemaligen Außenministers und (seit 2006) Präsidenten Toomas Hendrik Ilves als „langweiliges, skandinavisches, nordisches" Land umzudefinieren.[8] Aus ähnlichen Überlegungen betonte Litauen verstärkt sein mitteleuropäisches Erbe, das sich aus den komplexen historischen Beziehungen zu Polen ergab.[9]

Je nach dem, ob man das Trennende oder das Verbindende eher zu betonen vermochte, hatte die doppelte Erweiterung von EU und NATO widersprüchliche Wirkungen auf die innerbaltischen Beziehungen. Einerseits sprach vieles dafür, sich durch Bündelung der Kräfte gemeinsam den Herausforderungen zu stellen, doch andererseits wurde auch befürchtet, daß die eigene Integration von den zögerlicheren Nachzüglern beeinträchtigt werden könnte. Gefördert wurde der Wettbewerb auch durch das ursprünglich angedachte, sogenannte „Regatta-Modell" der Osterweiterung, demzufolge jedes Land je nach dem jeweils eigenen Anpassungserfolg in den sicheren Hafen der Union einsegeln sollte. Während die EU-Integration das Konkurrenzdenken wohl eher stärkte, waren die baltischen Staaten aufgrund des parallel verlaufenden und zeitweise gegenüber der EU-Integration als das Ziel mit der höheren Priorität angesehenen NATO-Beitritts auf eine rege Zusammenarbeit im Bereich der Sicherheitspolitik angewiesen. Ein gemeinsames Luftüberwachungssystem Baltnet in Kaunas (Litauen), die Verteidigungsakademie in Tartu (Estland), die Marineakademie in Liepāja (Lettland) sowie das BALTBAT, das regionale Friedensbataillon zeugen hiervon. Dabei standen die von der NATO abverlangten Reformanstrengungen, wie die Erhöhung der Militärausgaben auf 2 % des Staatsbudgets einige Male im Widerspruch zu den Zielsetzungen der EU.

---

[8] Brüggemann, Karsten: Leaving the 'Baltic' States and 'Welcome to Estonia': Re-regionalising Estonian Identity. In: European Review of History 10 (2003), S. 343-360.
[9] Miniotaite, Grazina: Convergent Geography and Divergent Identities: A decade of transformation in the Baltic States. In: Cambridge Review of International Affairs 16 (2003), S. 209-222.

Die baltisch-russischen Beziehungen

Ab etwa Mitte der 1990er Jahre erfolgte eine schleichende Wende der russischen Außenpolitik von einer unkritischen Westorientierung zu der immer stärkeren Betonung der eigenen Interessen und geopolitischen Rolle. Diese neue Politik der Einmischung fand sowohl im Konzept der russischen Außenpolitik vom Januar 1993 als auch in der Militärdoktrin vom November 1993 ihren Niederschlag, die eine gewisse Rückbesinnung auf die Großmachtstellung des Landes mit sich brachte und dabei insbesondere auf den Schutz der russischen Bevölkerung in den Nachfolgestaaten der Sowjetunion abzielte. So wurden auch die baltischen Staaten – die Anfang der 1990er Jahre noch von dem neuen Präsidenten der gerade unabhängig gewordenen Russischen Föderation, Boris Jelzin, in ihren Unabhängigkeitsbestrebungen unterstützt worden waren – zum Adressaten von politischen und ökonomischen Druckmitteln mit dem Ziel, sie im russischen Einflußgebiet zu halten.[10] Als ideales Einflußinstrument erwies sich dabei die Minderheitenfrage. Rußland drohte den baltischen Staaten dabei mehrfach mit Wirtschaftsboykott, belegte baltische Produkte mit hohen Einfuhrzöllen und suchte den Schulterschluß mit internationalen Organisationen, wie etwa der OSZE und dem Europarat, welche auch die Minderheitenpolitik der lettischen und estnischen Regierung kritisierten.

Während die Minderheitenfrage mit der Zeit an Brisanz verlor, verschob sich die Lösung der sogenannten „Grenzfrage" auch über den EU-Beitritt der baltischen Staaten hinaus. Die Forderung der baltischen Staaten, einen Hinweis auf ihre Gebietsverluste aus den Jahren 1944/1945 – als Teile ihres Grenzgebietes der Russische Sozialistische Föderative Sowjetrepublik einverleibt wurden – in die Präambel der neuen Grenzverträge aufzunehmen, führte in Rußland zu der etwas hysterischen Wahrnehmung von baltischen Gebietsansprüchen, was, nachdem die baltischen Staaten ihre ursprünglichen Forderungen fallen ließen, die Ratifikation der Grenzverträge durch die russische Duma allerdings weiterhin behindert.

Im Laufe der Zeit haben sich mit der Annäherung und dem Beitritt der baltischen Staaten zur EU und zur NATO die baltisch-russischen Beziehungen normalisiert, allerdings ohne restlos unproblematisch zu werden. Wie jüngst die Debatte über die Teilnahme der Staatsoberhäupter an den Feierlichkeiten zum 60. Jahrestag des sowjetischen Sieges im Zweiten

---

[10] Alexandrova, Olga: Russlands Außenpolitik gegenüber dem postsowjetischen Raum. In: Russland und der postsowjetische Raum. Hrsg. von Olga Alexandrova. Baden-Baden 2002, S. 18.

Weltkrieg in Moskau zeigte, bleiben die Beziehungen auch auf der symbolischen Ebene kaum belastbar.[11] Während in Moskau die ruhmreiche Rote Armee als Friedens- und Glückbringer bejubelt werden sollte, wird ihre Rolle in den baltischen Staaten mit Terror, Willkürherrschaft und Enteignung in Zusammenhang gebracht. In Lettland führte das zu heftigen Diskussionen darüber, ob die Präsidentin Vaira Vīķe-Freiberga zu den Feierlichkeiten nach Moskau fahren sollte. Im Gegensatz zu den Staatsoberhäuptern der anderen zwei baltischen Staaten fuhr sie, allerdings nicht ohne in einem an alle Staatsgäste gerichteten Brief ausführlich über die Schrecken der sowjetischen Besatzungszeit zu berichten.

Die Nördliche Dimension der EU

Sowohl die innerbaltischen als auch die baltisch-russischen Beziehungen sollten als Teil eines auf eine finnische Initiative hin gestarteten Regionalprogramms der EU innerhalb eines einheitlichen Rahmens behandelt werden. Damit sollte einer historischen Region, die bereits seit der Hanse und der Kalmarer Union positive Erfahrungen mit regionaler Integration gemacht hatte, neues Leben einflößt werden. Die Grundidee der auf Initiative des finnischen Premierministers Paavo Lipponen 1997 gestarteten „Nördlichen Dimension" war die Findung eines innovativen neuen Formats für die Herausforderungen der grenzübergreifenden regionalen Zusammenarbeit im Ostseeraum. Das Gebiet, auf das die finnische Initiative zielte, reicht von Island im Westen bis nach Nordwest-Rußland im Osten und von der Barentssee im Norden bis zur Südküste der Ostsee. Damit waren Ostsee-Anrainer mit unterschiedlichen Anbindungsgraden an die EU betroffen: EU-Mitglieder (Deutschland, Dänemark, Schweden und Finnland), nicht-Mitglieder, die aber eng eingebunden sind (Norwegen und Island), Mitgliedschaftskandidaten (die baltischen Staaten und Polen) sowie nicht-Mitglieder (Russische Föderation). Gleichzeitig gab es bereits eine bemerkenswert hohe Dichte an diversen Foren regionaler Kooperation in der Region, wie den Ostseerat (CBSS), den Arktischen Rat und das Barents Euro Arctic Council (BEAC). Die finnische Initiative nahm sich vor, die wirtschaftlichen, politischen und ökologischen Probleme und Möglichkeiten dieser vielfältigen Region gebündelt und in einer umfassenden EU-Strategie zusammenzufassen um dabei mit einer neuen Methode Synergieeffekte zu

---

[11] Siehe 1945. gads: 8. maijs – Atbrīvošanas diena? 9. maijs – Uzvaras diena? 1945: 8. Mai – Tag der Befreiung? 9. Mai – Tag des Sieges? 1945 god: 8 maja – Den' Osvoboždenija? 9 maja – Den' Pobedy? Hrsg. v. Holger Böckmann, Jānis Keruss. Riga 2006.

erzielen. Als besonders innovativ wurde dabei der neuartige Ansatz angesehen, auch nicht-EU Mitglieder an der Gestaltung von EU-Politik teilhaben zu lassen und Akteure unter- bzw. oberhalb der mitgliedstaatlichen Ebene an der Politikformulierung und -umsetzung zu beteiligen. Insbesondere auf die Russische Föderation bezogen eröffnete diese Einbindung neue Formen der Zusammenarbeit unterhalb einer formalen russischen Mitgliedschaft in der EU.

Nach der anfänglichen Begeisterung über diese neuartige Zusammenarbeit traten allerdings seit 2002 die Konstruktionsfehler der Nördlichen Dimension immer offener zu Tage. Diese ergaben sich vor allem aus der schwachen Politikkoordinierung und der geringen Mittelausstattung der Initiative. Von den anderen skandinavischen Staaten wie Schweden und Dänemark wurde das Vorpreschen Finnlands in Sachen regionaler Kooperation von Anfang an kritisch beäugt. Auch auf der russischen Seite wurde die Nördliche Dimension eher skeptisch eingeschätzt, denn außer der rhetorischen Betonung von grenzüberschreitender Zusammenarbeit bot die finnische Initiative nicht viel Neues. Die starke Fokussierung auf Umwelt- und Energiepolitik entsprach nicht den russischen Interessen, auch weil die strategisch wichtige Zusammenarbeit im Bereich Energiepolitik bereits in anderen, bilateralen Verträgen geregelt worden war. Eine weitere Schwierigkeit ergab sich aus dem starken Zentralismus des russischen Staates, der mit der dezentralen Logik der Nördlichen Dimension oft unvereinbar war. Den baltischen Staaten, die ein klares Ziel in Richtung EU hatten, fiel es schwer, sich auf die Nördliche Dimension einzulassen, die zudem keine neuen ökonomischen Vorteile mit sich brachte. Die Betonung der starken Rolle Rußlands und die Fokussierung auf Energiepolitik führten hier zu der Wahrnehmung, daß Europa wieder einmal über die Köpfe der baltischen Staaten hinweg entscheide, und daß die Nördliche Dimension vor allem den Interessen Finnlands und der Energiesicherheit der EU diene. Auch zeigte sich, daß die baltischen Staaten vor allem solange an einer Zusammenarbeit unter der Ägide der Nördlichen Dimension interessiert waren, bis sie die Mitgliedschaft erlangt hatten. Nach ihrem EU-Beitritt schien es um die Nördliche Dimension deutlich stiller geworden zu sein – auch wenn einige der hier gemachten konzeptionellen Erfahrungen sich nun in der Europäischen Nachbarschaftspolitik wieder finden.

Vom Zaungast zum Mitglied

Die baltischen Staaten zeigten während ihrer nun fast zwei Jahre währenden Mitgliedschaft in der EU bei der Mitgestaltung der europäischen Außenpolitik eine eher zurückhaltende Position. Bei der Verfassungsdebatte teilten die baltischen Staaten die auch von den nordischen Staaten wie Finnland und Schweden geäußerte Befürchtung der zunehmenden Vorherrschaft der großen EU-Staaten im Entscheidungsfindungsprozeß der Union. Damit stärkten sie die Interessengruppe der „kleinen Staaten" in der EU, die weitreichenden Reformen, vor allem im außen- und sicherheitspolitischem Bereich, kritisch gegenübersteht. Versuche der verstärkten Zentralisierung, wie die Schaffung eines EU-Außenministerpostens oder eines hauptamtlichen Ratspräsidenten wurden genauso abgelehnt, wie die Antastung des Prinzips „ein Land – ein EU-Kommissar".

Des weiteren stärkt der Beitritt der baltischen Staaten, wie auch der anderen ostmitteleuropäischen Länder, die transatlantische Orientierung der EU. Dies könnte gleichzeitig dazu führen, daß eine gemeinsame europäische Außenpolitik immer weniger möglich wird. Erste Zeichen waren während der Irak-Krise und der Debatte um das „neue" und das „alte" Europa zu vernehmen, wobei die baltischen Staaten aufgrund ihrer traditionell starken US-Sympathie zusammen mit Polen zum harten Kern der Befürworter eines amerikanischen Kurses in der EU gelten.

Die EU erhielt durch die Aufnahme der baltischen Staaten einen Brückenkopf in ihrer neuen post-sowjetischen Nachbarschaft, der aber tendenziell auch eine stärker anti-russische Ausrichtung in sich birgt. Aufgrund ihrer noch bestehenden oder wieder aufgefrischten Beziehungen zu den Nachfolgestaaten der Sowjetunion spielen die baltischen Staaten durch ihre Expertise und ihr Engagement eine aktive Rolle bei der Gestaltung der Europäischen Nachbarschaftspolitik. So spielte der litauische Präsident bei der „orangenen Revolution" in Kiev als Vermittler eine wichtige Rolle bei der Aushandlung eines friedlichen Ausgangs.[12] Vilnius bot sich auch als Unterstützer der belorussischen Opposition an, und als im Jahr 2004 die EU die „Rechtsstaatlichkeitsmission EUJUST" nach Georgien versandte, basierte diese stark auf dem Fachwissen baltischer Rechtsexperten, die wichtige Erfahrungen mit der Modernisierung der sowjetischen Rechtsmaterie mitbrachten.

---

[12] Gromadzki, Grzegorz; Raimundas Lopata; Kristi Raik: Friends or Family? Finnish, Lithuanian and Polish perspectives on the EU's policy towards Ukraine, Belarus and Moldova. In: FIIA Report. Hrsg. vom Finnish Institute of International Affairs. Nr. 12/2005.

Zusammenfassung

Auf dem langen Marsch von Moskau nach Brüssel, von der Mitgliedschaft in der Sowjetunion bis zur Mitgliedschaft in der EU, zeigten die drei baltischen Staaten eine wahrlich beeindruckende Leistung politischer und ökonomischer Transformation, welche sie zu innovativen wirtschaftlichen Spitzenreitern in einer von internen Zweifeln und Krisen heimgesuchten Union macht. Die oft mühsamen EU-Beitrittsverhandlungen werden mit Recht als politischer Erfolg in die Geschichte der baltischen Staaten eingehen. Die EU-Beitrittsperspektive hat insgesamt dazu beigetragen, die demokratische Rechtsordnung zu stabilisieren und die breite gesellschaftliche Anerkennung demokratischer Grundsätze und Konfliktregulierungsverfahren zu stärken. Die regelmäßig verfassungsmäßig vollzogenen freien Wahlen und die fast schon zur Regel gewordenen Regierungswechsel zeugen auch von einer demokratischen Reife – allerdings auch von der Unzufriedenheit der Wähler mit den Politikergebnissen und der niedrigen Parteiidentifikation. Auch im Bereich der politischen Partizipation und Interessenvermittlung bleiben noch einige Defizite. Wie die estnische Politologin Kristi Raik anmerkt, überdeckte gleichzeitig der von oben gesteuerte, unter Zeitdruck erfolgte Prozeß der Angleichung an die EU nicht wenige problematische Fragen und führte in einigen Politikbereichen zum offenen Widerspruch zwischen Demokratisierung und Integration.[13] Dabei wurden wichtige Fragen nicht vollständig geklärt, ausgeklammert oder verschoben. Das gleiche gilt für die zwei großen innenpolitischen Fragen, die während der Erweiterung nur unvollständig beantwortet werden konnten: die soziale und die nationale Frage. Wie die baltischen Staaten auch ohne den steuernden Blick der EU adäquate Antworten auf die massive Zunahme von sozialer Ungleichheit und der politischen, ökonomischen und kulturellen Integration der Minderheiten finden werden, wird letztlich zeigen, wie nachhaltig ihre erfolgreiche politische und ökonomische Transformation ist.

---

[13] Raik, Kristi: Democratic Politics or Implementation of Inevitabilities. Estonia's Democracy and Integration into the European Union. Tartu 2003.

Narva – die „Perle des Ostsee-Barocks": Geschichte und Gegenwart einer Stadt mit einem „überspielten" historischen Gedächtnis

KARSTEN BRÜGGEMANN

Es ist einfach vertrackt mit dieser alten Handelsstadt am Südufer des Finnischen Meerbusens und ihrer polynationalen Vergangenheit. Es will keine rechte Annäherung gelingen, selbst nach drei Jahren Aufenthalt.[1] Dabei böte ihre Geschichte so viel Reizvolles, so viel Verschüttetes, ja, so viel Anlehnungsbedürftiges. Doch bleibt sie – ob aus übertriebenem Stolz oder gelinder Scham vermag ich nicht zu entscheiden – unnahbar. Trotz ihres Alters ist sie in ihrer heutigen Gestalt eigentlich sehr jung, ein Kind des Kriegs, der sie zuvor vernichtet hatte. Der Stolz auf das Neuentstandene, auf den Phönix aus der Asche des „Großen Vaterländischen Kriegs", trifft hier auf die eigentümliche Scham, daß nur die wenigen Relikte ihrer alten Gestalt nach heutigen Maßstäben eigentlich noch als „schön" gelten. Denn Narva ist eine gezeichnete Stadt, gezeichnet von einem Wiederaufbau unter sowjetischen Rahmenbedingungen, die Individualität nicht versprachen.[2]

Man kann es auch positiv sehen. Schaut man vom Turm der alten Hermannsfeste auf die Stadt, legt sich die Geschichte der sowjetischen Architektur in gleichmäßigen Kreisen wie Baumringe um das einst neue Zentrum

---

[1] Brüggemann, Karsten: Geschichte erleben und Geschichte lehren in Narva. Ein Erfahrungsbericht von der neuen Ostgrenze Europas. In: Geistes- und sozialwissenschaftliche Hochschullehre in Osteuropa II. Deutsche und österreichische Impressionen zur Germanistik und Geschichtswissenschaft nach 1999. Hrsg. von Thomas Keith, Andreas Umland. Frankfurt/Main u.a. 2006, S. 115-124. Es sind weitere Arbeiten des Autors in diesen Text eingeflossen: Ders.: Narva – ein Erinnerungsort der estnischen und russischen Geschichte. In: Ostseeprovinzen, Baltische Staaten und das Nationale. Festschrift für Gert von Pistohlkors zum 70. Geburtstag. Hrsg. von Norbert Angermann, Michael Garleff, Wilhelm Lenz. Münster 2005 (= Schriften der Baltischen Historischen Kommission. 14), S. 635-661; Ders.: Gespaltene Geschichte in Estland? Ein Vergleich konkurrierender Erinnerungsschichten in Tallinn (Reval) und Narva. In: Aneignung fremder Kulturen in plurikulturellen Städten in Nordosteuropa (20. Jahrhundert). Hrsg. von Thomas Serrier. Lüneburg 2007 (= Nordost-Archiv. Zeitschrift für Regionalgeschichte 15 [2006]) (im Druck).
[2] Siehe Brüggemann, Karsten: Der Wiederaufbau Narvas nach 1944 und die Utopie der „sozialistischen Stadt". In: Narva und die Ostseeregion. Beiträge der II. Internationalen Konferenz über die politischen und kulturellen Beziehungen zwischen Russland und der Ostseeregion (Narva, 1.-3. Mai 2003). Hrsg. von Karsten Brüggemann. Narva 2004 (= Studia humaniora et paedagogica collegii Narovensis. 1), S. 81-103.

(Abbildung 1). Narva stellt somit ein lebendiges Museum der sowjetischen Architekturgeschichte dar, ohne sich allerdings dessen bewußt zu sein. Der EU-Staat Estland wiederum weiß weder mit der Stadt an sich – und ihren zu über 90 % russischsprachigen Einwohnern – noch mit diesem speziellen Erbe so recht etwas anzufangen. Der baltische „Tiger" Estland schaut verwundert (oder immer noch verwundet) auf seine Grenzstadt. Die graue Stadt am Meer hingegen, wie sie Wolfgang Büscher frei nach Theodor Storm nannte, schielt immer noch mit anderthalb Augen – und lauscht mit genauso vielen Ohren – nach Osten. Weder die so nahe Ostsee (und damit die eigene Geschichte als Brücke zwischen Ost und West) noch die durch den EU-Beitritt so nahe liegende Verbindung zum Westen läßt sich der Stadt ablesen. Sie steht an ihrem Platz, ein „alter, aber gelöschter Ort, neu überspielt".³ „Überspielt" ist vor allem das historische Gedächtnis der Stadt, das heute kaum über das Jahr 1944 hinausreicht. Doch dazu später.

Abbildung 1: Blick auf Narva vom einem zentral gelegenen Hochhaus aus (Foto: Autor).

---

³ Wolfgang Büscher: Genug gewartet! In: Die Welt, 30.04.2006.

Das alte Narva und die Grenzen

Narvas traditionelles, immerhin schon zu Sowjetzeiten liebevoll renoviertes Wahrzeichen ist tatsächlich alt, „ungelöscht". Die Hermannsfeste, gelegen direkt am Ufer des heutigen Grenzflusses Narva, läßt sich auf das 13. Jahrhundert zurückführen, eine Feste der dänischen Vögte, die damals über das nördliche Estland herrschten, später war sie die am weitesten östlich gelegene Burg des livländischen Zweigs des Deutschen Ordens.[4] Ihre Rolle als Grenzfestung, oft ideologisch im Sinne eines Kulturkampfs à la Huntington eingesetzt, wurde 1492 auch architektonisch manifest, als Ivan III. am östlichen Ufer die Burg Ivangorod errichten ließ. Schon im Livländischen Krieg jedoch fiel Narva Mitte des 16. Jahrhunderts an Rußland, das es unter Ivan IV. zu seinem prosperierenden Ostseehafen ausbaute.[5]

Abbildung 2: Der Fünf-Kronen-Schein der Estnischen Bank zeigt die Hermannfeste, die Altstadt (vor ihrer Zerstörung 1944) sowie die Burg Ivangorod.

Narva hatte nie zur Hanse gehört und stand ökonomisch immer im Schatten der Hansestadt Reval, dem heutigen Tallinn. Nun aber, unter russischer Herrschaft, schien sich das Blatt zu wenden. Legende sind die Berichte der traurigen Revalenser, an deren Hafen die Handelsschiffe aus Westeuropa vorbei in Richtung Narva segelten:

---

[4] Zur mittelalterlichen Geschichte Narvas siehe Kivimäe, Jüri: Medieval Narva: Featuring a Small Town between East and West. In: Narva und die Ostseeregion (wie Anm. 2), S. 17-27.
[5] Köhler, Meike: Die Narvafahrt. Mittel- und westeuropäischer Rußlandhandel 1558-1581. Hamburg 2000 (= Hamburger Beiträge zur Geschichte des östlichen Europa. 6).

„*dadorch uth der Stadt Reuel eine wöste vunde nerlose Stadt geworden ys, do hebben de Reuelschen Koeplüde vnd Bürger vp dem Rosengarden, vunde vp den wellen gestahn, vnde mit groten schmerten vnd herteleide angesehen, wo de schepe de Stadt Reuel vorby, vnda na der Narue gelopen sint.*"[6]

Auch unter der anschließenden schwedischen Herrschaft, die sich im 17. Jahrhundert über das gesamte südliche Ufer des Finnischen Meerbusens erstreckte, ist schwerlich eine politische Grenzfunktion Narvas zu erkennen. Unter den Schweden begann eine Blütephase für Narva, das als Hauptstadt der Provinz Ingermanland sogar im Gespräch war, nach Stockholm zweite Hauptstadt des Reichs zu werden. Dies hätte das Haupt der schwedischen Monarchie immerhin alle paar Jahre einmal nach Narva geführt. Der Ausbau der Stadt nach einem verheerenden Brand führte schließlich in der zweiten Hälfte des 17. Jahrhunderts zum Bau der vielgerühmten „Perle des Ostsee-Barocks", die dann im Feuer des Zweiten Weltkriegs unterging. Was selbst dieser Krieg nicht vernichten konnte, waren die mächtigen schwedischen Festungsanlagen aus dem späten 17. Jahrhundert, deren Bau jedoch wegen des Ausbruchs des Nordischen Kriegs nicht abgeschlossen werden konnte. Sie legen bis heute ein machtvolles Zeugnis über die einstige Bedeutung der Stadt ab, auch wenn der Zahn der Zeit spürbar an ihnen nagt.[7] Ivangorod, einst als Gegenpol zu Narva gegründet, wurde immer mehr zu seiner Schwesterstadt, da es seit 1648 auch administrativ mit ihm verbunden war. Beide zusammen gehörten unter zarischer Herrschaft zum Gouvernement St. Petersburg. Ivangorod verblieb auch in der Zwischenkriegszeit aufgrund des Friedensvertrags von Tartu (Dorpat) beim nun erstmals unabhängigen Estland. Auch die formale Grenzziehung zwischen der Russischen Föderativen und der Estnischen Sowjetrepublik, die seit 1945 entlang des Flusses vorgenommen wurde, hatte keine Bedeutung für die praktisch zusammengewachsenen Städte. Die beiden Festungsgiganten wurden somit erst 1991 wieder politisch getrennt, erstmals seit 350 Jahren. Seit dem 1. Mai 2004 schließlich liegt Narva als östlichste Stadt EU-Europas an einer Grenze von nie gekannter Undurchlässigkeit.[8]

---

[6] Rüssow, Balthasar: Chronica der Prouintz Lyfflandt (...). Bart 1584. Neudruck Hannover-Döhren 1967, S. 59 (Bl. 46b).
[7] Laidre, Margus: Maa-alune Narva [Das unterirdische Narva]. In: Eesti Ekspress. Areen, 12.11.2003.
[8] Ehin, Piret, Eiki Berg: EU Accession, Schengen, and the Estonian-Russian Border Regime. In: Estonian Foreign Policy Yearbook 2004. Hrsg. von Andres Kasekamp. Tallinn 2004,

Wo liegt Narva heute? Die geopolitische Markierung Narvas als „europäische Ostgrenze" verlangt nicht nur nach einer Korrektur durch die Historiker. Sie geht auch mit einer zwangsweisen Umorientierung, einer Umkodierung der *mental maps* der Stadtbewohner einher, deren älterer Teil kulturell nach Osten ausgerichtet ist. Für ihn verläuft eine mentale Grenze irgendwo westlich der Stadt, dort, wo auf den Straßen deutlich mehr Estnisch gesprochen wird. Der traditionellen Verbindung Narvas mit Ivangorod sowie der Leningrader *oblast'* und ihrem Zentrum St. Petersburg wurde seit 1991 sukzessive ein Riegel vorgeschoben, der mitten über die „Brücke der Freundschaft" verläuft, die Narva und Ivangorod verbindet.

Doch wie so oft in der Geschichte kommt es auf die Perspektive an. So selten sich Narva in der Vergangenheit auch tatsächlich an einer politischen Grenze wiederfand, so deutlich zeichnet sich doch seit dem Mittelalter eine kulturelle Grenzfunktion ab. Denn seither bildete die Flußlinie eine ungefähre Grenze zwischen dem west- und dem ostkirchlichen Raum trotz aller interkonfessionellen Kontakte, die der Alltag mit sich brachte.[9] Eine innerchristliche Grenze zwar, die aber im Laufe der Jahrhunderte ideologisch aufgeladen wurde und sich gerade auch während des Kalten Kriegs unter Einfluß des Ost-West-Gegensatzes deutlich abzeichnete. Allerdings wurde im Westen nur selten auf den genauen Verlauf dieser Grenze Rücksicht genommen, auch wenn bis ins frühe 20. Jahrhundert hinein der Begriff der „deutschen" Ostseeprovinzen Rußlands die Sonderstellung der Region betont haben mag. Vollends ignoriert wurden kulturhistorische Unterschiede im August 1939 als Hitler Estland und Lettland, später auch Litauen bereitwillig der sowjetischen Interessenssphäre zuschlug. Gleichzeitig deklarierte er quasi mit der „diktierten Option" (Dietrich A. Loeber) der Umsiedlung der deutschbaltischen Minderheit aus den der Region „heim ins Reich" in eigentümliche Spannung zur eigenen Ideologie das Scheitern des über 700 Jahre währenden deutschen „Kulturträgertums" in Europas Nordosten.

Die Hinnahme der sowjetischen Besatzung des Baltikums ließ im Westen die Erinnerung daran schwinden, daß sich zwischen Narva und Reval, zwi-

---

S. 45-61; Lundén, Thomas: On the boundary. About Humans at the End of Territory. Stockholm 2004, S. 136-150.
[9] Selart, Anti: Eesti idapiir keskajal [Die Ostgrenze Estlands im Mittelalter]. Tartu 1998; Ders.: Zur Sozialgeschichte der Ostgrenze Estlands im Mittelalter. In: Zeitschrift für Ostmitteleuropa-Forschung 47 (1998), S. 520-543; Mühlen, Heinz von zur: Die Narva-Frage und die Grenze im Nordosten Estlands. In: Zeitschrift für Ostforschung 41 (1992), S. 249-257.

schen Dorpat und Riga einst eine protestantische Insel im orthodoxen Russischen Reich befunden hatte, die über Jahrhunderte als nordosteuropäische Brückenregion galt. Dagegen bemühte sich während des Kalten Kriegs in der Bundesrepublik eine kleine Schar von Autoren meist deutschbaltischer Herkunft deutlich zu machen, daß die baltischen Sowjetrepubliken keineswegs „russisch" oder gar „sowjetisch" seien. Sie bedienten sich, kaum überraschend, mit Vorliebe einer „Bollwerk"-Metapher, wie sie schon die Flugblatt-Literatur im Livländischen Krieg genutzt hatte.[10] Eine besondere Rolle spielte hierbei auch Narva, das vom deutschbaltischen Publizisten Erik Thomson 1984 zum „Torwächter Estlands" erklärt wurde. Dabei ließ er sein politisches Urteil per Architekturkritik sprechen:

„Die russische Feste Iwangorod, ein barbarischer Koloß, geeignet, die Riesenheere des Moskowiters zu beherbergen, stand in grellem Kontrast zur architektonischen Geschlossenheit und dem Schwung der Hermannsfeste."[11]

Abbildung 3: Blick auf die Hermannsfeste mit der Burg Ivangorod im Hintergrund (Foto: Autor).

Man wird sich diesem Schwarzweiß Schema nicht anschließen wollen, wenn man beide Architekturdenkmäler heute betrachtet. Steht nicht eher der Koloß des „Langen Hermanns" dem Schwung der sich der Landschaft anpassenden mächtigen Festungsmauern der Burg Ivangorod gegenüber? Zudem scheint auch der Hof der Deutschordensfestung dazu geeignet, Massenheere zu beherbergen. Militäranlagen architektonisch gegeneinander auszuspielen macht wenig Sinn, zumal die „feindlichen Brüder" sich zumeist ja durchaus friedlich gegenüberstanden. In diesem Zusammenhang mag die Feststellung Arnold Sooms,

---

[10] Kappeler, Andreas: Ivan Groznyj im Spiegel der ausländischen Druckschriften seiner Zeit : ein Beitrag zur Geschichte des westlichen Russlandbildes. Bern 1972 (= Geist und Werk der Zeiten. 33).
[11] Narva wie es war. Einhundert Ansichten. Hrsg. von Erik Thomson. Lüneburg 1984, S. 6.

seinerzeit Stadtarchivar zu Narva, eher überzeugen, der 1939 in einem prachtvollen Fotoband zum alten Narva schrieb:

„Die Vergangenheit der Stadt Narva ist zweifellos eine der interessantesten und eigenartigsten nicht nur in Estland, sondern in ganz Nord-Europa. Als Grenzfestung hatte die Stadt seit jeher den geschichtlichen Auftrag, die Kultur Westeuropas zu schützen. Andererseits hat sie als Knotenpunkt des Transithandels zwischen Rußland und den westeuropäischen Ländern viel zur gegenseitigen Annäherung Ost- und Westeuropas beigetragen."[12]

Narva und die doppelte Erinnerung

Thomsons Antithese spielt zweifellos auch auf den Zustand der Stadt nach dem Krieg an: „Kleinod abendländischer Städtebaukunst" vs. „Allerweltsstadt vom sowjetischen Reißbrett" – so formulierte er den bis heute offensichtlichen Gegensatz.[13] Und es ist wahr: Die Neugründung nach der Zerstörung als Symbol eines neuen Systems, das seinem eigenen Anspruch nie gerecht wurde – dieser bewußte Bruch mit der eigenen Geschichte zehrt am Selbstbewußtsein der Stadt, deren Bevölkerung keine Wurzeln hat. Denn die neue Stadt durfte nur neue Menschen beherbergen. Die sowjetische Führung machte es sich dabei zu Nutze, daß Narva bereits im Frühjahr 1944 von den Deutschen evakuiert worden war. Als die Rote Armee Ende Juli nach Estland vorstieß, eroberte sie eine leblose zerbombte Stadt, in der noch ca. 8 % der Wohnfläche von 1940 erhalten geblieben waren.[14] Daß es kaum einem der ehemaligen Bewohner gelang, die Genehmigung zur Rückkehr zu erhalten, lag offensichtlich an einer in Nordwestestland vorhandenen uranhaltigen geologischen Schicht, die Moskau darauf setzen ließ, Narva zur Wiege der sowjetischen Uranproduktion zu machen. Das auch nach dem Sieg extrem mißtrauische System konnte sich verständlicherweise nicht dafür erwärmen, ein derartig geheimes Prestigeprojekt unter den Augen von Personen zu entwickeln, die bis vor kurzem noch als Staatsbürger einer „bürgerlich-faschistischen" Republik galten. Eine ent-

---

[12] Sarap, Carl: Vana Narva. The Old Narva. Das alte Narva. Gamla Narva. Ajaloolise ülevaate kirjutanud Arnold Soom, Narva linnaarhivaar [Der historische Überblick wurde verfaßt von Arnold Soom, Narvaer Stadtarchivar]. Tallinn 1939, S. 17.
[13] Narva wie es war (wie Anm. 11), S. 9 f.
[14] Brüggemann, Wiederaufbau (wie Anm. 2), S. 81; Weiss-Wendt, Anton: Must-valge linn / Schwarz-weiße Stadt. Vana Narva fotoajalugu / Fotogeschichte Alt-Narvas. Tallinn 1997, S. 55, 62; Ederberg, Ernst: Narva vanalinna ülesehitamise probleeme [Probleme des Wiederaufbaus der Narvaer Altstadt]. In: ENSV Arhitektide Almanahh 1947, S. 60-65, hier S. 60.

sprechende Fabrik wurde dann allerdings doch nicht in Narva, sondern im benachbarten Sillamäe errichtet.[15] Mittlerweile waren die Weichen des Wiederaufbaus jedoch gestellt worden. Und Narva wurde zu einer russischen Stadt im industriell auszubeutenden Nordosten Estlands, der sich in den Augen der Esten nun allmählich in „unser Sibirien" verwandelte. Eine Region, die man folglich zu meiden bemüht war (und ist).

Dieser Bevölkerungsaustausch der Jahre unmittelbar nach dem Krieg stellt mehr noch als die Veränderung der architektonischen Gestaltung Narvas die Grundlage dafür dar, daß man von einem „überspielten" historischen Gedächtnis der Stadt sprechen kann. Die Gründe für die Migration aus anderen Gebieten der Sowjetunion waren vielfältig. Neben demobilisierten Rotarmisten und Personen, die vom vergleichsweise höheren Lebensstandard in einer vom Krieg weniger verheerten Region angelockt wurden, gesellten sich z.B. auch ehemalige Zwangsarbeiter zur neuen Einwohnerschaft, da Narva außerhalb des 100 km-Radius um Leningrad lag, innerhalb dessen sich entlassene Lagerinsassen nicht ansiedeln durften. Hinzu kamen aus anderen Sowjetrepubliken angeworbene Arbeiter, aber auch manch ein Este, der aus politischen Gründen darauf hoffen mußte, sich auf den Großbaustellen des Nordostens leichter verbergen oder sich eine systemkonforme Identität zulegen zu können. Die meisten der Neubürger waren aber weder mit Kultur noch mit Geschichte der Region vertraut.[16] Für das an „ethnischen Säuberungen" reiche europäische 20. Jahrhundert stellt somit auch Narva eine interessante Fallstudie dar.

Durch diesen nahezu kompletten Bevölkerungsaustausch erklärt es sich also, daß für die heutigen Narvenser die Vergangenheit ihrer Stadt in der Regel 1944 beginnt. Für viele Esten hingegen endet sie damit. Dies hat zur Folge, daß niemand Narvas Geschichte in toto erinnert: die Bruchstellen dieser doppelten Erinnerung liegen auf der Hand. 1944 wurde anstelle des alten Narva eine neue Stadt gegründet, die als historisches Erbe lediglich den alten Namen in die Wiege gelegt bekam. Es gab ja auch keinen Anlaß für eine Umbenennung. Als Schauplatz des großen Streiks in der berühm-

---

[15] Vseviov, David: Endiste Narvakate mõistatus [Das Rätsel der ehemaligen Narvenser]. In: Tuna. Ajalooline ajakiri 2001, H. 2, S. 60-67. Vgl. Mertelsmann, Olaf: Die Herausbildung des Sonderstatus der Nordostregion innerhalb der Estnischen SSR. In: Narva und die Ostseeregion (wie Anm. 2), S. 105-121.

[16] Ebenda, S. 118-120. Vseviov, David: Nõukogudeaegne Narva elanikkonna kujunemine 1944-1970 [Die Herausbildung der Einwohnerschaft des sowjetischen Narva]. Tartu 2001.

ten Baumwollmanufaktur *Kreenholm* 1872[17] und als Gründungsort der „Estnischen Arbeiterkommune" (*Eesti Töörahva Kommuun*), einer Art estnischer Sowjetregierung, die 1918/19 nur wenige Monate existiert hatte,[18] war Narva ein ehrenvoller Platz in der sowjetischen historischen Meistererzählung sicher. Ort und Name blieben erhalten, doch garantierte erst die Auslöschung der Erinnerung an die Zeit vor 1944 die Erfolgsgeschichte des nun sowjetischen Narva, wofür der Bevölkerungsaustausch ideale Voraussetzungen schuf. Noch heute trifft man auf ältere Narvenser, die allein die Erwähnung der Schönheit der einstigen „Perle des Ostseebarock" mit Schweigen quittieren oder die Errichtung des „Schwedischen Löwen", eines Denkmals zum Gedenken an die Schlacht bei Narva und damit an den schwedischen Sieg über Peter I. 1700, mit Argwohn beobachten.[19]

Dank zaghafter Versuche, in Narva Gedenkorte für den Kontext des estnischen historischen Gedächtnisses zu errichten – wie z.B. der Gedenkstein

Abbildung 4: Der „Schwedische Löwe", errichtet 2000 (Foto: Autor).

für die Repressionsopfer vor dem Bahnhof oder eben der gerade erwähnte „Schwedische Löwe" – ist in Narva eine hybride Geschichtskultur entstanden, wobei der in der

Abbildung 5: Lenin in der Ordensburg (Foto: Autor).

---

[17] Zelnik, Reginald E.: Law and Disorder on the Narova River. The Kreenholm Strike of 1872. Berkeley, CA. 1995.
[18] Brüggemann, Karsten: "Foreign Rule" During the Estonian War of Independence 1918-1920: The Bolshevik Experiment of the "Estonian Worker's Commune". In: Journal of Baltic Studies 37 (2006) (= Special Issue: "Foreign Rule in Northeastern-Europe". Hrsg. von Karsten Brüggemann), S. 210-226.
[19] Näheres hierzu bei Brüggemann, Karsten: Narva ist anders, oder? Es ist. In: estonia. Zeitschrift für estnische Literatur und Kultur 18 (2003), H. 1, S. 40-50.

zweiten Hälfte des 20. Jahrhunderts dominante sowjetische Diskurs bis heute lebendig ist: Narva ist die einzige Stadt Estlands, in der es ein bislang noch nicht vernichtetes oder in ein Museum überführtes Lenin-Denkmal gibt. Es steht mittlerweile im Hof der Hermannsfeste, nur wenige hundert Meter von seinem angestammten Platz auf dem Platz vor dem ehemaligen Stadtparteikomiteegebäude entfernt, wo er am 22. April, seinem Geburtstag, sowie am 7. November, dem Gedenktag der Oktoberrevolution 1917, stets frische Blumen erhält. Öffentliches Lenin-Gedenken in der Deutschordensfeste – allein für die Idee wäre ein Sowjetbürger wohl unweigerlich in die sibirische Verbannung geschickt worden.

Eine russische Stadt in Estland

Für die Esten wiederum scheint Narva nicht existent zu sein, ein exotisches Relikt an der Peripherie, voller Drogen und Gewalt, wie es heißt, eine Erinnerung an die eigene sowjetische Vergangenheit, die auch hier nicht vergehen will. Denn Narva ist, was das Land nicht mehr sein will: russisch. Aber so einfach ist es auch nicht mehr mit dem „russischen" Narva. Julija Kondurova z.B., eine Anfang dreißigjährige Narvenserin, wäre nach den Beobachtungen Büschers ganz russisch, lebte sie nicht in Narva:

„Ich habe immer gedacht, wir sind Russen, bis ich nach Russland fuhr. Die Leute dort sagen uns: Ihr kleidet euch anders, ihr seid anders, und euer Russisch hat einen estnischen Akzent. [...] Wir sind keine richtigen Russen, wir sind keine richtigen Esten."[20]

Von den Unterschieden in der Sprache kann sich jeder des Russischen Kundige selbst überzeugen und wird vor allem bei den jüngeren Russen in Estland fündig werden. Ihr Russisch ist härter, kühler im Klang, etwas knapper und natürlich mittlerweile mit reichlich Estizismen durchsetzt. Die Kleidung hingegen ist in Narva noch deutlich weniger vom transeuropäischen H&M-Stil geprägt als etwa in Tartu, der traditionellen estnischen Studentenstadt. Für junge Narvenserinnen zumindest sind Handtaschen und Rüschenblusen Plichtaccessoires, auch wenn Julija hier eine Ausnahme darstellt.

Wie früher zu Sowjetzeiten sind es in Narva die wenigen Esten, die wie selbstverständlich zweisprachig sind. Trotz der gehörten Dominanz des

---

[20] Büscher (wie Anm. 3). Ähnliche Ergebnisse bei Kronenfeld, Daniel A.: Ethnogenesis Without the Entrepreneurs: The Emergence of a Baltic Russian Identity in Latvia. In: Narva und die Ostseeregion (wie Anm. 2), S. 339-363.

Russischen sieht man jedoch kaum einmal kyrillische Schriftzeichen in den Straßen, an denen mit großen Plakaten eine staatliche Verkehrskampagne die Autofahrer auffordert, Menschen über die Straße gehen zu lassen. In Estnisch natürlich. Der Busfahrer, der dem Passanten mit einem deutlichen Fingerzeig bedeutet, er werde nicht deswegen bremsen, weil jener schon auf der Mitte des Zebrastreifens stehe, dürfte dieses Plakat nicht verstanden haben. Ob die estnischsprachige „Mach's mit"-Aktion mit hübschen Wortspielen hier etwas nützt, in einer Stadt, die wahrscheinlich eine der höchsten AIDS-Raten der EU aufweist, dürfte kaum herauszufinden sein. Auch die mittlerweile entstehenden Supermarktriesen sind ausschließlich staatssprachlich, d.h. estnisch ausgeschildert. Immerhin lassen Banken oder politisch weniger nationalistische Parteien mittlerweile für Narva zweisprachige Werbeplakate drucken. Das nennt man wohl ergebnisorientiertes Werben.

Ergebnislos hingegen blieb im Falle Narvas das, was man auf Neu-Estnisch *bränding* nennt: Imagegestaltung. Es ist, als ob sich die Stadt seit Beginn der 1990er Jahre immer noch in einer Art Dämmerzustand befindet. Nach dem Scheitern der politischen Initiative einiger Bürger, per Volksentscheid 1993 den Anschluß an die Russische Föderation zu erzwingen,[21] macht die Stadt in politischer Hinsicht kaum noch von sich reden. Sie hat eigene Sorgen, wobei sich das mangelnde soziale Kapital vor allem der älteren Bevölkerung bemerkbar macht, da sie den notwendigen ökonomischen Umstrukturierungen nicht gewachsen ist. So fällt die Umstellung auf Dienstleistungen schwer. Narva plagt sich mit dem Erbe der sowjetischen Industrialisierungspolitik herum, das aufgrund der einseitigen, nun beendeten Förderung bestimmter Industriezweige und der von ihnen abhängigen, mittlerweile verkümmerten städtischen Infrastruktur erhebliche soziale Probleme verursacht: Arbeitslosigkeit, Drogenmißbrauch, Kriminalität.

Man vermißte zudem lange Zeit Eigeninitiative, die Stadt reagierte anstelle zu agieren, erst spät kamen europäische Gelder hierher. Weder die Stadtverwaltung noch die Bürger hatten offenbar die Regeln der neuen Weltordnung, die seit 1991 auch für Narva gelten, begriffen oder begreifen wollen. Mit Neid schaute man etwa auf das mit Hilfe des Tourismus blühende Pärnu (Pernau), dem das neue Jahrtausend sogar eine moderne neue Konzerthalle bescherte. Es schien, als ob der fortgesetzte Dämmerschlaf

---

[21] Smith, David J.: Narva Region within the Estonian Republic: From Autonomism to Accommodation? In: Regional and Federal Studies 12 (2002). Special Issue „Region, State and Indentity in Central and Eastern Europe". Hrsg. von Judy Batt, Kataryna Wolczuk, S. 89-110.

immer noch vom süßen Gift der sowjetischen Verantwortungslosigkeit genährt wurde, da ja bis 1991 der allmächtige und allwissende Staat die Vorsorge für seine Arbeiter- und Bauernbürger in allen Belangen traf und ohne ihn erst recht nichts passierte. Die Veränderungen in der Stadt mußten daher erst von außen angestoßen werden. Hier zwei Beispiele zur Verdeutlichung der erst allmählich einsetzenden Neuerungen, die aus Tartu bzw. Tallinn organisiert wurden:
- Das Narva Kolleg der Universität Tartu (http://www.narva.ut.ee) bietet seit dem 1. Juli 1999 estnische Hochschulbildung auch für Studierende der russischsprachigen Minderheit des Landes an. Hiermit leistet es einen nicht zu überschätzenden Beitrag zur Integration, indem es die Qualität des Estnischunterrichts an russischsprachigen Schulen verbessert und junge Russen durchaus erfolgreich auf den Einstieg in das estnische Berufsleben vorbereitet.
- In Zusammenarbeit mit verschiedenen europäischen Kulturinstitutionen und den Organisatoren des Tallinner Filmfestivals „Dunkle Nächte" (http://www.poff.ee) werden seit 2004 jährlich die „Europäischen Filmtage in Narva" durchgeführt. Nicht zuletzt dieser Initiative ist es zuzuschreiben, daß es seit 2006 endlich wieder ein Kino in Narva gibt. Darauf hatte die knapp 70.000 Einwohner zählende Stadt 15 Jahre gewartet.[22]

Mittlerweile gibt es auch eine neue Sport- sowie eine neue Eissporthalle. Auch moderne Einkaufszentren entstehen. Doch ist weiterhin unklar, ob die Stadt in nächster Zeit ein Kulturzentrum erhalten wird, zumal kürzlich ein neuer Konzertsaal in der 50 km entfernten Kreisstadt Jõhvi eröffnet wurde, die aber mit gut 12.000 Einwohner erheblich kleiner ist als Narva. So gibt es vielleicht Hoffnung auf die Renovierung zumindest eines der drei sowjetischen „Kulturhäuser", von denen sich ohnehin nur noch das „*Rugodiv*" in städtischem Besitz befindet und noch nicht „kommerzialisiert", d.h. als Kasino oder Diskothek ausgeschlachtet wurde.

Trotz des seit 1997 mit einigem Erfolg ausgetragenen internationalen Chopin-Festivals für den musikalischen Nachwuchs ist Kultur aber auch nicht das Hauptelement des offiziell kreierten Images der Stadt. Dabei verläßt sich Narva in seiner Selbstdarstellung nicht allein auf das spektakuläre Gegenüber der Festungen am Flußufer, sondern verweist nicht ohne Stolz

---

[22] Feldmanis, Andris: Venekeelse tõlkega uusim euroopa kino leiab tee Narva [Das neueste europäische Kino findet mit russischer Übersetzung den Weg nach Narva]. In: Eesti Päevaleht, 13.04.2006.

auch auf seine 150 Jahre währende Tradition als Stadt der Industrie. Tatsächlich stellten Textilindustrie und Energieerzeugung Narvas Existenzberechtigung zur Sowjetzeit dar, worauf noch heute das Motto der städtischen Tourismuszentrale anspielt: „Stadt der guten Energie" (*Hea energia linn*) – in Abwandlung des Mottos der Universitätsstadt Tartu „Stadt der guten Gedanken" (*Hea mõttede linn*). Allerdings fragt man sich bei der Betrachtung eines kurzen englischsprachigen Videos für Touristen[23] schon, ob die Information, Narva beherberge die einzige Leder verarbeitende Fabrik Estlands, auch nur einen zusätzlichen Gast anlockt. Ob es attraktiv ist, getreu dem sowjetischen Geist heute noch so zu tun, als ob Textilindustrie und Energieerzeugung für den städtischen Pulsschlag verantwortlich seien, darf bezweifelt werden. In dieser altbackenen Selbstdarstellung kommt Geschichte – abgesehen von den stolz präsentierten Festungen – kaum vor, auch wenn die Teilnahme Narvas an den Hansetagen erwähnt wird (obwohl die Stadt ja nie Mitglied des Kaufmannbundes gewesen ist). Es ist, als ob vor allem die jüngere Vergangenheit mit einem Makel behaftet sei, denn es fehlt hier jeglicher Hinweis auf die Sowjetzeit oder die nationale Zusammensetzung der städtischen Bevölkerung. Typischerweise gilt der Stolz auf die eigene Geschichte der lang zurückliegenden Periode des Mittelalters. Vor dem 20. Jahrhundert hingegen scheint sich die Stadt verstecken zu wollen.

Wird hier nicht eine Chance vertan? Zwar kann man von Narva wohl tatsächlich noch nicht erwarten, daß es wie seine alte Konkurrentin Tallinn alles aufbietet, was der auf eine historische Gänsehaut hoffende West-Tourist erwartet, vom Horror des KGB-Hauptquartiers über das Pathos der Erinnerungsorte für die gefallenen sowjetischen Helden bis hin zur besonderen Ästhetik des für die

Abbildung 6: Das Baltische Elektrizitätswerk (Foto: Autor).

---

[23] http://www.narva.ee/eng/index.php?vasakul/Videoklipid.eng/ [letzter Zugriff 06.7.2006].

Olympiade 1980 errichteten Fernsehturms, dessen Inneneinrichtung nahezu unverändert ist. Oder wie es auf der Homepage der Tallinner Tourismuszentrale heißt:

„*[...] Soviet rule left indelible marks on Tallinn's landscape which today serve as reminders of the powerful regime that once exercised tight control over every aspect of life in Estonia. They're also fascinating places to visit for foreign guests interested in that chapter of the world's history.*"[24]

Für einen so offensiven Umgang mit dem „Sowjetischen" der eigenen Geschichte ist Narva wahrscheinlich noch lange nicht bereit, gerade weil es die einzige „echte" Sowjetstadt des Landes war – inklusive des weitgehend „überspielten" historischen Gedächtnisses. Allerdings fällt im Vergleich mit der Hauptstadt schon auf, daß, während Tallinn sich sogar das dem neuen Estland so fremde sowjetische Erbe zu eigen macht, Narva sein eigentliches „Eigenes" zu verleugnen scheint, obwohl (oder gerade weil) dieses Erbe so offenkundig ist. Die Attraktivität der eigenen Geschichte, die sich gerade auch aus der Faszination ihrer eher negativen Seiten speist, wird hier komplett verspielt. Hier mag der Wunsch erkennbar sein, Narva endlich einmal als „normale" Stadt zu präsentieren, ohne stets auf die Wunden der Geschichte verweisen zu müssen. Marketingstrategischen Erwägungen wird dieser Wunsch jedoch zunehmend nicht mehr gerecht. Anstatt die spannungsreiche eigene Überlieferung zu nutzen, versteckt sich Narva hinter Produktionsleistungen. Anstatt die Stadt als Bindeglied zwischen Rußland und Europa zu präsentieren sieht man, wie im E-Werk Ölschieferbrocken ihrer Verwertung zugeführt werden.

Narva und sein altes Zentrum

Symbolisch für das auch mentale Problem der Stadt mit ihrer Geschichte ist die Situation der Altstadt. Schlendert man heutzutage durch dieses ruhige, grüne Wohnviertel mit seinen grauen, vier- bis fünfstöckigen sowjetischen Typenbauten, kann man sich kaum vorstellen, daß hier einst das Herz der Stadt pulsierte. Nur das etwas verwaist dastehende Rathaus sowie die Straßennamen – Westerwall-, Ritter- und Große Straße – lassen einen den Hauch der Vergangenheit spüren. Die Abbildungen 7 bis 10, die sich einem interessanten Projekt des Narva Kolleg verdanken, durch das die

---

[24] http://www.tourism.tallinn.ee/fpage/explore/attractions/soviet [letzter Zugriff 26.2.2006]. Mehr dazu bei Brüggemann, Gespaltene Geschichte (wie Anm. 1).

Wandlungen im Antlitz der Stadt dokumentiert werden sollten, zeigen exemplarisch, wie radikal der Neubau den Charakter der traditionellen Altstadt verändert hat.

Abbildung 7, 8: Blick auf die Narvaer Altstadt. Mitte der 1930er Jahre und 2004 (Fotos: Archiv des Narva Kolleg; Irina Kivimäe).

Solche Bilder vermögen einem den Atem zu rauben. Das pulsierende Zentrum der Stadt wurde im wahrsten Sinne still-gelegt und die Geschichte ausgemerzt zugunsten einer systemimmanenten Gesichtslosigkeit. Auch wenn heute gern eine weitere Bösartigkeit Moskaus dahinter vermutet wird, war das Schicksal dieses Kleinods nordeuropäischer Städtebaukunst, um Thomsons Begriff etwas abzuwandeln, 1944 noch lange nicht entschieden. Selbst die neuen Machthaber trugen sich durchaus mit dem Gedanken eines Wiederaufbaus.[25] Die Idee der „sozialistischen Stadt" an sich war Architekturdenkmälern gegenüber gar nicht einmal feindselig eingestellt, zumal der Wiederaufbau Reklame für den Sozialismus Stalin'scher Prägung sein sollte. Neben einigen Zentren altrussischer Kultur wie Pskov (Pleskau) oder Novgorod zählten auch Narva und Tallinn zu den 32 Städten der Sowjetunion, die gleich nach dem Krieg auf die Prioritätenliste für den Wiederaufbau gesetzt wurden. Im Juli 1947 wurde schließlich auch das Gebiet der Narvaer Altstadt vom Ministerrat der Estnischen SSR unter Denkmalschutz gestellt.[26] Ihr Wiederaufbau, so schien es, war nur eine Frage der Zeit.

---

[25] Zum folgenden siehe Brüggemann, Wiederaufbau (wie Anm. 2).
[26] Weiß-Wendt (wie Anm. 14), S. 64f.; Kočenovskij, Oleg: Narva. Gorodostroitel'noe razvitie i architektura [Narva. Städtebauliche Entwicklung und Architektur]. Tallinn 1991, S. 230.

Abbildung 9, 10: Blick von der Treppe des Rathauses auf den Rathausplatz. Mitte der 1930er Jahre und 2004 (Fotos: Archiv des Narva Kolleg; Irina Kivimäe).

Der Erhalt von Architekturdenkmälern gehörte freilich nicht zu den Prioritäten der unmittelbaren Nachkriegszeit, obgleich die Bewahrung der „für das estnische Volk einzigartigen Architekturdenkmäler" dem sowjetischen Architektenverband 1946 noch mehrere Hunderttausend Rubel wert war, die man den estnischen Kollegen zur Verfügung stellen wollte.[27] Praktisch jedoch war dieser Spagat – die Integration des Alten (und ideologisch Fremden) in die neue sozialistische Stadt – nicht zu schaffen. Der Unterschied zwischen Anspruch und Wirklichkeit zeigte sich im komplett zerstörten Narva besonders drastisch. In den Akten des Stadtparteikomitees wird ständig auf die sich nur langsam entfaltende Bautätigkeit verwiesen. Der Grund hierfür war der Teufelskreis aus zu wenigen Arbeitskräften, zu wenigen Facharbeitern, zu wenigen Baumaterialien und folglich nicht genügend wiederhergestelltem Wohnraum, um neue Arbeitskräfte unterzubringen. Hinzu kam die sowjetische Bürokratie. Ohne einen „Generalplan" ging buchstäblich nichts voran, doch war der erste Plan von Anton Soans aus der unmittelbaren Nachkriegszeit wegen „Formalismus" verworfen worden. So erging im August 1947 der Auftrag, einen neuen Plan für Narva zu erstellen, der neue Industriezweige sowie eine unerwartet rasche Zunahme der Bevölkerung zu berücksichtigen hatte. Dieser neue Generalplan wurde nach eingehender Diskussion im Oktober 1948 von den estnischen Gremien abgesegnet. Ende Juni 1949 schließlich fanden die Unterlagen auch die Billigung der zentralen sowjetischen Planungsorganisation *Gosplan*, doch kam es erst 1952 zur endgültigen Annahme der inzwischen mehrfach

---

[27] Tallinna taastamine 1944-1950. Dokumente ja materjale [Der Wiederaufbau Tallinns. Dokumente und Materialien]. Hrsg. von David Vseviov. Tallinn 1984, Nr. 118, S. 132 f.

überarbeiteten Planungsgrundlage.[28] Die ganze Zeit lag dementsprechend die Rekonstruktion der mittlerweile nach allem Verwertbaren ausgeschlachteten Altstadt-Ruinen brach, was ihrem Zustand nicht gut bekam.

Die vorrangige Förderung des Ausbaus der Stadt zu einem Industriezentrum nahm wenig Rücksicht auf die Lebensqualität, die den Werktätigen geboten wurde: Weiterhin gab es in der Stadt weder ein Kino noch ein Theater. Noch im Dezember 1946 war auf der II. Narvaer Parteiversammlung optimistisch verkündet worden: „In fünf Jahren wird das neue, große Narva eine schöne sozialistische Stadt sein".[29] Dieser Optimismus war freilich schon aus rein quantitativen Gründen verfrüht, da die in den Planungen genannten Ziffern eindeutig überhöht waren. Mit der geplanten „Größe" Narvas haperte es also beträchtlich – und was das Attribut „sozialistisch" in der zitierten Vision betraf, so könnte man zynischerweise vermuten, daß es sich hierbei um einen verschlüsselten Hinweis auf die unzureichende Qualität der Bauten gehandelt hat, die auch dem Ministerrat der Estnischen SSR aufgefallen war. Auch in bezug auf die „Schönheit" des neuen Narva, auf den ordnungsgemäßen Zustand der Stadt, waren sich die Betrachter einig: Noch im Mai 1959 hieß es in einem offiziellen Dokument, daß Narva wohl die „rückständigste Stadt in der Republik" sei. Es gebe grundsätzlich zu wenig Grünflächen, Kinderspielplätze, Sport- und Erholungsflächen für die Werktätigen.[30] Fünfzehn Jahre nach dem Krieg hatte nach Ansicht der obersten Architekturbehörde der Estnischen SSR in Narva noch keine zivilisierte städtische Ordnung wiederhergestellt werden können. Die Stadt war offenbar weder vorbildlich sozialistisch noch „schön", denn offenbar war weder an Bäume noch an die Erholungsbedürfnisse der Arbeiter gedacht worden. Allem Anschein nach war Narva zu dieser Zeit selbst nach den geltenden Maßstäben der „sozialistischen Stadt" eine Industriestadt ohne menschliches Antlitz.

Der Wiederaufbau der Altstadt war zu diesem Zeitpunkt allerdings bereits offiziell aufgegeben worden. Noch in Soans' Generalplan von 1945 hatte sich an der Stelle des ehemaligen städtischen Zentrums wohlweislich ein blinder Fleck befunden.[31] Vor allem die zentrale Architekturverwaltung

---

[28] Brüggemann, Wiederaufbau (wie Anm. 2), S. 94 f.
[29] Ebenda, S. 95.
[30] Ebenda, S. 95 f.
[31] Zum Generalplan von Anton Soans vgl. Käsper, Adolf: Uue Narva arhitektuuriline ilme [Das architektonische Antlitz des neuen Narva]. In: Eesti NSV Arhitektide Almanahh 1946 [Tallinn 1947], S. 21-26; Kočenovskij (Anm. 26), S. 224 f.

der Estnischen SSR beschäftigte sich in der Folge mit den Details der Rekonstruktion des Antlitz' der Narvaer Altstadt. Der mit der Planung ihres Wiederaufbaus beauftragte Architekt Edgar Kuusik ging davon aus, daß alle denkmalgeschützten Gebäude „in der alten Form" wiederhergestellt werden könnten.[32] Der Vierte Fünfjahrplan allerdings machte bereits 1946 den Architekten deutlich, daß sie sich an einer verlorenen Front engagierten. Hiernach bestimmten zukünftig nicht mehr die „historischen oder nationalen Faktoren" die Perspektiven des Wiederaufbaus, sondern ein „Komplex von ökonomischen Faktoren, bei denen die führende Rolle den Objekten der Schwerindustrie gebührt."[33] Doch noch im Februar 1947 wurde in einer „Information über die Fragen der Bautätigkeit in der Stadt Narva/Estnische SSR" festgehalten, welche Gebäude und Gegenstände unter staatlichem Schutz stünden. Hierzu zählten

„eine Reihe Sehenswürdigkeiten in der Altstadt wie das Rathaus, die Börse, die orthodoxe Kathedrale, die schwedische und die deutsche Kirche, das Haus Peters des Grossen, die Festung ‚Hermann' sowie einige Bürgerhäuser".[34]

Der faktische Wiederaufbau Narvas konzentrierte sich allerdings auf Gebiete außerhalb der Altstadt, wobei der Peterplatz mit den Repräsentativbauten der Stadtverwaltung eine zentrale Stellung einnahm: Hier wurde das neue Zentrum gebaut. Schließlich erteilte das Ministerium für Kommunalwirtschaft der Estnischen SSR dem Rekonstruktionsgedanken bezüglich der Altstadt im Dezember 1948 eine entschiedene Absage. Es sei nicht „sinnvoll", die alte Stadtstruktur „mit ihren engen Strassen, der architektonischen Gestaltung der Gebäude und des architektonischen Ensembles" wiederherzustellen, zumal auch das System der „unterirdischen Kommunikation (Wasserleitungen, Kanalisation)" zerstört sei. Immer noch hieß es allerdings, daß „die am besten erhaltenen Gebäude als kostbarste Kulturdenkmäler des Landes erhalten" werden sollten.[35]

---

[32] Kuusik, Edgar: Seletuskiri Narva südalinna rekonstruktsiooni projekti kohta [Erklärungsschreiben zum Projekt der Rekonstruktion des Narvaer Zentrums], 6.2.1945. In: Eesti Riigiarhiiv (Estnisches Staatsarchiv, ERA), R-1992-2-10, Bl. 90.
[33] Schreiben des Narvaer Stadtarchitekten Bach, 15.5.1946. In: ERA R-1992-1-78, Bl. 65-68, hier Bl. 65.
[34] Zitiert nach Brüggemann, Wiederaufbau (wie Anm. 2), S. 98.
[35] Sitzungsprotokoll, Ministerium für Kommunalwirtschaft der ESSR, 9.12.1948. In: ERA R-1992-1-230, Bl. 5-7, hier Bl. 6.

1950 beschied auch der Architekturrat der Republik, daß die Wiederherstellung der Altstadt zu teuer sei und nicht den Bedürfnissen der Werktätigen entspreche.[36] Auf einer gemeinsamen Sitzung des Architekturrats mit dem Narvaer „partei-ökonomischen Aktiv" wurde schließlich festgehalten, daß der „Wiederaufbau aller architektonischen Denkmäler im alten Teil der Stadt irreal" sei. Gemeinsam wolle man nun vor Ort untersuchen, welche konkreten Objekte für eine Rekonstruktion in Frage kämen.[37] Dieses Projekt zog sich allerdings weiter hin und die Ruinen verfielen weiter. Endlich begannen Aufräumungsarbeiten „unter Heranziehung der Öffentlichkeit" – und Mitte der 1950er Jahre setzte auch in der Altstadt der Bau von Wohngebäuden ein.[38]

Damit war das Schicksal der einstigen „Perle des Ostsee-Barock" entschieden: Das alte Geschäfts- und Verwaltungszentrum Narvas wurde zu einem stillen Wohngebiet erklärt. Ohne Rücksicht auf das alte Straßennetz wurden die vier- bis fünfstöckigen Wohnblocks, die sogenannten *Chruščevki* in die Altstadt gesetzt, industrielle Typenprojekte, die sich von Magdeburg bis Magadan gleichen. Diese Häuser stehen bis heute auf dem Gebiet der Altstadt, die sich dadurch von anderen „sozialistischen Städten" kaum mehr unterscheidet. Das hier in der Vorkriegszeit pulsierende Leben der Handelsstadt wurde gleichsam stillgelegt. Die einstige „Perle des Ostsee-Barock" mit ihren spitzgiebeligen Kaufmannshäusern und engen Gassen hat damit endgültig ihren unverwechselbaren Charakter eingebüßt.

Nur vier Gebäude haben ihre äußere Gestalt bis heute bewahrt, zu ihnen zählen ein Hotel, die Staatsanwaltschaft, die Kunstgalerie und das Rathaus. Letzteres überlebte, da man beschloß, in ihm den zentralen Pionierpalast der Stadt unterzubringen. Der Plan, mit dem ehemaligen Häuschen Peters des Großen ein weiteres altes Gebäude zu erhalten, ließ sich offenbar nicht realisieren. Das eigentlich für dieses aus dem 19. Jahrhundert stammende Haus geplante Stadtmuseum wurde schließlich in der Hermannsfeste eingerichtet.

---

[36] Sitzungsprotokoll, Architekturrat der ESSR, 9.5.1950. In: Ebenda, Bl. 34-38, hier Bl. 35.
[37] Sitzungsprotokoll, Architekturrat der ESSR, 15.5.1950. In: Ebenda, Bl. 39f.
[38] Kočenovskij (Anm. 26), S. 231.

Abbildung 11, 12: Blick in die Große Straße (*Suur tänav*). Mitte der 1930er Jahre und 2004 (Fotos: Archiv des Narva Kolleg; Irina Kivimäe).

Nach 1991 scheint sich niemand so recht mit diesem Thema befaßt zu haben. Erst zu Beginn des 21. Jahrhunderts wurde dank der Initiative der Stiftung „Pro Narva", den Rathausplatz zu bepflastern, sowie der Idee des Narva Kolleg, auf dem Gelände der ehemaligen Börse direkt am Rathaus ein neues Universitätsgebäude zu errichten, dem historischen Zentrum der Stadt neues Leben eingehaucht.[39] Narva täte die Rückgewinnung dieses traditionellen öffentlichen Raums sicher gut. Die Widerstände gegen die Neubaupläne des Kolleg haben allerdings deutlich gemacht, wie wenig die Stadt „der Zukunft zugewandt" ist. Eine unheilige Allianz von Bewahrern des Status Quo hatte sich zusammengetan mit denjenigen, die sich einen Neubau nur als (unbezahlbare) Kopie des Vergangenen vorstellen konnten. Erstmals zogen dabei Sowjetnostalgiker mit Interessensvertretern des „estnischen Narva" an einem Strang und liefen Sturm gegen die erneut von außen gekommene Initiative, die diesmal aber das verwaiste Zentrum des alten Narva betraf. Es ist, als ob der Streit um dieses Projekt auch den aus der sowjetischen Zeit stammenden Narvensern das Gedächtnis „wiederbespielt" hat. Die einst verdrängte Vergangenheit soll nun als das Maß der Zukunft dienen. Immerhin versucht das Mitte 2005 aus einem Architekturwettbewerb hervorgegangene Siegerprojekt in spannungsreicher Weise Alt und Neu zu verbinden, doch evozierte es ob seiner modernen Form einen einhelligen Aufschrei der Gegner. Mittlerweile hat auch die Stadt Ende 2006 eine Baugenehmigung nicht mehr erteilen wollen. Die geplante

---

[39] Vgl. die Homepage von „Pro Narva" unter: http://www.pronarva.ee [letzter Zugriff 6.7.2006], auf der man einen Stein für die Neupflasterung des Rathausplatzes spenden kann.

Eröffnung des neuen Kolleggebäudes schon im Jahre 2008, die weitere Ideen für den Altstadtneubau hätte nach sich ziehen können, ist damit bedroht.[40]

Abbildung 13: Das Rathaus (Foto: Autor).

Eine komplette Rekonstruktion der Altstadt, wie sie vielen Kritikern des Neubaus vorschwebt, wäre kaum zu realisieren. Die Erfahrung manch einer polnischen Stadt wie z.B. Głogów (Glogau) zeigt, was hiervon zu erwarten ist: Entweder verfügen die neu erbauten Gebäude höchstens über musealen Charakter oder es entstehen eine Reihe von unbezahlbaren Wohnungen im pseudohistorischen Stil.[41] Auch die moderate Idee, wenigstens den alten Rathausplatz originalgetreu zu realisieren, dürfte das Problem nur vertagen. Denn welcher Investor findet sich schon bereit, unter derartig strengen Rahmenbedingungen für die äußere Gestaltung sein Geld zur Verfügung zu stellen? Eine Belebung des alten Herzens der Stadt scheint auf diese Weise ausgeschlossen zu sein. Dabei könnte der Kollegneubau für Narva ein so schönes Symbol sein: Hatte die Neubebauung der Altstadt nach dem Zweiten Weltkrieg an ihrem südlichen Rand begonnen, um dort, wo zwischen ihr und der Hermannsfeste die Straße über die „Brücke der Freundschaft" in die Stadt führt, mit einigen Wohnhäusern den Blick auf die Ruinenlandschaft zu verbergen, so könnte die aktuelle Rekonstruktion direkt in ihrem Herzen beginnen.

---

[40] Kalm, Mart: Narvast võib veel linn saada [Aus Narva kann noch eine Stadt werden]. In: Eesti Ekspress. Areen, 03.08.2005. Siehe auch http://www.narva.ut.ee/uudised/hooneinfo/ [letzter Zugriff 6.7.2006].
[41] Siehe Zabłocka-Kos, Agnieszka: Städte in Schlesien – von der bürgerlichen deutschen Kleinstadt zur polnischen Stadt der Arbeiterklasse. Vortrag, gehalten auf der Jahrestagung des Collegium Carolinum, Bad Wiessee, 24.11.2006. Eine Publikation ist in Vorbereitung.

Allerdings hat dieses Neubauprojekt offenbar das Messer in die Wunde des „überspielten" historischen Gedächtnisses gelegt. Die Stadtgeschichte hat nicht erst 1944 begonnen und sie hat 1991 nicht aufgehört. In gewisser Weise hat sich die Narvaer Stadtverwaltung die Gestaltung der eigenen Zukunft aus den Händen reißen lassen, aber es fehlte allem Anschein nach einfach an eigenen Konzepten für das Gebiet der Altstadt. Immerhin heißt es jetzt, daß man sich durchaus vorstellen könne, dereinst in das Rathaus zurückzukehren. Leider entzieht es sich der Kenntnis des Verfassers, ob Narva Anstalten macht, das für die Renovierung des Rathauses notwendige Geld zu besorgen. Allein die rührige Stiftung „Pro Narva" wird dies nicht schaffen.

Ausblick

In der Sprache der finnougrischen Ureinwohner der Narva-Region bedeutet der Name von Stadt und Fluß „Stromschnelle". Und tatsächlich stürzt sich der Fluß südlich des Stadtzentrums einige Meter hinab, ein Umstand, den sich nicht nur Ludwig Knoop für seine 1857 gegründete Baumwollmanufaktur *Kreenholm* zu Nutze machte, sondern auch der Sowjetmacht ein Jahrhundert später zur Stromerzeugung diente. Es ist symbolisch für den Zustand der Stadt, daß dieser Wasserfall dank verschiedener Staustufen versiegt ist und nur noch wenige Male im Monat bewässert wird.

Kreenholm gehört mittlerweile einer schwedischen Firma, der Borås Wäfveri AB. Damit ist sie endgültig der schützenden Hand des (Sowjet)staates entrissen und muß sich mit der globalen Konkurrenz der Billigproduktion aus Asien auseinandersetzen. Aufgrund der zu Sowjetzeiten verordneten einseitigen Industriestruktur der Region wird sie zum Symbol des subjektiv wahrgenommenen Niedergangs der Stadt. Auf der anderen Seite laufen die Planungen für eine neue Brücke über die Narva an, um den zunehmenden Transitverkehr aus der Stadt zu bekommen. Hierfür sind allerdings langwierige Verhandlungen mit Moskau notwendig, ohne dessen Zustimmung eine Weiterentwicklung des Grenzverkehrs nicht möglich ist.

Abbildung 14, 15: Die Textilmanufaktur Kreenholm. Mitte der 1930er Jahre und 2004 (Fotos: Archiv des Narva Kolleg; Irina Kivimäe).

Fast fühlt man sich an die zweite Hälfte des 20. Jahrhunderts erinnert, als ebenfalls die Geschicke der Stadt weitestgehend aus Moskau gelenkt wurden, da viele der in der Region ansässigen Industrieunternehmen Unionseinrichtungen waren, bei denen weder Narva noch Tallinn mitzureden hatten. Zwar sind kulturelle Kooperationen im kleinen Rahmen zwischen den beiden Uferstädten an der Narva durchaus möglich und auch auf lokaler Ebene zu regeln. Die Narvaer Initiative aber, die beiden Festungen am Flußufer zum UNESCO-Weltkulturerbe erklären zu lassen, ist an russischem Widerstand gescheitert, wobei jener nicht in Ivangorod zu finden ist, sondern eher in der Leningrader *oblast'*, die nicht umsonst immer noch so heißt. Entscheidend hierfür mag immer noch eine verbreitete Haltung der russischen Bürokratie sein, die eigene Westgrenze möglichst streng kontrollieren zu wollen. Denn dahinter lauert immer noch der Systemfeind darauf, Rußland zu attackieren. Daß diese Auffassung zu Zeiten der „orangenen Revolutionen", die im russischen Fernsehen auch gerne als „orangener Faschismus" definiert werden, weiterhin die öffentliche Wahrnehmung dominiert, zeigt schon eine oberflächliche Rezeption der russischen Medien. Für die Region im Nordwesten der Russischen Föderation wie etwa Ivangorod ist dies um so mehr eine Tragödie, als ihr immer noch der Stempel einer „Grenzzone" aufgedrückt wird, der entscheidende Entwicklungshemmnisse auf den Weg gestellt werden. Wer etwa aus Rußland Ivangorod besuchen möchte, braucht dafür immer noch eine spezielle Zugangserlaubnis, ohne die auch kein Tourist die imposante Burg am Flußufer besichtigen darf.

Es braucht daher keine große prophetische Begabung, um Narva zumindest im Vergleich zu seiner Schwesterstadt einen beispiellosen Boom vorherzusagen. Das Wohlstandsgefälle wird somit an dieser sensiblen Grenze zwischen der Europäischen Union und der Russischen Föderation in absehbarer Zukunft kaum abflachen. Zu hoffen bleibt, daß im Umkehrschluß Estland erkennt, daß eine spezielle Förderung der eigenen Grenzregion nur im eigenen Interesse liegen kann.

Zu den Autoren

NORBERT ANGERMANN, Prof. Dr., geboren 1936 in Forst/Lausitz. Studium der Geschichte, Germanistik, Klassischen Altertumswissenschaft und Philosophie in Berlin und Hamburg. Nach der Promotion – „Studien zur Livlandpolitk Ivan Groznyjs" (Marburg 1972) – und der Tätigkeit als Wissenschaftlicher Assistent war er von 1977 bis 2002 Professor für Mittlere und Neuere Geschichte mit dem Schwerpunkt der Osteuropäischen Geschichte am Historischen Seminar der Universität Hamburg.

Zu seinen Forschungsinteressen zählen vor allem die Geschichte der deutsch-russischen Beziehungen, darunter der hansische Rußlandhandel, und die Geschichte der baltischen Länder. Zu seinen Leistungen auf wissenschaftsorganisatorischem Gebiet gehören die Herausgabe von zahlreichen Sammelwerken wie zuletzt „Städtisches Leben im Baltikum zur Zeit der Hanse (Lüneburg 2003), [Hrsg. mit Eduard Mühle:] „Riga im Prozeß der Modernisierung" (Marburg 2004) und [Hrsg. mit Michael Garleff und Wilhelm Lenz:] „Ostseeprovinzen, Baltische Staaten das Nationale" (Münster 2005) sowie die Mitherausgabe des vielbändigen „Lexikons des Mittelalters" (Zürich, München). Er ist Ausländisches Mitglied der Akademie der Wissenschaften Lettlands.

KARSTEN BRÜGGEMANN, Dr. phil., geboren 1965 in Hamburg. Studium der Geschichte und Ostslawistik in Hamburg und Leningrad. Promotion 1999 an der Universität Hamburg mit einer Arbeit zum Thema „Die Gründung der Republik Estland und das Ende des „Einen und Unteilbaren Rußland". Die Petrograder Front des Russischen Bürgerkriegs 1918-1920" (Wiesbaden 2002). 1993-1998 Mitarbeiter am Seminar für Geschichtswissenschaften der Universität der Bundeswehr Hamburg, 1998-2001 wissenschaftlicher Mitarbeiter im Archiv des Instituts Nordostdeutsches Kulturwerk, Lüneburg. Lehrbeauftragter am Institut für Finnougristik/Uralistik (seit 1996) und am Historischen Seminar (seit 1998) der Universität Hamburg. 2002-2004 Gastdozent der Robert Bosch Stiftung, seit 2004 Dozent für Allgemeine Geschichte am Narva Kolleg der Universität Tartu (Estland). Seit 2005 DFG-Stipendiat am Nordost-Institut Lüneburg mit einem Projekt über den „Diskurs des russischen Baltikums" im 19. und 20. Jahrhundert. Vorstandsmitglied der Baltischen Historischen Kommission.

Zu seinen Forschungsgebieten zählen die Geschichte Rußlands und der baltischen Länder, die Kulturgeschichte der Sowjetunion, die Genese des russischen Imperiums, estnische Erinnerungsorte, Fragen des baltischdeutschen Verhältnisses. Weitere Veröffentlichungen: Von Krieg zu Krieg, von Sieg zu Sieg. Motive des sowjetischen Mythos im Massenlied der 1930er Jahre (Hamburg 2002); [Hrsg.:] Narva und die Ostseeregion (Narva 2004); [Hrsg.:] Foreign Rule and Collaboration in the Baltic Countries, 1860-1920. Special Issue, Journal of Baltic Studies 37 (2006), No. 2; [Hrsg. mit Mati Laur:] Forschungen zur baltischen Geschichte (Tartu 2006ff.).

ARON BUZOGÁNY, M.A., M.P.S., geboren 1976 in Klausenburg (Cluj)/Rumänien. Studium der Politikwissenschaft, der Volkswirtschaftslehre sowie der Soziologie in Tübingen, Moskau (MGIMO) und Helsinki. Stipendiat der Deutschen Stiftung Friedensforschung am Institut für Friedensforschung und Sicherheitspolitik an der Universität Hamburg. Seit 2006 wissenschaftlicher Mitarbeiter der Arbeitsstelle Europäische Integration des Otto-Suhr-Instituts für Politikwissenschaft an der Freien Universität Berlin.

Seine Forschungsinteressen liegen im Bereich der Transformations- und Europäisierungsprozesse im östlichen Europa, insbesondere im Feld der Umwelt- und Minderheitenpolitik. Zu seinen Veröffentlichungen zählen: Die Republik Moldau ein Jahr nach dem Wahlsieg der Kommunisten. In: Südosteuropa 51 (2002), S. 43-72; From the Northern to the Eastern Dimension. Finnish and Polish Conception of EU Neighbourhood. In: Narva und der Ostseeraum. Hrsg. von Karsten Brüggemann (Narva 2004), S. 401-417; Ex oriente lux – ex occidente lex? Adressing State Failure in the European Neighbourhood Policy Towards Georgia. In: European Union and its New Neighbourhood. Hrsg. von Šarunas Liekis u.a. (Vilnius 2006), S. 339-370.

DAVID FEEST, Dr. phil., geboren 1969 in München. Studium der Osteuropäischen Geschichte, Philosophie sowie der Mittleren und Neueren Geschichte an der Georg-August-Universität in Göttingen und der Universität Tartu/Estland. Promotion 2006 mit einer Arbeit zum Thema „Zwangkollektivierung im Baltikum. Die Sowjetisierung des estnischen Dorfs 1944-1953" (Köln, Weimar 2006). Mitarbeiter am Lehrstuhl für Geschichte Osteuropas an der Humboldt-Universität zu Berlin, Wissenschaftlicher Koordinator des Sonderforschungsbereiches 640: „Repräsentationen sozialer Ordnung im Wandel". Seine Forschungsschwerpunkte liegen auf den Gebieten der Geschichte der baltischen Republiken sowie der Geschichte Rußlands und der Sowjetunion. Weitere Publikationen: „Neo-Korenizacja" in den baltischen Sowjetrepubliken? Die Kommunistische Partei Estlands nach dem Zweiten Weltkrieg. In: Zeitschrift für Geschichtswissenschaft 54 (2006), S. 263-280; [mit Gabor T. Rittersporn:] Antiamerikanismus und Amerikanophilie im Zarenreich und in der Sowjetunion der Vorkriegszeit. In: Antiamerikanismus im 20. Jahrhundert. Studien zu Ost- und Westeuropa. Hrsg. von Jan C. Behrens/Árpád von Klimo/Patrice G. Poutrus. Bonn 2005, S. 72-87; Terror und Gewalt auf dem estnischen Dorf. In: Osteuropa 6 (2000), S. 656-671.

OLIVIA GRIESE, Dr. phil., geboren 1967 in Wiesbaden. 1988-1995 Studium der Geschichte Ost- und Südosteuropas, der Neueren und Neuesten Geschichte sowie Deutsch als Fremdsprache in München und Tampere (Finnland). 1999-2003 Assistentin bei Prof. Dr. Edgar Hösch an der Abteilung für Geschichte Ost- und Südosteuropas der Ludwig-Maximilians-Universität München. Promotion zum Dr. phil. ebendort 2003 mit einer Arbeit über „Auswärtige Kulturpolitik und Kalter Krieg. Die Konkurrenz von Bundesrepublik und DDR in Finnland 1949-1973" (Wiesbaden 2006). Seit 2003 Projektkoordinatorin der Virtuellen Fachbibliothek Osteuropa (ViFaOst).

Zu ihren Forschungsschwerpunkten zählen: Auswärtige Kulturpolitik, Finnische Geschichte und Geschichte der deutsch-finnischen Beziehungen, Geschichte St. Petersburgs und der Ostseeregion. Weitere Veröffentlichungen: Der Weg in die Ostsee. Die Stadt und ihr Hafen, in: St. Petersburg. Eine historische Topographie. Hrsg. von Frithjof Benjamin Schenk, Karl Schlögel und Markus Ackeret (Frankfurt 2007), S. 125-138; [mit Gudrun Wirtz:] Kooperative Kompetenz. Zusammenarbeit von Bibliothek und Wissenschaft bei Aufbau und Verstetigung der Virtuellen Fachbibliothek Osteuropa (ViFaOst). In: Tagungsband „hist2006: Geschichte im Netz – Praxis, Chancen, Visionen" des Kooperationsverbundes Clio-online (im Druck); „Palmyra des Nordens": St. Petersburg – eine nordosteuropäische Metropole? In: Jahrbücher für Geschichte Osteuropas 53 (2005), S. 349-363.

Autoren

LIINA LUKAS, Dr. phil., geboren 1970 in Rakvere (Wesenberg). Studium der estnischen Philologie und der vergleichenden Literaturwissenschaft an der Universität Tartu, M.A. 1998. Promoviert 2006 mit einer Arbeit zum Thema „Baltisaksa kirjandusväli 1890-1918" [Das deutschbaltische literarische Feld 1890-1918] (Tartu-Tallinn 2006). Seit 1998 Lektorin der vergleichenden Literaturwissenschaft an der Universität Tartu und wissenschaftliche Mitarbeiterin der Literaturabteilung der Estnischen Akademie der Wissenschaften (*Underi ja Tuglase Kirjanduskeskus*, Tallinn); Vorsitzende der Estnischen Goethe-Gesellschaft. Seit 2002 Projektleiterin der digitalen Bibliothek der baltischen Literaturen (*Eesti vanema kirjanduse digitaalne tekstikogu*, EEVA – siehe unter der URL: http://www.utlib.ee/ekollekt/eeva).

Zu ihren Forschungsschwerpunkten zählen: deutschbaltische Literatur; estnisch-deutsche Literaturbeziehungen; europäische Aufklärung und das Baltikum; ältere estnische Literatur; Literatur der Jahrhundertwende und ihre Widerspiegelungen in der estnischen Literatur. Weitere Veröffentlichungen: Restauration durch Revolution. Eine Wende estnischer Art und ihre literarische Reflexion. In: Engagierte Literatur in Wendezeiten. Hrsg. von Willi Huntemann, Malgorzata Klentak-Zablocka, Fabian Lampart, Thomas Schmidt (Würzburg 2003), S. 181-198; Der estnische National-Imagotyp in der deutschbaltischen Literatur. In: Literatur und nationale Identität III. Zur Literatur und Geschichte des 19. Jahrhunderts im Ostseeraum: Finnland, Estland, Lettland, Litauen und Polen. Hrsg. von Yrjö Varpio, Maria Zadencka (Stockholm 2000), S. 207-230.

ROBERT SCHWEITZER, Dr. phil., geboren 1947 in Kassel, Studium der Geschichte, Slavistik und Politologie in Marburg/Lahn und Helsinki. Promotion 1978 mit einer Arbeit über „Autonomie und Autokratie: Finnland im Russischen Reich 1863-1899" (Gießen 1978). Lehrbeauftragter für osteuropäische Geschichte an der Universität Stuttgart (1982-1988), Stellvertretender Direktor und Betreuer des Sammelgebiets Ostseeraum an der Stadtbibliothek Lübeck; Sekretär der AG Bibliotheca Baltica, ehrenamtlicher Forschungsleiter der Aue-Stiftung (Helsinki). Vorstandsmitglied der Baltischen Historischen Kommission, korrespondierendes Mitglied zahlreicher wissenschaftlicher Gesellschaften in Finnland.

Zu seinen Forschungsschwerpunkten gehören die Kulturverbindungen zwischen dem deutschsprachigen Raum und Nordosteuropa sowie die finnische Geschichte zur Zarenzeit. Zu den weiteren Publikationen zählen: Lübecker in Finnland (Helsinki 1991), Die Wiborger Deutschen (Helsinki

1993) sowie The Rise and Fall of the Russo-Finnish Consensus: The History of the "Second" Committee on Finnish Affairs in St. Petersburg 1857-1891 (Helsinki 1996). Mitherausgeber der Tagungsbände der Internationalen Symposien der Aue-Stiftung, zuletzt Die Stadt im europäischen Nordosten (Helsinki 2003) und Nordosteuropa als Geschichtsregion (Helsinki 2006).

RALPH TUCHTENHAGEN, Prof. Dr., geboren 1961 in Karlsruhe/Baden. Nach dem Studium der Geschichte, Skandinavistik und Germanistik in Freiburg i. Br. und Paris Promotion 1992 an der Universität Freiburg i. Br. mit einer Arbeit zum Thema „Religion als minderer Status: die Reform der Gesetzgebung gegenüber religiösen Minderheiten in der verfaßten Gesellschaft des Russischen Reiches 1905-1917" (Frankfurt am Main 1995). 1993-1995 wissenschaftlicher Mitarbeiter, 1995-2001 wissenschaftlicher Assistent, 2001-2003 Hochschuldozent an der Universität Heidelberg. Habilitation 2001 (Universität Heidelberg) mit einer Studie über „Zentralstaat und Provinz im frühneuzeitlichen Nordosteuropa" (Wiesbaden 2007). Gastdozent an der Universität des Saarlandes 2002/03. Seit 2003 Professor für Ost- und Nordeuropäische Geschichte, Universität Hamburg.

Zu seinen Schwerpunkten in Forschung und Lehre zählt die Geschichte der Ostseeländer in der Neuzeit, darunter vor allem konstruktivistische Ansätze zur Politik-, Ideologie- und Mentalitätengeschichte. Neuere Publikationen: Geschichte Schwedens (München 2007); Geschichte der baltischen Länder (München 2005); [Hrsg.:] Reformation in den Ostseeländern, Lüneburg 2005 (= Nordost-Archiv. N.F. 13); [Hrsg.:] Ethnische und soziale Konflikte im neuzeitlichen Osteuropa. Festschrift für Heinz-Dietrich Löwe zum 60. Geburtstag (Hamburg 2004).

COLLOQUIA BALTICA
Beiträge der Academia Baltica
zu Geschichte, Politik und Kultur in Ostmitteleuropa
und im Ostseeraum

Bereits erschienen:

Mare Balticum
Begegnungen zu Heimat, Geschichte, Kultur an der Ostsee
Hg. von Dietmar Albrecht und Martin Thoemmes
(Colloquia Baltica 1)
2005. 184 Seiten. Broschiert 19,90 Euro. ISBN 978-3-89975-510-7

Unverschmerzt
Johannes Bobrowski - Leben und Werk
Hg. von Dietmar Albrecht, Andreas Degen, Hartmut Peitsch
und Klaus Völker
(Colloquia Baltica 2)
2004. 472 Seiten. Broschiert 19,90 Euro. ISBN 978-3-89975-511-4

Vorposten des Reichs? Ostpreußen 1933-1945
Hg. von Christian Pletzing
(Colloquia Baltica 3)
2006. 254 Seiten. Broschiert.
19,90 Euro. ISBN 978-3-89975-561-9

Wanderer in den Morgen
Louis Fürnberg und Arnold Zweig
Hg. von Rüdiger Bernhardt
(Colloquia Baltica 4)
2005. 164 Seiten. Broschiert 19,90 Euro. ISBN 978-3-89975-527-5

Dietmar Albrecht
Wege nach Sarmatien. Zehn Kapitel Preußenland
Orte, Texte, Zeichen
(Colloquia Baltica 5)
2005. 266 Seiten. Zwei farbige Kartenseiten. Broschiert.
19,90 Euro. ISBN 978-3-89975-550-3

Grenzüberschreitungen
Deutsche, Polen und Juden
zwischen den Kulturen (1918-1939)
Hg. von Marion Brandt
(Colloquia Baltica 6)
2006. 278 Seiten. Broschiert. 19,90 Euro. ISBN 978-3-89975-560-2

Christian Rohrer
Nationalsozialistische Macht in Ostpreußen
(Colloquia Baltica 7/8)
2006. 673 Seiten. Broschiert. 49,80 Euro. ISBN 978-3-89975-054-6

Dietmar Albrecht
Falunrot. Zehn Kapitel Schweden
Orte, Texte, Zeichen
(Colloquia Baltica 9)
2006. 230 Seiten. Zwei farbige Kartenseiten. Broschiert.
19,90 Euro. ISBN 978-3-89975-562-6

Im Gedächtnis von Zeit und Raum.
Festschrift für Dietmar Albrecht
Hg. von Christian Pletzing und Martin Thoemmes
(Colloquia Baltica 10)
2007. 198 Seiten. Broschiert.
19,90 Euro. ISBN 978-3-89975-084-3

Europa der Regionen: Der Finnische Meerbusen
Esten, Deutsche und ihre Nachbarn
Hg. von Karsten Brüggemann
(Colloquia Baltica 11)
2007. 170 Seiten. Broschiert.
19,90 Euro. ISBN 978-3-89975-065-2

Demnächst erscheinen:

Displaced Persons
Flüchtlinge aus den baltischen Staaten in Deutschland
Hg. von Christian und Marianne Pletzing
(Colloquia Baltica 12)
Broschiert. 19,90 Euro

Dietmar Albrecht
Sampo. Zehn Kapitel Finnland
Orte, Texte, Zeichen
(Colloquia Baltica 13)
Broschiert. 19,90 Euro

Vorzugspreis für Abonnenten je Band 14,95 Euro.

Martin Meidenbauer »
VERLAGSBUCHHANDLUNG

Erhardtstraße 8 • 80469 München
Tel. 089-202386-03 • Fax 089-202386-04
info@m-verlag.net • www.m-verlag.net